Carin Rubenstein
Wenn Mütter zu sehr lieben

Carin Rubenstein

Wenn Mütter zu sehr lieben

Kinder erziehen, ohne sich selbst aufzugeben

Aus dem Amerikanischen
von Bettina Münch

Wolfgang Krüger Verlag

2. Auflage Oktober 1999
Die amerikanische Originalausgabe
erschien 1998 unter dem Titel
»The Sacrificial Mother. Escaping the Trap of Self-Denial«
im Verlag Hyperion, New York

Gesamtherstellung: Clausen & Bosse, Leck
Printed in Germany 1999
ISBN 3-8105-1616-3

»Oh, in der Liebe einer Mutter zu ihrem Sohn liegt eine duldende Zärtlichkeit, die alle anderen Neigungen des Herzens übersteigt. Sie kann weder durch Eigennutz erhalten noch läßt sie sich durch Gefahr einschüchtern noch durch Unwürdigkeit abschwächen oder durch Undank ersticken! Sie opfert gern jede Bequemlichkeit seinem Wohlergehen, gibt jedes Vergnügen für seine Freuden auf, sie sonnt sich in seinem Ruhm, sie jubelt über sein Glück; und wenn Unheil über ihn hereinbricht, wird er ihr durch das Mißgeschick nur um so teurer; und wenn Schande seinen Namen befleckt, sie wird ihn immer lieben und hegen trotz der Schande; und wenn die ganze Welt ihn verdammt, sie wird ihm die ganze Welt ersetzen.«

Washington Irving, aus:
Die Witwe und ihr Sohn
Das Skizzenbuch, 1848

Für Rachel und Jonathan

Inhalt

Einleitung

Ich möchte Ihnen von meiner Gurken-Offenbarung erzählen.

In meiner Familie lieben wir alle saure Gurken, jede Art von eingelegten Gurken. Ist aber nur noch eine Gurke übrig, die letzte im Glas, gebe ich sie immer meinen Kindern. Jedes von ihnen bekommt eine Hälfte der Gurke, und ich bekomme gar nichts. So ist es immer gewesen, und so wird es, glaube ich, immer sein.

Mein Mann lacht darüber, er lacht über meine Bereitwilligkeit, die letzte Gurke im Glas herzugeben.

»Das würde ich nie tun«, meint er, und das stimmt. Wenn er vor der letzten Gurke sitzt, ißt er sie einfach auf und recycelt das Glas. Es käme ihm gar nicht in den Sinn, für seine Kinder auf eine Gurke zu verzichten.

»Das ist eine Müttersache«, meint er.

Wenn ich genauer darüber nachdenke, wird mir klar, daß viele Mütter, die ich kenne, tatsächlich für ihre Kinder auf die letzte Gurke im Glas verzichten würden. Im kleinen handelt dieses Buch von Müttern, die auf Gurken verzichten, und was mit ihnen geschieht, wenn sie es tun.

Es war der Anblick der Gurke im Glas, derjenigen, die ich nicht bekam, der mir meine ebenso überraschende wie unbarmherzige Fähigkeit vor Augen führte, zugunsten meiner Kinder zu verzichten. Natürlich ist dies eine Fähigkeit, die weit über Gurken hinausreicht.

Meine Transformation in die aufopferungsvolle Mutterrolle, mein Weg zur letzten Gurke, begann an dem Tag, an dem mein erstes Kind zur Welt kam. Sowie ich ein Baby hatte, gab ich mein eigenes Selbst bereitwillig auf. Das Baby war wichtiger als ich, weil seine Bedürfnisse unmittelbarer waren. Es mußte *sofort* gefüttert, *sofort* gewickelt, *sofort* gehalten werden! Sobald man mir dieses superanspruchsvolle Neugeborene überreicht hatte, gab ich klein bei. Ich wurde zum Nichts; meine Bedürfnisse schwanden.

Während dieser ersten, pflegeintensiven Jahre, als meine Tochter eine abhängige, wunderbare kleine Person war und dann mein Sohn zur Welt kam und mich ebenfalls brauchte, bestand mein Leben aus einem Nebel aus Schlaflosigkeit und Aufopferung. Sinnlichkeit war für mich nur eine vage Erinnerung, exklusive Abendessen ein lächerliches Relikt aus einem anderen Leben. *Alles*, was mir Vergnügen bereitete, war tabu – ich lebte, um ihnen zu dienen. Wie viele Mütter von kleinen Kindern empfand ich ein Übermaß an Zärtlichkeit, aber auch an Frustration, Entzücken und Niedergeschlagenheit. Ich glaubte wirklich, daß diese Phase meines Lebens – als Babysklave – für immer andauern würde.

Und auf eine gewisse Art und Weise tat es das auch.

Ich hörte auf, mir neue Kleidung zu kaufen und fing an, löchrige Socken, weite Sweatshirts, Nachthemden mit Knöpfen und Wintermäntel zu tragen, die so alt waren, daß der kleinste Windhauch durch sie hindurchfegte. Ich weigerte mich, Make-up aufzulegen oder mir die Haare zu kämmen und rannte oft genug aus dem Haus, ohne auch nur in den Spiegel gesehen zu haben. Es spielte keine Rolle, wie ich aussah, solange meine Kinder satt und warm gekleidet waren. Jahrelang war ich heimlich stolz darauf, wie alt und verschlissen meine Kleidung aussah – sie waren mein Orden für stolze Selbstaufopferung. Sie zeigten der Welt: »Seht her, ich habe mir seit Jahren nichts gekauft! Meine Kleider sind älter als meine Kinder! Ich spiele keine Rolle, sondern nur sie!«

Ich war Baby-besessen, Kind-besessen. Meine beiden Kinder waren zu meiner einzigen Passion geworden. Selbst als sie gar nicht mehr so klein waren, überließ ich ihnen weiter das beste Stück Fleisch, den Vortritt bei der Auswahl von Videofilmen und natürlich – die letzte Gurke im Glas. Wo immer ich hinging, dachte ich an ihre Bedürfnisse, ihre Wünsche, ihre Ängste. Doch mein Gefühl der völligen Hingabe ging weit über Nahrung und Unterhaltung hinaus.
Meine Kinder waren das erste, das letzte, sie waren alles, an das ich dachte.
Sie sind so sehr zu einem Teil von mir geworden, daß ich nicht länger die bin, die ich vor ihrer Geburt war. Meine Bindung an sie ist so heftig und so vollständig, daß ich mich ohne sie gar nicht mehr vorstellen kann.
Im Laufe der Zeit wurde meine Aufopferung nicht geringer, sondern mehrte sich. Es war eine Gewohnheit, der ich verfallen war. Niemand riet mir, mich so zu verhalten, oder zwang mich dazu. Ich tat es, ganz automatisch, als würde ich auf einem Floß einen Wasserfall hinunterschießen oder auf einem Schlitten einen steilen Abhang hinabrasen. Ich ließ mich treiben, zu neuen Extremen mütterlicher Aufopferung, auf einem Niveau selbstloser Gedanken und Handlungen, das ich in meinem früheren Leben nicht für möglich gehalten hätte.
Ich brachte zehn Jahre damit zu, nicht für mich, sondern für meine Kinder zu leben. Ich verbrachte zehn Jahre in der Warteschleife, darauf harrend, wieder ich selbst zu werden.
Die Liebe zu meinen Kindern blieb nicht unbelohnt, wie die meisten aufopferungsvollen Mütter bestätigen werden. Meine beiden Kinder schenkten und schenken mir weiterhin unvorstellbare Freude und Erfüllung. Ich würde sie mir niemals wegdenken wollen. Dennoch habe ich mehr aufgegeben, als ich mir jemals vorstellen konnte.
Dies sind meine Aktivitäten während einer Woche im Frühling.

Ich fuhr meine Fünftklässlerin täglich zu den Proben für ihren Ballettabend. Da ich in dieser Woche einen Abgabetermin einzuhalten hatte, hetzte ich los, um sie abzuliefern, hetzte zurück zur Arbeit, hetzte, um sie wieder abzuholen, hetzte zurück an die Arbeit. An einem Morgen fuhr ich sie um 7.20 Uhr zur Schule, weil es regnete und ihr Reliefdruck von Australien, der aus Seife gefertigt war, keinesfalls naß werden durfte, da er sich sonst in den unbekannten Kontinent der Weißen Schaumblasen verwandelt hätte. Danach hetzte ich zur Arbeit.
Es war die Startwoche der Frühjahrssportarten, deshalb begleitete ich meinen Sohn, der in die dritte Klasse ging, zur alljährlichen Frühjahrsbaseball-Parade, bei der sich alle Kinder für die Base- oder Softballmannschaften anmeldeten, traf mich auf dem Schulparkplatz mit den anderen Eltern, damit wir alle zusammen zum Auditorium der Highschool marschieren konnten und stolz den Verkehr aufhielten, während wir unserer Polizeieskorte folgten. Danach hetzte ich wieder zu meiner Arbeit.
Während ich mich bemühte meinen Abgabetermin einzuhalten, versuchte ich am Telefon einen Experten der Antike für das Unterrichtsprojekt meines Sohnes über griechische Mythologie ausfindig zu machen. Ich mußte jemanden finden, der sich mit Zeus und Aphrodite auskannte und bereit war, einem Drittklässler von Göttern und antiken Ritualen zu erzählen, während dieser viel lieber Baseball spielen würde. Jemand, der außerdem in der Nähe wohnte, damit ich zum Interview hetzen und in der Nähe bleiben konnte, während mein Sohn seine sechs Fragen stellte, um dann zurück zur Arbeit zu hetzen und meinen Abgabetermin einzuhalten.
Ich weiß, daß ich nicht die einzige bin mit meiner aufopferungsvollen Art des Familienlebens, denn wo immer ich hingehe, begegne ich anderen aufopferungsvollen Müttern.
Ich sehe, wie meine geschiedene Nachbarin, die Vollzeit arbeitet, ihre Tochter samt Violine zur Schule fährt und mit

einem Schirm vorsichtig von der Autotür bis zum Klassenraum begleitet. Ich begegne einer anderen berufstätigen Freundin auf dem Weg zu ihrem freiwilligen Einsatz als Bühneninspizientin für die Tanzaufführung, bei der sie diese Woche jeden Abend anwesend sein muß. Sie schafft dieses Pensum nur, weil sie im Morgengrauen zur Arbeit pendelt. Ich sehe eine andere Frau, die jeden Monat mehrere demütigende Gespräche mit den Schulbehörden führen muß, die versuchen, ihrem stark behinderten Sohn die teuren Versorgungsmaßnahmen vorzuenthalten, die er so dringend braucht.

Diese Frauen sind nicht besonders edelmütig oder ungewöhnlich selbstlos. Sie tun nur, was viele von uns tun oder tun werden, wenn wir es müssen.

Während meiner hektischen aber auch typischen Woche, paßte ich meine Bedürfnisse und Arbeitspläne der Tagesordnung meiner Familie an. Selbstverständlich und ohne darüber nachzudenken, kamen meine Prioritäten an letzter Stelle, nachdem ich die der anderen geregelt und befriedigt hatte.

Ich möchte damit weder angeben noch jammern, ich halte nur die Fakten eines aufopferungsvollen Mutterdaseins fest.

Na und? Was soll's.

Dafür sind Mütter nun einmal da, und schließlich machen wir es nur 10 oder 20 Jahre lang. Warum nicht einfach die Notwendigkeit der Aufopferung einsehen und nachgeben?

Weil es schädlich ist für unsere Gesundheit und unseren Verstand.

Weil viele von uns einen Punkt erreichen, an dem wir nichts mehr zu geben haben.

Weil wir, um Gertrude Stein zu paraphrasieren, Gefahr laufen, dort kein Dort mehr zu haben.

Weil wir jahrelang mit einer gefährlichen Mischung aus

Angst, Irritation, Wut und Verzweiflung vor uns hinköcheln – eine Reaktion auf all das, was wir aus Liebe zu unseren Kindern nicht tun oder sind.

Vor nicht allzulanger Zeit stieß ich an die Grenzen meiner Aufopferung. Ich hatte die alles verändernde Eingebung, daß sich an meinem Aufopferungsproblem etwas ändern müsse – und zwar schnell. Ich war nach einer anstrengenden zehnstündigen Reise mit meinen Kindern in Los Angeles eingetroffen. Ich war gequält von einer rastlosen Angst, die mich nicht einschlafen ließ. Mitten in einem stickigen, schimmeligen Zimmer am Pazifischen Ozean hatte ich das Gefühl wellenzureiten: keine echten Wellen, sondern solche aus pochender Angst. Wer war ich, ohne meine Kinder und meine Familie? Ich konnte mich nicht mehr an mich erinnern, weil ich mein eigenes Ich nicht mehr fand.

Am nächsten Morgen kam ich erschöpft, aber entschlossen zu dem Schluß, daß ich mich entscheiden müsse, was ich für mich selbst wollte und was mein Leben in den nächsten zehn Jahren ausmachen sollte. Ich mußte meine Bedürfnisse herausfinden und verstehen lernen, woher mein Antrieb zur Aufopferung gekommen war.

War ich von meiner eigenen aufopferungsvollen Mutter darauf trainiert worden, ihre Art von Mutterschaft zu reproduzieren? Oder hatte eine gesellschaftliche Hirnwäsche mir eingeimpft, ich müsse mich aufopfern, um eine gute Mutter zu sein? Oder trug ich eine Art weibliches Aufopferungsgen in mir, das ansprang, sobald ich ein Kind gebar?

Wie viele andere Mütter opfern soviel für ihre Kinder, und wo sind sie? Warum tun sie es? Wie wirkt sich Aufopferung auf das Gefühlsleben und die körperliche Verfassung von Frauen aus? Profitieren Männer von den Opfern ihrer Frauen? Und was ist mit den Kindern – ist die Aufopferung ihrer Mütter wirklich gut für sie?

Ich bin in der einzigartigen Lage, diese Fragen zu beantworten. Denn ich bin nicht nur Mutter, sondern gleichzeitig auch

Sozialwissenschaftlerin. Ich betreibe Forschungen, in deren Rahmen Umfragen durchgeführt werden, wie man sie in Zeitschriften findet oder aus Telefonumfragen kennt. Meine Umfragen setzen sich intensiv auseinander mit den Gefühlen und Gedanken von Frauen und Männern über sich selbst und über ihr Leben. Die Themen, über die ich geschrieben habe, reichen von Sex trotz Kindern, über Schwiegermütter bis zur Untreue. In dieses Buch habe ich die Ergebnisse von 15 meiner neuesten Umfragen eingebracht. Sie enthalten Informationen von etwa 55 000 Frauen und Männern – einer riesigen Anzahl von Müttern und Vätern, Ehefrauen und Ehemännern. Ich habe ihre Reaktionen zusammengetragen und mit einigen Hundert Menschen intensive Interviews geführt (zur Wahrung der Privatsphäre wurden alle Namen und einige Details geändert). Die Ergebnisse, von denen ich berichte, sind neu und wurden noch nie zuvor veröffentlicht.

Durch die Bündelung all dieser Reaktionen und das Sammeln der wichtigsten Resultate kann ich ein Geflecht aus Informationen über mütterliche Aufopferung darstellen und dabei nicht nur meine eigenen Untersuchungen und Interviews verwenden, sondern auch die Forschungen anderer Sozialwissenschaftler.

Wie können Sie feststellen, ob Ihnen dieses Buch nützlich sein kann? Hier sind, in beliebiger Reihenfolge, einige Anzeichen dafür, daß Sie eine aufopferungsvolle Mutter sein könnten:

1. Sie verbringen mindestens ein Drittel des Tages damit, über etwas nachzudenken, was Ihr Kind braucht oder möchte, oder darüber, was Sie hätten tun sollen oder ihrem Kind hätten sagen sollen.
2. Sie können sich nicht mehr daran erinnern, wann Sie das letzte Mal mehr als eine Stunde für sich allein hatten.
3. Sie und Ihr Partner hatten mindestens seit Ihrem letzten Jahrestag keinen freien Abend mehr.

4. Wenn Ihre Tochter über etwas verzweifelt ist, das man ihr in der Schule an den Kopf geworfen hat, dann sind Sie es auch.
5. Wenn Ihr Sohn sein Pausenbrot zu Hause vergessen hat, bringen Sie es ihm in die Schule, selbst wenn es das dritte Mal in diesem Monat sein sollte. Entsprechend gilt für berufstätige Mütter: Wenn Sie ihm das Frühstücksbrot nicht bringen können, weil Sie arbeiten müssen, haben Sie den ganzen Tag Schuldgefühle.
6. Sie kaufen lieber neue Overalls für Ihre Kinder als neue Jeans für sich.
7. Wenn Sie hören, daß eine alleinerziehende Nachbarin für eine Woche auf Geschäftsreise ist, ärgert es Sie ein wenig, daß sie ihr Kind zu Hause beim Babysitter gelassen hat.
8. Wenn Sie für mehrere Tage verreisen, sprechen Sie für Ihre Kinder Geschichten auf Kassetten auf oder Sie hinterlassen kleine Zettel. Oder Sie überschütten sie mit Geschenken, wenn Sie zurückkommen.
9. Ihre Kinder wissen nicht, wie man die Waschmaschine bedient oder Socken zusammenlegt (gilt für Kinder über acht Jahre).
10. Sie überlassen die letzte Gurke im Glas Ihren Kindern (gilt nur, wenn auch Sie saure Gurken mögen). Ist jedoch übertragbar auf jedes andere Lebensmittel, das Sie wirklich mögen.

In diesem Buch untersuche ich den Antrieb von Frauen, sich aufzuopfern, und beschäftige mich mit den möglichen Folgeschäden dieses Drangs. Außerdem werde ich aufzeigen, wie die Männer in unserem Leben von diesen weiblichen Opfern profitieren, während sie für das Wohlbefinden der Kinder kaum eine Rolle spielen. Und schließlich werde ich Möglichkeiten benennen, wie Frauen ihr Bedürfnis nach Selbstentsagung zugunsten der Kinder mit dem Verlangen, sich auf sich selbst und die eigenen Träume zu konzentrieren, ins Gleichgewicht bringen können. Dazu gehört auch, zu lernen, wie man »selbstinteressiert« wird, wie ich es nenne, also wie man sich selbst Aufmerksamkeit schenkt. Dies ist nicht zu verwechseln mit »selbstisch« oder »selbstsüchtig« und damit der ausschließlichen Konzentration auf sich selbst auf Kosten anderer.

Selbstinteressierte Frauen pflegen sich selbst ebensogut wie Mann und Kinder. Selbstinteressiert zu sein, bedeutet, daß eine Frau auf sich selbst ebensogut aufpaßt wie auf ihre Familie, daß sie sich um sich selbst ebensogut kümmert wie um ihre Lieben. Und es bedeutet, dies in aller Offenheit zu tun, so, daß alle es sehen können und merken, daß sie sich ebenso wertschätzt wie andere.

1. Kapitel
Frauen und die Tradition des Verzichtens

Als Kind hatte ich eine gute Freundin, die weiter oben in meiner Straße wohnte. Ich spielte gern mit ihr, weil sie mich immer entscheiden ließ, was wir spielen sollten. Wenn ich Fahrrad fahren wollte, kam sie mit, selbst wenn sie viel lieber auf der Straße Fußball oder auf der Veranda mit ihren Barbiepuppen gespielt hätte. Wenn ich beim Völkerball Kapitänin war und sie nicht in meine Mannschaft wählte, sagte sie, es mache ihr nichts aus. Wenn die größeren Mädchen in der Nachbarschaft jemanden suchten, dem sie eine Handvoll Käfer ins Hemd stecken konnten, war sie ihr Opfer.

Sie war eine pflichtbewußte, uneigennützige Freundin.

Später als Teenager hatte sie den einen oder anderen Freund, alle von der Sorte, die man getrost mit nach Hause nehmen und den Eltern vorstellen konnte. Als ihre Eltern es sich nicht leisten konnten, sie auf ein Elitecollege zu schicken, ging sie statt dessen auf ein günstigeres in ihrem Heimatort. Sie beklagte sich nicht. Nach dem Abschluß suchte sich meine Freundin eine Arbeit in der Nähe ihrer Familie und besuchte sie jeden Sonntag. Einige Jahre später heiratete sie einen jungen Mann aus dem Ort, der die gleiche Religionszugehörigkeit hatte wie sie, und ihre Eltern waren entzückt.

Sie war eine pflichtbewußte, uneigennützige Tochter.

Als Frischvermählte lebten meine Freundin und ihr Mann in ihrer kleinen Junggesellinnenwohnung in der Nähe ihrer Arbeitsstelle. Doch nachdem er in der naheliegenden Stadt eine

Stelle gefunden hatte, zogen sie um, damit er den kürzeren Arbeitsweg hatte. Sie brauchte nun doppelt so lange zu ihrem Arbeitsplatz.
Als sie das erste Mal schwanger wurde, konnte sie es kaum erwarten, Mutter zu werden. Sie sehnte sich danach, mit ihrem Baby zu Hause zu bleiben. Doch sie und ihr Mann kamen ohne ihr zusätzliches Einkommen nicht über die Runden, daher kehrte sie widerstrebend an ihren Arbeitsplatz zurück. Von da an verbrachte sie jede freie Minute mit ihrem kleinen Mädchen. Sie hatte ein schlechtes Gewissen, ihre Tochter bei einer Babysitterin lassen zu müssen, sagte ihrem Mann aber nichts davon, um ihn nicht zu belasten.
Sie war eine pflichtbewußte, uneigennützige Ehefrau.
Schließlich zog meine Freundin mit ihrer Familie in ein Haus in der Vorstadt, mit Garten, Schaukel und Sandkasten. Ich sah sie nur selten in diesen Jahren, weil sie so von ihrer Tochter und ihrem zweiten Kind, wieder ein kleines Mädchen, in Anspruch genommen war. Sie verbrachte jedes Wochenende mit den Kindern. Als ich vor einigen Jahren das letzte Mal von ihr hörte, hatte sie sich ein paar Tage freigenommen und den größten Teil der Woche damit verbracht, für ihre siebenjährige Tochter einzukaufen, Tapeten zu besorgen und das Kinderzimmer neu zu tapezieren. Als das Mädchen oben an der Wand die Bordüre aus Pferdeköpfen sah, war sie so glücklich, daß sie die Wand umarmte.
Meine Freundin war eine pflichtbewußte, uneigennützige Mutter.
Sie war jedoch niemals pflichtbewußt gegenüber sich selbst.
Meine Freundin verbrachte Jahre damit, andere Leute zufriedenzustellen und ihre eigenen Träume dabei zu übersehen. Eine feministische Revolution mochte in der Zwischenzeit debattiert, durchgeführt und gewonnen worden sein, sie hatte es nie bemerkt. Sie tat immer das, was sie glaubte, tun zu müssen, nur daß dies zufällig niemals etwas mit einschloß, was ihr selbst guttat. In ihren Augen ist es ihre Pflicht, sich

um andere zu kümmern – selbst wenn es auf ihre eigenen Kosten geht.
Die Botschaft, die meine Freundin an mich, an ihre Familie und an sich selbst aussendet, ist, *daß sie nichts wert ist*, daß ihre Bedürfnisse keine Rolle spielen, daß sich niemand um sie Gedanken machen muß, weil sie schon klarkommen wird.
Aber meine Freundin kommt nicht klar. Sie hat Kopfschmerzen. Sie schläft nicht gut. Sie hat Übergewicht, leidet unter Selbstzweifeln und von Zeit zu Zeit unter einer unerklärlichen Traurigkeit. Sie sieht viel zu früh alt aus.
Seit meiner eigenen Erkenntnis brenne ich darauf, ihr unter die Arme zu greifen, ihr zu sagen, *daß ihre Bedürfnisse sehr wohl eine Rolle spielen*, daß das Schlimmste, was sie ihren kleinen Töchtern antun kann, die Weitergabe dieser Selbstverleugnungsbotschaft an sie ist.
Das, was sie ihren Töchtern durch ihre Aufopferung vermittelt, kann diesen in der Zukunft nur schaden, genauso wie es unterschwellig, aber unzweifelhaft ihr eigenes Ichgefühl zerstört hat.
Wenn ich versuche, mir eine typische aufopferungsvolle Mutter vorzustellen, denke ich an diese Freundin; eine Frau, die ihr wahres Ich so lange und so massiv unterdrückt hat, daß es fast verschwunden ist. Nach all diesen Jahren wüßte ich nicht, wo und wie ich es finden sollte, denn es wäre wie die Suche nach der Stecknadel im Heuhaufen.
Der Weg meiner Freundin in die Selbstzerstörung ist das direkte Ergebnis ihres aufopferungsvollen Verhaltens, ein unter Frauen weitverbreitetes Persönlichkeitsmerkmal. Aufopferungsvoll zu sein bedeutet, die Fähigkeit zu haben, anderen Menschen Vorrang einzuräumen, und geht häufig mit einer Neigung zum Verzicht einher. Dieses Talent wird am deutlichsten erkennbar, wenn Frauen Mütter werden, ein Moment, in dem ihre Neigung zur Selbstaufopferung anschwillt und emporschießt wie ein Heißluftballon.

Wenn Frauen Kinder gebären, sind sie darauf vorbereitet, ihr Fachwissen in der Kunst der Aufopferung auszuspielen. Sie werden Expertinnen der Kompromisse, Königinnen der Konzessionen. Viele Mütter empfinden Verzicht als etwas Positives. Sie fühlen sich edel, wenn sie aus sich selbst heraus geben: Sie sind Jean d'Arc, Florence Nightingale und Mutter Theresa, zusammengepackt in ein Bündel aus Selbstaufopferung.

Warum sind Mütter besonders aufopferungsvoll, und warum sind sie soviel aufopferungsvoller als Männer?

Mütter opfern sich auf, weil sowohl ihre Erziehung als auch ihre Veranlagung sie dazu drängen. Mütter neigen dazu, ein enormes Maß an Empathie und den Willen zur Aufopferung zu entwickeln. Bei der Geburt von Kindern werden junge Mütter von einer Hormonwelle überschwemmt, die sie anregt, sich selbstlos um das Neugeborene zu kümmern. Zudem verbringen Frauen ihr ganzes Leben damit, die eindringliche gesellschaftliche Botschaft aufzunehmen, daß es das beste ist, sich selbst hintanzustellen. Tausende von Müttergenerationen haben sich ihrem biologischen Schicksal unterworfen und die sozialen Botschaften befolgt, indem sie aufopferungsvoll wurden.

Im Grunde genommen sind die Begriffe Mütter und Aufopferung Synonyme. Honig ist süß, ein Kätzchen ist weich, eine Mutter ist aufopferungsvoll.

Natürlich verspürt nicht jede Mutter auf dieser Welt den instinktiven Wunsch, sich für ihre Kinder zu opfern. Es gibt hochgradig gestörte Mütter, die ihre eigenen Kinder mißhandeln oder sogar töten. Aber Frauen wie diese, die Gesche Gottfrieds[1] dieser Welt, erhalten gerade deshalb soviel Aufmerksamkeit, weil sie so stark abweichen, so weit entfernt sind von dem, was normal ist.

Die Mehrzahl aller Mütter ist bereit, alles zu opfern, was notwendig ist, um ihren Kindern ein leichteres, angenehmeres und besseres Leben zu bieten.[2] Sie verzichten auf Schlaf, sie verzichten auf ihre Freunde, sie verzichten darauf, sich neue Kleidung zu kaufen und Dinge zu unternehmen, die ihnen Spaß machen. Sie verzichten auf das schlichte Vergnügen, manchmal für sich allein zu sein. Sie verzichten darauf, mit ihren Männern auszugehen, weil die Kinder keinen Babysitter mögen.

Meine Untersuchungen zeigen, daß etwa acht von zehn Müttern angeben, für ihre Kinder häufig auf eigene Bedürfnisse oder Wünsche zu verzichten.[3] Und fast genauso viele sind der Ansicht, dieses Opfer sei ihre *Pflicht* als Mutter. Sie opfern so viel und so oft, weil sie überzeugt sind, daß diese Opfer den Kindern zugute kommen werden. Doch wie wir noch sehen werden, besteht die Gefahr, daß Mütter, die zuviel opfern, dabei sowohl sich selbst als auch den Kindern schaden.

Was Frauen opfern

Mütter üben fast täglich Selbstverzicht für ihre Kinder. Einige verzichten, indem sie zu Hause bleiben, obwohl sie lieber arbeiten würden. Andere opfern sich auf, indem sie zur Arbeit gehen, obwohl sie sich danach sehnen, zu Hause bleiben zu können.

Unabhängig von ihrer Situation opfern sich viele Mütter wie selbstverständlich auf, ganz automatisch und ohne es in Frage zu stellen. Sie tun dies nicht nur für ihre offensichtlich hilflosen Neugeborenen, sondern auch für ihre übermütigen Kleinkinder, ihre wißbegierigen Sechsjährigen, für ihre gerade unabhängig gewordenen Fünftklässler und ihre launischen Teenager.

Die Beispiele für die vielen trivialen Arten, wie Mütter sich für ihre Kinder aufopfern, sind langweilig, gewöhnlich und wohlbekannt.

Für mich bleibt immer das harte Krustenstück eines frischen

Brotlaibs, damit meine Kinder die weichen Mittelstücke essen können. Ich nehme den Apfel oder den Pfirsich mit dem matschigen, braunen Fleck. Ich suche mir die halbverschimmelten Erdbeeren heraus, die bereits verschrumpelten Heidelbeeren. Ich esse die übriggebliebenen Gummibärchen mit den Farben, die keiner mag. Ich passe auf, daß ich nicht zuviel von dem frischen Popcorn esse und suche statt dessen die nicht aufgegangenen Körner heraus.

Die Freundin meiner Schwester überläßt ihren Kindern immer den Hähnchenschenkel, obwohl er, mit seinem zarten, weißen Fleisch, ihr absolutes Lieblingsstück ist. Eine Frau aus Kansas gibt ihrer kleinen Tochter immer den letzten Schokoladen-Brownie, obwohl sie selbst danach schmachtet. Eine andere Mutter versagt sich morgens ihr geliebtes Glas Cola, weil sie nicht möchte, daß ihre vierjährige Tochter sie um diese Zeit schon ein ungesundes Getränk trinken sieht. Eine Frau aus Kalifornien hört unbewußt auf, Obst zu essen, obwohl sie kaum etwas anderes mag, nur damit immer genug für ihren obstliebenden Sohn im Haus ist.

Den Kindern immer das beste Essen zu überlassen, ist nur ein kleines, unbedeutendes Anzeichen von Aufopferung. Für die meisten Frauen geht echte Aufopferung viel weiter als diese alltäglichen Beispiele. Es bedeutet, immer zuerst an die Bedürfnisse der Kinder zu denken. Es bedeutet, sich ständig darüber Gedanken zu machen, was das beste für sie ist, was sie am glücklichsten, am klügsten macht oder für sie das sicherste ist. Es bedeutet, ein schlechtes Gewissen zu haben, weil man nicht immer die großzügigste, hilfreichste, fürsorglichste Mutter ist. Es bedeutet, Aufopferung zu einem Lebensstil zu machen.

Im Grunde genommen stellen aufopferungsvolle Mütter heutzutage eine neue dienende Klasse dar. Nur wenige Familien haben heute noch Bedienstete, aber viele haben eine aufopferungsvolle Mutter, die ähnliche Aufgaben wahrnimmt.

Kathy Vecchio, 36, Mutter dreier Kinder aus einer kleinen Stadt im Staat New York, ist ein solches Mitglied der aufopferungsvoll dienenden Klasse. Sie hält es für unmöglich, sich jemals an die erste Position zu stellen: »Ich denke immer zuerst an das, was andere brauchen, bevor ich an mich denke. Zuerst kommt das, was ich für meinen Mann und meine Kinder tun muß, und dann kommt vielleicht die Frau, die Mutter an die Reihe«, sagt sie.

Kathys Aufgabe ist es, für jeden in ihrer Familie alles zu tun und alles zu sein: Sie existiert, um ihnen zu dienen. Sie kommt in der Familie immer an letzter Stelle. An wichtigen Feiertagen, beispielsweise, spielen ihre Prioritäten keine Rolle. Kathys 14jährige Tochter ist der Überzeugung, daß »jede einzelne Körperpore sauber sein muß, bevor sie das Haus verlassen kann«. Deshalb kommt Kathy nie zum Duschen, ehe sie mit ihrer Familie aus dem Haus geht. Sie ist schmuddelig, aber ihre Kinder sehen entzückend aus.

»Ich hetze mich ab, um alle fertigzubekommen, und sehe dann selber furchtbar aus. Dann renne ich herum wie ein aufgeschrecktes Huhn, ziehe mir wahllos irgend etwas über, und alle anderen sehen aus, wie aus dem Ei gepellt.«

Von Neujahr bis Weihnachten und wieder von vorn leidet Kathy unter Badezimmerverzicht. Sie kauft nie für sich ein, immer nur für die Kinder. Ihre Hausschuhe sehen inzwischen so schäbig aus, daß ihre vier Jahre alte Tochter vor kurzem anbot, ihrer Mutter neue Schuhe zu kaufen, sobald sie genug Pfennige gesammelt habe. Sie besitzt kein Parfüm, weil es – nun ja – zu teuer ist. Und sie läßt ihre Fingernägel nicht pflegen, weil das »zu luxuriös« sei, wie sie sagt.

Kathy arbeitet 20 Stunden die Woche, außerdem ist sie verantwortlich für das Kochen, Putzen und Einkaufen für ihre Familie. Die anderen bieten ihr keine Hilfe an, und sie bittet nicht darum, weil es einfacher ist, alles selbst zu machen, obwohl die immense Belastung sie manchmal so wütend macht, daß sie platzen könnte. Außerdem betreut Kathy jeden Tag vor und nach der Schule die achtjährige Tochter einer Freundin, weil diese alleinerziehend ist und sich keine Kinderbetreuung leisten kann. Kathy tut dies aus Gefälligkeit, nicht für Geld, weil sie ihren Kindern ein Beispiel dafür geben möchte, »daß man nicht alles im Leben nur für Geld macht«.

Kathy ist nicht nur eine Dienerin, sie ist wie ein lebendes Haushaltsgerät: Man schaltet sie ein und sie funktioniert. Und genau wie bei einem Diener oder eine Maschine hält jeder ihre Dienstleistung für selbstverständlich.

Jeder, außer Kathys Hund, eine Labradorhündin namens Charlie. »Sie hört mir immer zu und verlangt nie eine Gegenleistung«, sagt Kathy, halb ernst, halb spaßend. »Wenn ich Charlie beibringen könnte staubzusaugen, wäre ich überglücklich. Wenn ich aus dem Haus gehe, sage ich manchmal zu ihr: ›Räume einfach nur die Spülmaschine aus.‹ Und wenn sie könnte, würde sie es für mich tun.«

Die einzige Person in ihrer Familie, die Kathy Vecchio für ihre Opfer respektiert und liebt, ist nicht einmal ein Mensch: Es ist ein Hund.

Ungeduscht und in schäbigen Pantoffeln herumlaufend, ist Kathy Vecchio ein Musterbeispiel für eine aufopferungsvolle Mutterschaft.

Ich-Verlust

Mütter wie Kathy stellen sich selbst fast immer in den Hintergrund. Sie weben ein Netz aus kleinen Entsagungen, die mit der Zeit zu einem völligen Verlust des eigenen Selbst führen können. So wie eine Freundin mir über ihr Leben als Frau und Mutter dreier Kinder sagte: »Ich hatte fünfzehn Jahre lang kein eigenes Ich.«

Eine andere Mutter, die ich kenne, hat fast das Gefühl, bei ihrer fünfjährigen Tochter angestellt zu sein, weil es ihre

Pflicht ist, »immer aufmerksam zu sein und sie zu bedienen und so was«. Das Mädchen ist ihre Verantwortung, sagt sie, also dreht sich ihr Job ausschließlich um die Tochter. Sie hat keine Zeit für sich, weil es »kein ›ich‹ gibt, nur ›wir‹«.

In meinen Umfragen geben die meisten Mütter minderjähriger Kinder an, daß die Beziehung zu ihren Kindern ihnen wenig Zeit lasse, eigene Bedürfnisse und Wünsche zu erfüllen.[4] Zudem sind fast alle Frauen davon überzeugt, daß »die meisten Frauen ihr persönliches Vergnügen für ihre Familie opfern«. Aber so gut wie keine meint, ein Mann müsse seine Vergnügungen aufgeben.

Eine Frau behauptet fest, sie könne sich nur dann wirklich wohl fühlen, wenn sie sich um ihre Familie kümmere. Sich eine freie halbe Stunde zu gönnen, ist für sie genauso abwegig, wie den Schmusehasen der Familie zum Abendessen zu servieren. Sie lebt auf dem Land auf etwa vier Hektar Grund, verbringt ihre Tage damit, ein Pferd, drei Hunde, eine Katze, einen Hasen, drei Kinder und alle zwei Wochen eine Stieftochter zu versorgen, und arbeitet außerdem noch Teilzeit. Obwohl ihr Mann sich manchmal einen Angel- oder Jagdausflug mit seinen Freunden gönnt, verläßt sie ihr Heim nur, um zu arbeiten. Lieber mistet sie einen Stall aus, als eine Maniküre zu bekommen, sagt sie.

Wenn Frauen sich jedoch zu lange selbst verleugnen, verlieren sie das Gefühl dafür, was sie als eigenständiges Wesen ausmacht, losgelöst von der Familie. Viele von ihnen, wie meine pferdevernarrte Freundin, sind stolz darauf, wenn sie sagen: »Meine Familie ist mein ein und alles.« Das mag zwar stimmen, ist aber auch gefährlich. Der Weg in die aufopferungsvolle Mutterschaft beginnt mit diesem Verlust an Ich-Gefühl zugunsten der Partnerbeziehung. Ein Großteil der Frauen erwartet geradezu, ihr Selbst zu verlieren, wenn sie heiraten. Viele Frauen erzählten mir, sie seien der Ansicht, Ehefrauen begrüben in der Ehe einen wesentlichen Teil von sich selbst.

Eine meine Nachbarinnen verbrachte so viel Zeit damit, ihr eigenes Ich zu verscharren, daß es vermutlich tiefer begraben liegt als die Titanic. Sie ist seit fünfundzwanzig Jahren verheiratet, arbeitet ganztags und hat drei pubertierende Kinder. Am letzten Erntedankfest war sie das erste Mal in ihrem Leben eingeladen worden, den Feiertag außer Haus zu verbringen. Sie war hocherfreut, der alljährlichen Plackerei mit der Truthahnzubereitung zu entkommen. Aber ihr Mann war geknickt: Er liebt den Geruch von Truthahn im Ofen. Er nascht doch so gern am übriggebliebenen Gerippe herum ... Kurz: der Mann wollte seinen eigenen Truthahn. Deshalb brachte meine Nachbarin das Erntedankfest damit zu, einen Truthahn zu braten – einen Truthahn, den ihr Mann *riechen konnte* –, um sich dann mit ihrer Familie auf den Weg zu machen und bei anderen Leuten Truthahn *zu essen*.
Eine überraschend hohe Zahl von Frauen und Müttern tut solche Dinge und verbiegt sich regelrecht, um die Familie glücklich zu machen. Ich habe festgestellt, daß weit mehr Frauen als Männer, vor allem aber Mütter, dem folgenden Satz zustimmen: »Ich kümmere mich besser um die Bedürfnisse meiner Familie als um meine eigenen.« Frauen sind so sehr daran gewöhnt, sich aufzuopfern, daß sie ein regelrechtes Helfersyndrom entwickeln. Sie fangen an zu glauben, sich um jedermann kümmern zu müssen. Ich mache mir Gedanken über den Jungen in der örtlichen Bäckerei, weil mir aufgefallen ist, daß der Junge jedesmal zusammenzuckt, wenn der Bäcker ihn anfaßt. Ich bin argwöhnisch gegenüber dem Mann, der auf meinem Flug drei Kinder zu begleiten scheint, obwohl er kein Wort zu ihnen sagt. Als sie zusammen aussteigen, bemerke ich, daß er einen gefalteten Gürtel bei sich trägt, den er immer wieder wortlos in seine Handfläche schlägt. Mein Gatte bemerkt den Mann nicht einmal, während ich am liebsten die Kinder entführen würde. Ich will sicher sein, daß mit ihnen alles in Ordnung ist.

Manche Frauen beginnen auch ihren Ehemann zu bemuttern, den Mann zu versorgen, der eigentlich ihr Partner sein sollte. Etwa die Hälfte der von mir befragten Frauen gab an, an ihren Mann manchmal wie »an ein weiteres Kind« zu denken. Dagegen denkt so gut wie kein Mann in dieser Art von seiner Frau, vermutlich deshalb, weil Aufopferung bei Männern nicht zur Gewohnheit wird.[5]

Manchmal werden Frauen gezwungen, ihre Männer für Kinder zu halten, weil diese von ihnen erwarten, als solche behandelt zu werden. Alison Salinger, 31, ist in dieser Situation. Ihr Mann Jay ist außerstande, an jemand anderen zu denken als an sich selbst. Alison verdient einen Großteil des Familieneinkommens, Jay arbeitet als freischaffender Autor zu Hause. Wenn Alison abends nach Hause kommt, nachdem sie vorher ihre zweijährige Tochter beim Babysitter abgeholt hat, beginnt Jay gerade sein Tagwerk. Deshalb kann er auch nicht bei der Zubereitung des Abendessens mithelfen oder auf die Tochter aufpassen.

»Er ist so bedürftig«, sagte Alison von Jay. »Ich muß mir immer sagen, daß er eben auch ein halbes Kind ist. Er ist zwar zu Hause, aber nicht um zu helfen.«

Sie haßt es, sich um Jay genauso kümmern zu müssen wie um ihre Tochter, weil das Kind augenscheinlich so viel hilfloser ist als ihr Mann. Doch da beide hilfsbedürftig sind, kümmert sich Alison gleichermaßen um Mann und Kind, was ihr weder Zeit noch Kraft für sich selbst läßt.

Alison erfüllt die mütterliche Standardformel der Aufopferung, in der eine gute Mutter gleichzusetzen ist mit »keine Zeit für sich selbst zu haben«, keine Zeit, um über die eigenen Bedürfnisse nachzudenken. Mütter kommen einfach aus der Übung, wenn es darum geht, über eigene Wünsche nachzudenken – wie eine Geigerin, die schon so lange keine Violine mehr angefaßt hat, daß sie das Spielen verlernt hat.

Wenn ich Mütter danach frage, was sie nur für sich selbst tun, erlebe ich fast immer die gleiche ungläubige Reaktion.

Meist wiederholen sie die Frage, um sicherzugehen, daß sie mich auch richtig verstanden haben.
»Nur für mich?« fragen sie mit hochgezogenen Augenbrauen und ungläubigem Blick. Dann lachen sie. Die meisten jedoch geben keine richtige Antwort, weil sie keine haben. Sie tun einfach nicht sehr viel für sich selbst.
Ich stellte diese Frage einer Gruppe von etwa 15 Müttern, die ich in Los Angeles traf. Auf meine Frage, wie sie sich selbst verwöhnen, folgte überraschtes Schweigen. Sie konnten sich auf nichts besinnen.
Schließlich antwortete eine der Mütter in Form einer Ein-Wort-Frage:
»Schokolade?«
Schweigen. Dann lachten alle, verlegen, aber auch sehr erleichtert. Das ist es! Sie verwöhnen sich mit Schokolade! Aber keine von ihnen konnte etwas hinzufügen, sich auf etwas Wichtiges besinnen, das nur ihr selbst zugute kommt.
Wo immer ich hinkomme, treffe ich Mütter, denen es schwerfällt, sich auch nur an die kleinste Kleinigkeit zu erinnern, mit der sie sich selbst Vergnügen bereiten. Manche halten ihren Arbeitsplatz für etwas, das sie für sich tun. Für viele Mütter, vor allem solche in Teilzeitarbeitsverhältnissen, ist der Beruf die einzige Chance, einmal nur an sich selbst zu denken oder über sich nachzudenken. Die Mutter eines behinderten Kindes empfindet ihren täglichen Vier-Stunden-Job als Erleichterung. Obwohl sie nichts anderes tut, als Würstchen zu braten und Krautsalat anzurühren, bedeutet er für sie eine kurze Atempause von ihrem extrem aufopferungsvollen Leben zu Hause.
Eine Frau, die ihren Schulabschluß nachholte, hat gerade eine Teilzeitstelle als Krankenschwester im Gefängnis angenommen. Zum ersten Mal in ihrer zehnjährigen Ehe muß ihr Ehemann lernen, wie man ein Abendessen zubereitet, die Wäsche wäscht, das Geschirr spült und die Kinder ins Bett bringt. Das ist ihre Vorstellung von Sich-Verwöhnen.

Andere Mütter berichten, sie gönnten es sich, längere Zeit im Badezimmer zu verbringen; allein zu sein in einem Raum mit einer Toilette und einer Badewanne ist ihr einziger Luxus. Eine Mutter von vier Kindern erzählt, sie schleiche sich manchmal davon, um auf der Toilette zu sitzen und zu lesen, während sie ihren Kindern, die gewöhnlich vor der Tür warteten, etwas von schrecklichen Bauchkrämpfen vorstöhnte. Bauchschmerzen zu haben ist für sie der einzig denkbare Grund dafür, sich mit einem Buch allein in ein Zimmer zurückzuziehen.

Eine andere Mutter meint, sie gönne es sich, jeden Sonntag zur Kirche zu gehen, weil sie in diesen beiden Stunden alle ihre sozialen und geistigen Bedürfnisse für die gesamte Woche befriedigen könne. Es ist der einzige Zeitpunkt, an dem sie sich in einem Raum mit mehr Erwachsenen als Kindern aufhalte, und ihre einzige Gelegenheit, sich einmal in sich selbst zu versenken.

Dann gibt es Mütter, die Zeit für sich in Anspruch nehmen, indem sie es vertuschen oder so gestalten, daß die Familie es fast nicht bemerkt. Eine meiner Bekannten steht jeden Morgen um vier Uhr dreißig auf, um eineinhalb Stunden trainieren zu können und ihre 100 Situps zu absolvieren, bevor die Sonne und ihr Sohn erwachen. Der zweijährige Sohn sieht seine Mutter nie am Trainingsgerät, und sie hat keinen Grund ihm zu sagen, er solle sie in Ruhe trainieren lassen.

Eine Mutter von drei Kindern plant jedes Jahr einen »Cinderella Freiheitstrip«, wie sie es nennt. Jedes Jahr im Frühjahr steigt sie in einen Bus und fährt – für ganze 36 Stunden – irgendwohin, während ihr Mann die Kinder zu seinen Eltern bringt. Die Kinder bemerken von diesen eineinhalb Tagen süßer Freiheit nichts.

Mütter wie diese, die ihre eigene Zeit förmlich herausschinden, haben, so scheint es, ein *schlechtes Gewissen*, wenn sie Dinge für sich selbst tun, so, als schade es ihren Familien, wenn sie sich auf sich selbst konzentrieren. Für sie ist Selbstpflege etwas Schlimmes und Verbotenes, etwas, das man um jeden Preis verheimlichen muß, wie Masturbation oder eine ganze Tafel Schokolade zu essen. Sie weigern sich über Aufopferung zu sprechen; schon das Wort selbst kränkt sie. Ihre goldene Regel heißt, die Familie hat immer und überall Vorrang, und sie verhalten sich, als sei es eine Sünde, an sich selbst zu denken.

Wenn ich diesen Frauen gegenüber von »Opfern« spreche, spüre ich mitunter eine starke Feindseligkeit. Eine meiner Freundinnen, die mit 35 ihr erstes Kind bekam, reagiert jedesmal mit wütender Irritation, wenn ich mich erkundige, was sie für sich selbst tut. Sie lebe für ihre beiden Kinder, deshalb müsse sie nichts für sich selbst tun, erzählt sie mir verärgert. Sie interessiert sich einfach nicht mehr für sich selbst. Deshalb gibt sie vor, mich nicht zu verstehen, wenn ich sie darauf anspreche, daß sie sich selbst vernachlässige.

Meine widerspenstige Freundin ist eine von vielen Frauen, die darauf bestehen, sich über Mutterschaft zu definieren. Jede Zelle ihres Körpers ist darauf eingestellt zu bemuttern. Sie sind fest davon überzeugt, daß es ihre Aufgabe ist, ihre Kinder tagtäglich, von morgens bis abends, zu unterstützen, zu führen, zu umsorgen und für sie zu verzichten. Sie begreifen nicht, daß zuviel Aufopferung sie sowohl körperlich als auch seelisch krankmachen kann. Und schlimmer noch: zuviel mütterliche Aufopferung nutzt vermutlich gerade denjenigen nicht, denen sie eigentlich zugute kommen soll – den Kindern.

Ein Grund, warum so viele Frauen hartnäckig weiter an den Segen der Aufopferung glauben, liegt darin, daß sie zeit ihres Lebens Adressatinnen einer öffentlichen Kampagne sind, die darauf abzielt, Frauen die Aufopferung einzuimpfen.

Wie Müttern die Aufopferung verkauft wird

Frauen werden von einer Welle unterschwelliger sozialer Propaganda überschwemmt, so daß sie dann, wenn sie Mütter werden, bereit sind, sich aufzuopfern. Es ist eine Form kultureller Gewalt, die jene Mütter belohnt, die der Aufopferungsnorm entsprechen, aber niemals das gleiche von den Vätern verlangt. Jeden Tag erhalten Mütter auf viele verschiedene Weisen Signale dahingehend, daß Aufopferung gut ist, Ich-Bezogenheit dagegen schlecht.

Nachrichtenberichte, beispielsweise, informieren sie über ihre Mutterpflichten, indem sie Beispiele von Frauen anführen, die, mutig oder unbedacht, dramatische Opfer für ihre Kinder gebracht haben. Anfang 1990 sorgte Wanda Holloways schreckliche Aufopferungsgeschichte für Schlagzeilen. Sie war die Frau aus Texas, die versuchte, die Mutter eines Highschool Cheerleaders zu töten, um die Chancen ihrer eigenen Tochter auf einen Platz in der Gruppe zu verbessern.[6] Sie ging davon aus, daß die andere Tochter, der Mutter beraubt, niedergedrückt und nicht lebhaft genug sein würde, um die Menge weiter anzufeuern. Und wenn sie die Cheerleader verließe, wäre für Holloways Tochter ein Platz frei.

Viele Frauen lachten verächtlich über diese absurde Geschichte, vor allem weil sie so extrem, so verrückt war. Doch welche Mutter hat tief in ihrem Innern nicht schon darum gebetet, ihre Tochter möge die Hauptrolle im Schultheater oder das Solo in der Ballettaufführung zugesprochen bekommen oder zur Ballkönigin gewählt werden? Und wie viele Mütter würden nicht fast alles tun, um es ihr zu ermöglichen?

Die meisten Mütter können die verdrehte Logik dieser texanischen Mutter, zumindest teilweise, nachvollziehen, was erklärt, warum gerade dieser Fall so aufwühlend wirkte, daß aus ihm ein Dauerthema der Medien wurde, ein Buch und ein Film entstanden.

Er traf den Aufopferungsnerv.
Auch andere aufopferungsvolle Mütter machen Schlagzeilen. Eine Mutter in Kalifornien wurde verhaftet, nachdem sie im Shasta Trinity National Forest fünf Waldbrände gelegt hatte. Sie war zur Pyromanin geworden, um die Karriere ihres Sohnes als Feuerwehrmann zu fördern. Sie wollte ihm die Gelegenheit geben, viele Waldbrände zu löschen und so mehr Geld zu verdienen, erklärte sie.
Ein ehrenvolleres Beispiel ist vielleicht die Ärztin aus Washington D.C., die lieber für zwei Jahre ins Gefängnis ging, als den Aufenthaltsort ihrer Tochter preiszugeben, weil sie verhindern wollte, daß der vermutlich gewalttätige Vater mit ihr Kontakt aufnehmen konnte.[7]
Oder eine andere Frau aus Washington D.C., die ihr Leben für ihren ungeborenen Sohn opferte, indem sie sich weigerte, sich einer aggressiven Chemotherapie gegen ein metastasierendes Krebsgeschwür zu unterziehen, damit ihr Kind unbeschadet zur Welt kommen konnte. Sie starb vier Monate nach der Geburt.
Ähnliche Opferbotschaften finden Frauen auch in Zeitschriften- und Zeitungsartikeln über berühmte Mütter, die ihre erfolgreichen Karrieren abbrechen, um sich der Familie zu widmen. Frauen erleben, daß selbst Rockstars, Schauspielerinnen und Sportlerinnen sich damit brüsten, wie stolz sie darauf sind, für ihre Kinder zu verzichten. Wenn eine berühmte Mutter zu erwähnen vergißt, auf wie viel sie ihren Kindern zuliebe verzichtet, erscheint sie als schlechte Mutter.
Als Patti Smith, eine Rocksängerin aus den 70er Jahren, nach mehr als zehnjährigem Rückzug aus der Musikszene wieder Konzerte zu geben begann, beharrte sie darauf, wie wunderbar es für sie gewesen sei, für ihre Kinder die Karriere zu unterbrechen. »Es gibt keinen anstrengenderen Job als Ehefrau und Mutter zu sein«, meinte Smith. »Er ist viel anspruchsvoller und forderte viel mehr Würde als meine andere Arbeit.«

Annie Lennox, das ehemals wilde »Rockchamäleon«, wie die Zeitschrift *People* sie nannte, möchte jetzt nur noch Mutter sein. Nach über zehnjährigem Superstar-Dasein erklärt sie der Zeitschrift, »meine Kinder sind der Mittelpunkt meines Lebens«. Gern gebe sie all den früheren Glamour auf, um nur noch zu malen, backen und Mutter zu sein.
Die Schauspielerin Susan Sarandon, Mutter von drei Kindern und Oskargewinnerin für ihre Hauptrolle in dem Film »Dead Man Walking«, erklärte gegenüber *Entertainment Weekly*, am glücklichsten mache es sie, ihre Kinder aufwachsen zu sehen. »Es ist schwer, mich zu überreden, aus meinem häuslichen Paradies auszubrechen. Es gibt kaum etwas, was mich mehr interessiert als meine Familie.«
Selbst Sportlerinnen brüsten sich mit ihrem mütterlichen Verzicht. Susan Butcher, die viermalige Gewinnerin des Iditarod, einem 1160 Meilen langen Hundeschlittenrennen in Alaska, nannte ihr erstes Kind Tekla, nach einem ihrer Lieblingshunde. Allerdings hat sie seitdem das Hundeschlittenfahren gegen Kinderwagenschieben eingetauscht. In einem Interview mit der *New York Times* in Wyoming, wo sie aus Spaß an einem 400-Meilen-Rennen teilnahm, erklärte sie, es interessiere sie nicht mehr zu gewinnen, weil das bedeute, »daß ich eine schlechte Mutter bin«.
Natürlich würden diese Frauen, wenn sie ausschließlich zu Hause blieben, Kuchen backten und ihre Kinder aufzögen, weder weitere CDs produzieren noch Oskars gewinnen. Deshalb predigen sie einerseits die mütterliche Standardphrase – »Ich bin eine gute Mutter, die ihrer Familie zuliebe Verzicht übt« –, während es ihnen andererseits gelingt, ihre Karrieren im Auge zu behalten und weiter erfolgreich zu sein.
Berühmte Mütter werden dafür belohnt, nichts erreichen zu wollen, sich scheinbar hintanzustellen. Erwecken sie dagegen den Eindruck, nicht genug aufzugeben, werden sie bestraft.
Als die Richterin Marcia Clark 1996 den O.-J.-Simpson-Prozeß leitete, versuchte ihr Ex-Ehemann das Sorgerecht für die

beiden kleinen Söhne zu erhalten. Ihre lange Arbeitszeit sei schlecht für die Kinder, behauptete er. Sie sei, implizierte er damit, zu ehrgeizig, um eine gute Mutter zu sein. (Ein Jahr später lebten die beiden Jungen immer noch bei ihrer Mutter, die inzwischen Presseberichte über die Sorgerechtsverhandlungen juristisch untersagt hatte.)

Im ganzen Land sprechen Richter immer häufiger Vätern das Sorgerecht zu, wenn die Mütter Vollzeit arbeiten oder tagsüber eine Schule besuchen. Zumindest ein Grund dafür ist, daß die Frauen sich nicht in ausreichendem Maße aufzuopfern scheinen. In Washington D.C. nahm ein Richter einer Rechtsanwältin die beiden Söhne weg, weil diese häufig bis spätabends arbeitete, und sprach die Kinder dem arbeitslosen Vater zu, obwohl auch dieser die beiden in Betreuung gab oder einen Babysitter engagierte.

Auch in Film und Fernsehen werden Mütter auf Verzicht eingestimmt. Die eindrucksvolle Erscheinung aufopferungsvoller Mütter auf der großen Leinwand oder dem kleinen Bildschirm kann jahrzehntelang nachwirken, noch lange, nachdem der Film oder die Serie verschwunden sind. Spielfilme sind besonders effektiv darin, die aufopferungsvolle Mutterschaft als wunderbares und ruhmreiches Ziel darzustellen. Filme, die Mütter verherrlichen, die sich für ihre Kinder aufopfern, nennt man »Mütterdramen«. Aufopferungsvolle Filmmütter werden fast immer wie Heilige dargestellt, als der Inbegriff von Mutterschaft. Ein Klassiker dieses Typs ist der 1937 gedrehte Film »Stella Dallas«, der 1990 unter dem Titel »Stella« mit Bette Midler neuverfilmt wurde. Selbst mitten in einer Weltwirtschaftskrise weinten die Zuschauer der Erstaufführung beim Anblick der entehrten und vergessenen Mutter Stella Dallas, die draußen im Regen stehen mußte, um einen Blick auf die Hochzeit ihrer geliebten Tochter mit einem reichen Mann werfen zu können. Sie gab ihr Leben und die Liebe ihrer Tochter auf, damit diese sich gut verheiraten konnte.

Auch neuere Filme wie »Zeit der Zärtlichkeit«, »Freundinnen«, »Töchter des Himmels« oder »Codename: Nina« zeigen Mütter, die sich für ihre Kinder opfern. Selbst in den brutalen »Terminator«-Filmen sehen wir eine muskulöse, selbstlose Mutter der Zukunft. Sie opfert ihre Freiheit in der Gegenwart, um das Leben ihres Sohnes in der Zukunft zu retten.
In den Fernseh-Sitcoms erleben wir fast ausschließlich aufopferungsvolle Mütter, selbst in Cartoon-Sendungen wie »Die Simpsons«.

Biologische Ursachen der Aufopferung

Doch selbst hundert Jahre der Aufopferungspropaganda könnten Frauen nicht so verzichtbereit machen, wie sie es sind – und dies in so viel stärkerem Maße als Männer –, gäbe es nicht auch einen machtvollen natürlichen Einfluß. Frauen haben vermutlich wirklich eine hormonelle und biologische Veranlagung zur Aufopferung – eine, die sie für die Verkaufsstrategien in Sachen Aufopferung empfänglich macht. Bei der Geburt eines Kindes wird in der Mutter ein Hormon freigesetzt, das sie dazu anregt, zu umsorgen und zu verzichten. Zudem verfügen Frauen womöglich sogar über ein spezielles Gen, das ihre mütterliche Urteilsfähigkeit steuert und in ihnen das Bedürfnis nach Aufopferung weckt.
Dieses potentielle Aufopferungshormon, Oxytozin, wird von der Hirnanhangdrüse freigesetzt. Es steigert die Fähigkeit von Frauen, ihr Neugeborenes zu versorgen. Außerdem wirkt es wehenauslösend, weshalb Ärzte künstlich hergestellte Versionen dieses Hormons dazu nutzen, bei schwangeren Frauen Wehen auszulösen, wenn deren natürlicher Oxytozingehalt zu niedrig ist.

Wissenschaftler haben die subtilen Eigenschaften von Oxytozin durch Experimente mit Tieren herausgefunden. Injiziert man das Hormon weiblichen Ratten, die noch keine Jungen geboren haben, beginnen die Tiere plötzlich die neugeborene Brut anderer Ratten zu umsorgen. Es scheint also, als sei es nicht die Schwangerschaft selbst, sondern das Hormon Oxytozin, das eine normale weibliche Ratte in ein mütterliches Tier verwandelt. Vermutlich wirkt das Hormon auch bei größeren Säugetieren auf die gleiche Weise. Entziehen die Forscher beispielsweise einem Mutterschaf das Oxytozin, ignoriert das Tier sein Neugeborenes und geht keinerlei Bindung zu ihm ein. Entzöge man das Junge seiner gleichgültigen Mutter nicht, würde es sterben.

Die Zoologin C. Sue Carter von der Universität Maryland konstatiert, daß Oxytozin mit großer Sicherheit auch für Menschen von höchster Bedeutung ist, da es Frauen helfe, mit ihrem Neugeborenen eine Beziehung einzugehen. Bei allen Säugetieren, behauptet sie, würden »positive soziale Verhaltensweisen durch Oxytozin gefördert«. Das Hormon stimuliere alles, was eine Mutter unternehme, um ihren hilflosen Säugling zu nähren und zu umsorgen. Carter berichtet weiter, daß Oxytozin und andere Hormone, die während der Geburt freigesetzt werden, Mütter mit »genau dem richtigen Cocktail« versorgten, um sie zu willigen Müttern zu machen. Dieses Ambrosium löse die mütterlichen Aktivitäten einer Frau aus, es sei der Funke, der die Flamme der Aufopferung entzünde.[8]

Im Unterschied zu Ratten brauchen Menschenmütter natürlich kein Oxytozin, um gute Mütter zu sein, weil sie *lernen* können, sich um Babys zu kümmern. Eine Adoptivmutter kann, ohne einen Tropfen Oxytozin im Blut, ebenso liebevoll und fürsorglich mit ihrem Kind umgehen wie eine biologische Mutter. Oxytozin dient vielleicht einfach als eine Art Rückversicherung für die Mutterschaft. Bei der Geburt erhält eine Mutter eine Dosis Hormone, die ihren Drang,

sich liebevoll und fürsorglich zu verhalten, derart verstärkt, daß er das Level für eine potentiell aufopferungsvolle Mutterschaft erreicht.
Eventuell ist der mütterliche Drang zur Aufopferung zumindest teilweise sogar genetisch bedingt. Wissenschaftler haben herausgefunden, wie man die genetische Struktur weiblicher Mäuse manipulieren kann, indem man ein bestimmtes Gen, das sie »fosB« nennen, entfernt. Wenn dies geschieht, beginnt eine Mäusemutter ihren gerade geborenen Nachwuchs komplett zu vernachlässigen. Eine Maus ohne das fosB-Gen bettet ihre Jungen nicht in ein Nest, um sie zu wärmen, noch säugt sie den Wurf, obwohl sie körperlich dazu in der Lage wäre. Die genetisch veränderte Mäusemutter läßt ihre Jungen einfach sterben, weil ihr dieses eine Gen fehlt.
Ebenso denkbar ist es, daß Frauen, neben Hormonen und Genen, einfach eine angeborene Neigung zur Aufopferung mitbringen, damit sichergestellt ist, daß ihr Nachwuchs überlebt. Wenn die Mütter anderer Arten sich für ihren Nachwuchs aufopfern, werden vielleicht auch Frauen mit einer natürlichen Neigung dazu geboren.
In einem aufsehenerregenden Fall riskierte eine Katzenmutter ihr Leben für ihre Jungen. Das in Brooklyn aufgewachsene Tier rannte immer wieder in ein brennendes Gebäude, um nacheinander seine fünf Kätzchen zu retten, wobei es selbst schwere Verletzungen erlitt. Die Heldentat in Sachen aufopferungsvoller Mutterschaft gelangte nicht nur landesweit in die Nachrichten, das Tierheim, das die Katzenfamilie aufnahm, erhielt Tausende von Anrufen von Menschen, die das verletzte Tier aufnehmen wollten. Es wurde zum weiblichen Rollenmodell für aufopferungsvolle Frauen.
Ornithologen haben beobachtet, daß Vogelmütter sich mitunter zwischen ihre Brut und den Angreifer stellen. Der Regenpfeifer beispielsweise stellt sich oft flügellahm, um Angreifer wie Füchse oder Raubvögel vom Nest abzulenken

und die Brut so zu retten. Wenn sich der Angreifer darauf konzentriert, die Mutter zu fangen, haben die Eier oder Jungvögel eine größere Überlebenschance.
Auch weibliche Elefanten und Giraffen verteidigen ihre Jungen unter Einsatz ihres Lebens. Elefantenmütter greifen Landrover an, wenn sie ihr Baby bedroht glauben. Der Psychoanalytiker Jeffrey Masson berichtet in seinem Buch »Wie Tiere fühlen« von einer indischen Elefantenmutter und ihrem drei Monate alten Jungen, die von den Wassern eines über die Ufer getretenen Flusses umschlossen worden waren. Als das Junge vom reißenden Wasser davongeschwemmt zu werden drohte, packte es die Mutter und setzte es vorsichtig auf einen Felsvorsprung, der einige Fuß über dem Wasser herausragte. Dann wurde die Mutter davongespült. Der Flut entkommen, tauchte sie eine halbe Stunde später wieder auf, trompetete laut und rannte zurück, um ihr Kalb zu beruhigen, das noch immer zitternd auf dem Felsvorsprung stand, auf dem sie es abgesetzt hatte. Dann machte sich die Elefantenmutter auf den Weg zum Ufer, um ihr Kalb von oben zu retten.
Eine Giraffenherde in Afrika wurde von einem einzelnen Löwen angegriffen. Alle Giraffen, außer einem langsamer laufenden Kalb, entkamen ihm. Die Mutter des Jungen rannte zurück und versuchte ihr Kalb anzutreiben, aber vergebens. Da wandte sich die Giraffenmutter dem Löwen zu, bereit, sich für ihr Junges aufzuopfern. Als der Löwe sie umkreiste, wirbelte sie herum und trat mit den Vorderbeinen nach ihm, als er sie angriff. Eine Stunde lang verteidigte sie sich, dann gab der Löwe auf, und sie und ihr Kalb konnten zur Herde zurück.
Mein Lieblingsbeispiel für mütterliche Aufopferung im Tierreich spielt sich unter Wasser ab. Krakenmütter haben nämlich das ultimative Aufopferungsorgan, einen Selbstzerstörungsmechanismus, den man »Augendrüse« nennt. Sobald ein weiblicher Krake ihre Eier legt, setzt diese Drüse ein

Hormon frei, das sie den Appetit verlieren läßt. Da sie nun keinen Hunger mehr verspürt, verläßt sie auch die Eier oder ihre frisch geschlüpften Jungen nicht mehr, um auf Nahrungssuche zu gehen. Allerdings wird sie innerhalb eines Monats verhungern und sterben. Sie ist von Natur aus dazu bestimmt, ihr Leben zu opfern, damit ihre Nachkommen überleben können.

Wie diese Tiere haben auch viele Menschenmütter das Gefühl, im Notfall das eigene Leben für das der Kinder geben zu wollen. Wir mögen dies der tiefen Liebe und Zärtlichkeit einer Mutter für ihr Kind zuschreiben, oder dem unerträglichen Schmerz, ein Kind sterben zu sehen. Doch für Soziobiologen ist der Grund für diese bis zum Tode reichende Aufopferungsbereitschaft von Müttern ein genetischer. Eine Mutter lebt und opfert sich vor allem deshalb für ihre Kinder, weil sie sicherstellen will, daß ihre Nachkommen groß werden und ihre Gene weitergeben, behaupten sie. Kurz gesagt handelt es sich also um eine selbstsüchtige Liebe, motiviert durch reine Biologie, einem »Trick der Evolution«, im Interesse der Mutter, meint der Soziobiologe David Barash von der University of Washington in Seattle. Mutterliebe ist das Mittel zu einem biologischen Zweck, behauptet er.

Doch auch Männer müssen ihre Gene weitergeben, warum verspüren nicht auch sie einen ähnlichen Drang zur Aufopferung?

Sie haben es nicht nötig, meint Barash in seinem Werk »Das Flüstern in uns«, weil sie sich vermehren können, indem sie mehr Kinder zeugen. Frauen können nicht so viele Kinder haben wie Männer, deshalb müssen sie in jedes einzelne mehr Zeit und Energie investieren. Im westlichen Kulturkreis bringen die meisten Mütter nicht mehr als vier oder fünf Kinder zur Welt, auch wenn, laut Guinness Buch der Rekorde von 1981, eine russische Bauersfrau gegen Mitte des 17. Jahrhunderts 27 Schwangerschaften mitmachte und 69 Kinder (16 Zwillingspaare, siebenmal Drillinge, viermal

Vierlinge) gebar. Dennoch können Männer mehr Kinder zeugen, als Frauen gebären können, theoretisch eine unbegrenzte Anzahl. Ein marokkanischer Herrscher, der einen ungewöhnlich großen Harem besessen haben muß, zeugte 700 Söhne und 324 Töchter, bevor er im Jahr 1727 starb.

Eine weitere, entscheidende biologische Tatsache ist, daß, im Gegensatz zu Vätern, die Mütter immer wissen, welches Kind wirklich von ihnen stammt. Oder wie Barash es formuliert: »Während die Männer den Glauben haben können, daß ›ihre‹ Kinder auch tatsächlich genetisch die ihren sind, wissen nur die Frauen mit Bestimmtheit, daß ihre Gene erfolgreich weitergegeben wurden.« Bei fast allen Arten investieren die weiblichen Tiere mehr in die Aufzucht der Jungen als die männlichen, und sie sind auch bereit, mehr zu opfern, weil sie sich ihrer Elternschaft sicher sind. Bei den Säugetieren finden sich zahlreiche Weibchen, die gewillt sind, für den Nachwuchs ihr Leben zu riskieren, während dies bei den Männchen fast nie der Fall ist. Warum das Leben für ein Junges riskieren, das vielleicht nicht von ihnen stammt? Weibliche Tiere opfern und verzichten für ihre Jungen, männliche aber nicht, weil diese einen niedrigen Grad der Anbindung haben, meint Barash.

Ältere Weibchen sind besonders geneigt, sich für ihren Nachwuchs aufzuopfern, weil ihnen weniger Zeit bleibt, um nochmals schwanger zu werden. Jüngere Muttertiere dagegen können jederzeit weitere Junge gebären, wenn andere verlorengehen oder sterben sollten. So begeben sich ältere Möwen für ihre Jungen häufiger auf Nahrungssuche, verbringen mehr Zeit damit, das Nest zu richten, und »faulenzen« weniger herum als jüngere Vogelmütter. Weibchen mit einer geringen Aussicht auf eine Brut im nächsten Jahr haben wenig zu verlieren, wenn sie sich stärker für die Brut des laufenden Jahres einsetzen, folgert Barash.

Die Biologie der Aufopferung ist also eine Dreifachdosis der Natur, bestehend aus weiblichen Hormonen, Genen und natürlichen Bedürfnissen, die festlegen, wie sehr eine Mutter bereit ist, sich für ihre Kinder aufzuopfern. Und sie ist der Grund, warum Mütter fast immer bereit sind, mehr zu geben als Männer.

Aufmerksame Mütter bemerken ihren eigenen Hang zur Aufopferung und die vergleichsweise geringe Bereitschaft ihrer Männer zum Selbstverzicht. Alice Russell, eine 34jährige Mutter von zwei kleinen Kindern und Teilzeitrechtsanwältin auf Long Island, New York, hat schnell erkannt, daß sie dazu neigt, die Kinder an die erste Stelle zu setzen, während ihr Mann die Ansicht vertritt, er stehe ganz oben auf der Liste.

Mit ihrer Hakennase und den kleinen, funkelnden Augen erinnert sie an eine große Vogelmutter, die ihre Brut vor Angreifern schützt. Entsagung, meint sie, sei ihr Lebensinhalt geworden.

»Sie ist das, was mein Leben ausmacht«, berichtet Alice. »Ich esse niemals warme Mahlzeiten, und oft komme ich erst am Nachmittag zum Duschen.« Es ist ihr zur zweiten Natur geworden, zuerst an die Kinder zu denken. Für ihren Mann Tommy dagegen ist es normal, die Kinder an zweiter, dritter oder gar keiner Stelle zu sehen. Alice wundert sich permanent darüber, wie unempfänglich und ahnungslos er gegenüber den Bedürfnissen und Forderungen der Kinder ist.

»Wenn er ißt, steht er für sie nicht auf. Es gibt nichts, was ihn von seinem Teller weglocken könnte«, meint sie. Und in der Tat erklärt er ihr, daß seine Nonchalance biologisch begründet sei.

»Er nennt es einen Chip oder einen Knochen, den ich habe und er nicht. Die Kinder rühren ihn einfach nicht so an wie mich«, sagt Alice. Sie reagiert sofort und instinktiv auf die Kinder. Er kann, will und tut dies nicht.

Er ist überzeugt davon, daß es einen mütterlichen Instinkt oder eine mütterliche Kraft gibt, die Mütter mit Kindern ver-

bindet und Väter nicht. Sie zwingt uns, auf jedes Wimmern und Klagen zu reagieren. Wir sind eher auf einer Wellenlänge mit den Kids. Ich höre meinen Sohn siebzehnmal ›Papa‹ rufen und habe es beim ersten Mal gehört, aber wenn Tommy sich gerade unterhält, hört er es einfach nicht.
Es geht über seinen Horizont. Für mich sind sie das Allerwichtigste. Er liebt sie, aber sie sind nicht das erste, an das er denkt, wenn er morgens aufwacht, oder das letzte, wenn er abends ins Bett geht, so wie bei mir. Ich mache mir ständig Sorgen: ›Leben sie in der richtigen Umgebung?‹ ›Ist das die richtige Schule?‹ ›Wird beim Zelten auch nichts passieren?‹ Mein Mann denkt sich, ›Egal was kommt, das haben wir schon im Griff.‹
Die Natur hat einen starken Einfluß auf die mütterliche Aufopferung, doch ebensowichtig sind unterschwellige psychologische Einflüsse. Wenn die Natur der Schlüssel ist, der den mütterlichen Aufopferungsmotor zum Laufen bringt, dann ist es die Persönlichkeit einer Frau, die den Gang einlegt und die Maschine losfahren läßt.

Die Psychologie der Aufopferung

Empathie, Mitgefühl und Selbstlosigkeit sind Fähigkeiten, die Frauen besonders auszeichnen, aber auch anfällig machen für Selbstaufopferung. Diese Fähigkeiten erlangen Frauen von selbst, sie sind von Natur aus dazu ausgestattet, für die Gefühle anderer empfänglich zu sein. Die Mutterschaft verstärkt das Einfühlungsvermögen von Frauen noch. Da weibliche Säugetiere fast immer die alleinige Verantwortung für die Aufzucht der Jungen tragen, müssen sie ein Gespür für die Gefühle ihrer Jungen besitzen. Mütter, die Schmerz, Hunger oder Angst ihrer Jungen erkennen können, haben größere Chancen, den Nachwuchs erfolgreich aufzuziehen. Gerade aus diesem Grund haben die meisten Säugetiermütter die Fähigkeit entwickelt, besonders fürsorglich und einfühlsam zu sein, behauptet der Zoologe Frans de Waal in seinem Buch »Der gute Affe«. Mütter seien mit ihren Jungen durch eine Art »emotionale Nabelschnur« verbunden, ein Band, das Säugetiere nie mehr abstreifen können.

Neben 200 Millionen Jahren genetischer Programmierung kommt hinzu, daß Frauen in den meisten Kulturen für ihre Empathie belohnt werden. In vielen Teilen der Welt werden einfühlsame Frauen nicht nur geschätzt, sondern für besonders feminin gehalten. Psychologen verwenden sogar Phrasen wie »für die Bedürfnisse anderer aufgeschlossen sein«, »mitfühlend sein« und »sich anderen Menschen hingeben«, wenn es darum geht, festzustellen, was Menschen unter »feminin« verstehen. Diese Schlüsselbegriffe finden sich in fast allen Standardtests über Weiblichkeit und Männlichkeit.[9] Lautet Ihre Antwort »sind mir sehr ähnlich«, dann sind Sie ein femininer Typ, wenn nicht, sind Sie maskulin. Das muß nicht unbedingt bedeuten, daß eine wenig einfühlsame Frau nicht feminin ist, sondern nur, daß die Menschen sie für nicht sehr feminin halten.

Ihre ersten Erfahrungen mit Empathie machen Mädchen über die Mutter, häufig durch Beispiele. Wenn ich über die Nachricht eines neuerlichen Flugzeugabsturzes weine, zeige ich meiner Tochter, was Mitgefühl ist. Wenn ich sie dafür rüge, daß sie sich über einen unbeliebten Jungen aus der fünften Klasse lustig gemacht hat, lehre ich sie, feinfühlig und mitfühlend zu sein. Und wenn ich die ganze Nacht am Bett ihres kranken Bruders sitze, zeige ich ihr damit, was Hingabe ist.

Wie viele andere Mütter bringe auch ich meiner Tochter bei, einfühlsam zu sein, ich lege diese weibliche Eigenschaft in ihr an. Da sie sich, zumindest bisher, mit mir identifiziert, möchte sie genauso fürsorglich und anteilnehmend sein wie ich. Mütter geben diese Fähigkeit als eine Art emotionale Tradition an ihre Töchter weiter, ein psychologisches Geschenk von einer Generation an die nächste. Doch so sehr ich mich bemühe, dieses Geschenk auch an meinen Sohn weiterzugeben – er weigert sich, es anzunehmen. Wenn er mich weinen sieht, lacht er. Wenn ich ihn für seine Hänseleien zurechtweise, findet er mich überempfindlich. Wenn ich die ganze Nacht an seinem Bett wache, bemerkt er es nicht. Schon mit neun Jahren weigert er sich zu lernen, einfühlsam und fürsorglich zu sein. Tiefe Gefühle für andere Menschen hält er einfach nicht für seine Sache.

Die Psychoanalytikerin Nancy Chodorow beschreibt in ihrem Buch »Das Erbe der Mütter«, daß Mädchen sich viel stärker über ihre Fähigkeit zum Mitgefühl definieren als Jungen. Mädchen halten ihr Einfühlungsvermögen für erwünscht und angemessen; sie wissen, daß von ihnen *erwartet* wird, mitfühlend, fürsorglich und nett zu sein.

Auch wenn diese Beschreibung wie ein altmodisches Überbleibsel aus den 50er oder 60er Jahren klingen mag, ist sie dennoch weiter gültig. Die entscheidende Fähigkeit von Frauen, Einfühlungsvermögen und Sympathie zu entwickeln, ist ungebrochen und steht nach wie vor hoch im Kurs. Bei meinen Untersuchungen gaben wesentlich mehr Frauen als Männer an, für andere schnell Sympathie entwickeln zu können.[10] Aber fast keine Frau findet es einfach, für sich selbst Sympathie zu empfinden. Es wirkt fast zynisch, daß diese bewundernswerte weibliche Fähigkeit nicht auf sie selbst angewandt wird. Wie eine Gastgeberin, die ihren Gästen ein riesiges, delikates Mahl serviert, aber nichts mitißt.

Für sich selbst entwickeln Frauen auch kein Einfühlungsvermögen. Dies ist ihr tragisches Gefühlsdefizit: Sie geben allen anderen, nur nicht der Person, die es manchmal am nötigsten hat. Frauen sind gute Zuhörerinnen; sie trösten, beruhigen und kümmern sich. Untersuchungen zeigen, daß sich

Frauen und Männer fast immer an eine Frau wenden, wenn sie eine Schulter zum Ausweinen brauchen oder jemanden, dem sie ihr Herz ausschütten können. Ob für den Ehemann oder die beste Freundin, den Nachbarn oder eine Tante, eine Arbeitskollegin oder ein Kind, für alle sind sie da, aber nur selten machen sie sich die Mühe, auf sich selbst zu hören.

Weibliche Anteilnahme beginnt so früh im Leben, noch ehe ein Kind begreift, was Einfühlungsvermögen bedeutet, daß einige Wissenschaftler vermuten, sie müsse teilweise biologischen Ursprungs sein. Selbst bei Zweijährigen »zeigen Mädchen mehr Einfühlungsvermögen und Anteilnahme als Jungen, wenn sie einem Menschen begegnen, der leidet«, meint Carolyn Zahn-Waxler, eine Psychologin am National Institute of Mental Health in Baltimore, Maryland.[11] In einem ihrer Forschungsexperimente führt sie Kleinkinder in einen Raum mit einem weinenden Baby oder der Mutter, die vorgibt, Schmerz zu empfinden. Viel häufiger als Jungen neigen Mädchen dazu, dem Baby eine Flasche zu bringen, es beruhigen zu wollen oder der Mutter oder dem Baby den Kopf zu tätscheln. All dies sind Anzeichen dafür, daß die Mädchen mitfühlen, daß sie sich schlecht fühlen, weil *jemand anders* sich schlecht fühlt.

»Es ist ein Verhaltensmuster, das wir häufiger bei Mädchen als bei Jungen beobachten, und es beginnt in einem sehr, sehr frühen Alter«, meint Zahn-Waxler. Schon sehr früh »können Frauen empfänglicher auf den Kummer anderer reagieren«, erklärt sie. Dies gilt sogar für Säuglinge, da weibliche Babys wesentlich dramatischer auf das Weinen anderer Babys reagieren als männliche. Wenn sie ein anderes Baby schreien hören, weinen Mädchen länger und lauter als bei anderen, ebenso lauten Geräuschen. Männliche Babys tun dies nicht.

Kleine Mädchen zeigen nicht nur von Anfang an mehr Mitgefühl als kleine Jungen, sie erhalten auch permanent die Botschaft, wie wichtig es für sie ist, so zu bleiben. Sie lernen, daß es weiblich ist, nett und fürsorglich zu sein und die eigenen Bedürfnisse zurückzustellen. Aber vielleicht ist es gerade ihr großes Einfühlungsvermögen, das Frauen für Schuldgefühle und Depressionen so anfällig macht. So tief für andere zu empfinden, macht es ihnen schwer, die eigenen Bedürfnisse zu erkennen. Und weil sie in ihrem Engagement um das Wohlergehen derjenigen, die sie lieben, einen Großteil ihrer emotionalen Reserven verbrauchen, leiden mehr von ihnen unter Depressionen.

Die Moral davon ist: Liebsein hat seinen Preis.

Wenn Frauen andere Menschen trösten und ihnen helfen, mit Schmerz umzugehen, neigen sie dazu, diesen Schmerz als ihren eigenen anzunehmen, wie ein Psychiater oder Priester, der sich nicht abgrenzen kann. Im Alter von 13 oder 14 Jahren finden sich daher bereits mehr deprimierte Mädchen als Jungen. Und diese Differenz hält ein Leben lang an: Doppelt so viele Frauen wie Männer leiden unter Depressionen.

Barbara Klinger, eine 36jährige Lehrerin, verfügt über eine so ausgeprägte Fähigkeit zum Mitleiden und Umsorgen, daß man meinen könnte, sie sei Therapeutin, Priesterin und Sozialarbeiterin in einem. Voller Hingabe widmet sie sich jedem einzelnen in ihrer Familie, und doch ist sie manchmal überaus niedergeschlagen.

Barbara lebt mit ihrem Mann Mark und den Kindern Elli, 6, und Jamie, 2, in Kalifornien. Ellie kam mit einem angeborenen Herzfehler zur Welt und mußte im Alter von sechs Tagen am offenen Herzen operiert werden. Inzwischen hat das Kind drei große Operationen hinter sich, leidet unter einer dauerhaften Abwehrschwäche sowie unter Sprach- und Lernproblemen.

Die schrecklichen körperlichen Leiden ihrer Tochter haben Barbara aufgerieben und ihre Nerven bloßgelegt. Sie ist ängstlich und verletzbar und droht schon bei der Erwähnung des Namens ihrer Tochter in Tränen auszubrechen. Wenn sie versucht, ihren Namen zu schreiben, zittern ihre Hände, und sie bebt am ganzen Körper.

Von früh bis spät bemüht sich Barbara mit Leib und Seele darum, ihre Tochter zu pflegen, den Sohn zu bewegen, mehr zu essen, und es dem Ehemann zu ermöglichen, sich zu entspannen. Nur für sich selbst hat Barbara nicht eine Minute übrig.
Wenn ich sie nach ihrer eigenen Gesundheit frage und danach, wie sie sich fühlt, kann sie mich buchstäblich nicht hören.
»Was?« fragt sie, benommen und verwirrt über eine Frage nach ihrem eigenen Befinden.
Barbara ist eine Frau, die, nachdem sie erkannte, daß ihr Ehemann unter ernsthaften Verstimmungen und Depressionen litt, sich selbst in Beratung begab, um zu lernen, mit seinen sprunghaften Launen umzugehen. Barbara ist klargeworden, daß Mark ihr keine Hilfe ist, er ist weder warmherzig noch freundlich oder ermutigend, auch wenn sie dies niemals laut sagen würde. Statt dessen geht sie Kompromisse ein, sie sucht nach Notlösungen und opfert sich auf. Sie fließt über vor Mitgefühl und Sorge um ihren unsicheren Ehemann und ihr krankes Kind, aber sie hat nichts davon übrig für sich selbst.

Lernen, an letzter Stelle zu stehen

Frauen sind nicht nur mit einem angeborenen Hang zum Aufopfern und Mitfühlen ausgestattet, viele von ihnen sind zudem ihr Leben lang damit beschäftigt, sich hintanzustellen. Meine Kindheitsfreundin hat nie etwas anderes getan, als es ihren Lieben rechtzumachen – ihren Eltern, ihren Freunden, ihrem Ehemann, ihren Kindern. Immer hat sie anderen Vorrang eingeräumt und sich dabei so viel Aufopferungsballast aufgeladen, daß ich nicht weiß, wie sie ihn jemals abwerfen kann.

Ich glaube, meine alte Freundin ist insgeheim sogar stolz auf die Opfer, die sie für ihre Familie bringt. Ebenso geht es vielen italienischen, irischen, jüdischen und anderen ethnischen Müttern, die in dem Ruf stehen, ihr Märtyrerdasein zu genießen und auf ihre Opfer stolz zu sein. Wenn die junge italienische Mutter, die ich kenne, mit drei Kindern unter vier Jahren, sich darüber beklagt, ihre Haare, ihre Fingernägel und ihr Körper seien in einem katastrophalen Zustand, bin ich mir bewußt, daß sie sich gar nicht beklagt, sondern *prahlt*. Sich in einem katastrophalen Zustand zu befinden, beweist ihr, daß sie eine gute, aufopferungsvolle Mutter ist.

Meine jüdische Großmutter bestand immer darauf, auf dem unbequemsten Stuhl zu sitzen und nur die Teile des Hühnchens zu essen, die keiner sonst wollte, wie etwa den Hals oder das Herz.

Ich habe eine Freundin, die nicht nur einen Mann und zwei Kinder zu versorgen hat, sondern auch noch einen großen, langhaarigen Hund. Mann, Kinder und Hund kommen immer zuerst, immer vor ihr. Wenn ihr zehnjähriger Sohn mit seinen Nachos über den Boden eines fast leeren Salsa-Glases kratzt und ihr sagt, sie solle ein neues kaufen, dann tut sie es. Wenn ihr Mann von ihr erwartet, für die zwölf Freunde, die er ganz überraschend eingeladen hat, einen großen Brunch aus dem Ärmel zu schütteln, dann tut sie das ebenfalls. Und wenn der Hund so viel Angst vor einem unsichtbaren Zaun hat, daß er sich nicht vor die Tür wagt, setzt sie ihn ins Auto und kutschiert ihn rückwärts auf die Straße.

Obwohl viele Mütter, genau wie diese Freundin, ihr Leben lang nichts anderes tun, als sich aufzuopfern, haben einige von ihnen den furchtbaren Verdacht, es könnte immer noch nicht genug sein. Sie wollen noch mehr geben, es noch intensiver versuchen, noch uneigennütziger sein. Daher steigern sie sich – nur um ganz sicherzugehen – zu schier unglaublichen Extremen der Aufopferung.

Clara-Lucille Rothbarth, 38, ging an die äußerste Grenze, indem sie fünf Jahre lang ein fast unmenschliches Leben führte. Sie arbeitete fünf Tage in der Woche von elf Uhr nachts bis sieben Uhr morgens als Krankenschwester im örtlichen Krankenhaus und blieb anschließend den ganzen Tag über wach, um ihre beiden kleinen Kinder zu versorgen. In ihrer Vorstellung war sie die perfekte Ganztagsmutter, nur daß sie außerdem auch noch vollzeit arbeitete.

Sie war zwei Mütter zum Preis von einer.

»Damals habe ich geglaubt, daß wir das Geld brauchen, und die Kinder wollte ich nicht zu einer Tagesmutter geben. Ich wollte, daß meine Kinder ihre Mutter zu Hause haben. Und auf die Art konnte ich zu Hause sein, und die Kinder haben gar nicht gemerkt, daß ich weg war«, erzählt sie. »Ich konnte sie weiter zum Schwimmen fahren, an ihrem Leben änderte sich nichts, und wir hatten trotzdem mein Gehalt.«

Indem sie nachts ein respektables Gehalt verdiente und tagsüber mit ihren Kindern zusammen war, wurde Clara-Lucille zu einer Übermutter mit einem heimlichen Nachtleben. Sie blieb auch tagsüber wach, war also körperlich anwesend, nicht aber geistig. Der permanente Schlafmangel führte zu geistigen Aussetzern. Sie beendete nicht jeden Satz, den sie anfing, und wußte manchmal nicht, wohin sie eigentlich fahren wollte, wenn sie an einer roten Ampel hielt. Aber sie war stolz darauf, den ganzen Tag mit ihren Kindern verbringen zu können.

Weil sie Angst hatte, in Gegenwart zweier herumtollender Kleinkinder in Tiefschlaf zu fallen und nicht rechtzeitig wieder aufzuwachen, gönnte sich Clara-Lucille nicht einmal einen Mittagsschlaf. Sie putzte und saugte den ganzen Tag, um sich wachzuhalten, und hatte das sauberste Haus in der ganzen Nachbarschaft. Wenn ihr Mann nach Hause kam, bereitete sie das Abendessen, räumte auf und fiel gegen zwanzig Uhr halbtot ins Bett, um zwei Stunden später wieder aufzustehen, damit sie pünktlich um 23 Uhr die Nachtwache antreten konnte.

Es war eine unmögliche und gefährliche Art zu leben, aber niemand wies sie darauf hin. Sich für ihre Familie aufzuopfern, war etwas ganz Selbstverständliches, etwas, das sie und alle anderen fraglos akzeptierten.

»Es war nicht sehr gesund, nichts, was ich wieder tun würde«, gibt sie heute zu. »Es hat auch niemand gesagt, daß ich das tun soll. Damals war es einfach die beste Lösung«, meint sie.

Die beste Lösung für ihren Mann und die Kinder vielleicht, aber nicht für sie. Es bedurfte eines spektakulären Autounfalls, um Clara-Lucille aus ihrem Opferstupor aufzuwecken, und auch das geschah nur, weil sie operiert werden mußte. Erst als sie als Patientin, und nicht als Krankenschwester, ins Spital eingeliefert wurde, erkannte sie, wie dringend sie Schlaf brauchte.

Clara-Lucille betrieb ihre extreme Aufopferung nur deshalb so lange, weil es keinem auffiel. Schließlich tat sie nur, was alle von einer Mutter erwarteten; sie stellte sich für das Wohl ihrer Familie an die letzte Stelle.

Doch wie hatte sie das gelernt? Wann fängt der Hang einer Frau zu dieser Art von Selbstverleugnung an?

Es beginnt sehr früh und wird verstärkt durch großen sozialen Druck. Bereits im Alter von zwei, drei Jahren lernen kleine Mädchen, sich den Jungen anzupassen und stellen fest, daß es besser ist, sich zu fügen. Mädchen im Vorschulalter vermeiden es zum Teil deshalb, mit Jungen zu spielen, weil sie wissen, daß sie herumgestoßen werden und nicht die Spielzeuge bekommen, die sie gerne möchten. In einem gemeinsamen Klassenzimmer neigen Jungen dazu, die Mädchen zu ignorieren oder nicht zu antworten, wenn Mädchen sprechen. Und selbst wenn sie reagieren, tun sie dies meist nur, um zu necken oder zu spotten. Mädchen kapieren das schnell. Deshalb meiden sie die Jungen und bemühen sich, ihnen nicht in die Quere zu kommen.

Mit zehn bis zwölf Jahren fangen Mädchen an, sich allen zu fügen, nicht nur den Jungen. Gleichzeitig kann es vorkommen, daß sie ihr Selbstvertrauen und ihren Kampfgeist verlieren und ihre eigenen Gedanken und Gefühle unterdrükken, meint die Psychologin Carol Gilligan in ihrem Werk »Die andere Stimme«. Kurz vor der Pubertät verlieren Mädchen den Mut zu widersprechen und für das zu kämpfen, woran sie glauben. Diese Mädchen werden zu ergebenen Frauen, die immer nett, fürsorglich und selbstlos sind. Und schließlich werden sie vielleicht auch zu aufopferungsvollen Müttern.

Ein weiteres Anzeichen für den Identitätsverlust von Mädchen ist das Absacken ihres Selbstwertgefühls zwischen der vierten und der zehnten Klasse. Aus zuversichtlichen, großspurigen Zehnjährigen werden zögernde, selbstzweiflerische Fünfzehnjährige. Dies läßt sich teilweise dadurch erklären, daß Mädchen die im Laufe der Pubertät auftretenden körperlichen Veränderungen viel negativer empfinden und unglücklicher sind als Jungen. Weibliche Teenager sind stark auf ihren Körper fixiert und lehnen ihr Aussehen ab. Aus diesem Grund haben Mädchen ausnahmslos ein geringeres Selbstwertgefühl als Jungen.

Eltern verstärken die Unsicherheit ihrer Töchter noch dadurch, daß sie pubertierende Jungen und Mädchen unterschiedlich behandeln und den Mädchen vermitteln, mit Opfern rechnen zu müssen. So sind Eltern beispielsweise seltener bereit, Mädchen für die Mithilfe im Haushalt zu bezahlen, während Jungen für ihre Außenaktivitäten wie Autowaschen oder Fensterputzen Geld erhalten. Wenn Mädchen dagegen häusliche Aufgaben wie Kochen oder Abwaschen übernehmen, tun sie dies meist umsonst. Die Botschaft, die Eltern ihren Töchtern damit vermitteln, lautet: Mädchen erledigen Familienarbeit aus Liebe, Jungen tun es für Geld. Mädchen müssen sich für ihre Familien aufopfern, Jungen dagegen nicht.

In ihrem Buch »Pubertätskrisen junger Mädchen« schreibt Mary Pipher, Mädchen litten unter der chronischen Unfähigkeit, positiv von sich zu denken. Sie rät ihnen, dieses Schicksal zu vermeiden, indem sie sich auf ihr wahres Ich besinnen und ihm als sinn- und richtungsweisende Quelle ihres Leben vertrauen. Verlieren Mädchen ihr eigenes Selbst bereits so früh, sind sie prädestiniert dafür, aufopferungsvolle Ehefrauen und Mütter zu werden.

Dennoch ist es unwahrscheinlich, daß sich alle Mädchen auf dem Weg ins Erwachsenendasein verlieren. Nur wenige Teenager erfahren diesen völligen Ich-Verlust. Diese bedauernswerten Mädchen leiden unter einem »falschen Ich«, sie geben vor, jemand zu sein, die sie nicht sind. In ihren Untersuchungen über die Folgen dieses falschen Ichs bei Mädchen stellt Susan Harter, Psychologin an der Universität Denver, fest, daß diese Mädchen sich wirklich selbst hassen. Sie bittet Teenager zwischen 12 und 15 Jahren um Kommentare zu Feststellungen wie »Manche Jugendliche sagen oft nicht, was sie wirklich denken«. Stimmen sie zu, haben sie vermutlich ein falsches Ich. Diese Mädchen haben meist noch ein weiteres emotionales Handicap – eine extrem weibliche Sichtweise. Damit sind nicht unbedingt Mädchen mit Rüschenkleidern, piepsiger Stimme oder lockigen Haaren gemeint, denn das Äußere ist nicht entscheidend. Diese Mädchen pflegen äußerst konventionelle weibliche Ansichten und einen sehr weiblichen emotionalen Stil. Ihnen ist wichtig, was mit anderen geschieht, sie fühlen mit, wenn es anderen schlecht geht, sie sind immer bemüht, die Probleme anderer zu verstehen, und empfinden sich selbst als freundlich und fürsorglich. Sie sind die Verkörperung einer traditionellen, selbstlosen Frau. Extrem feminine Mädchen leiden unter dem Fluch der Nettigkeit, darunter, jedermann jederzeit zufriedenstellen zu wollen. Sie haben gelernt, daß es einfacher ist, Fliegen mit Honig zu fangen statt mit Essig, deshalb lächeln sie, selbst wenn sie nicht fröhlich sind, und sie lachen, auch wenn ihnen gar nicht nach lachen zumute ist.

Wenn Sie ein falsches Ich mit einer weiblichen Sichtweise verbinden und ein paar Jahre warten, entwickelt sich eine aufopferungsvolle Mutter.

Feminine Mädchen mit extrem femininen Müttern sind besonders gefährdet. Eine Mutter, die ihr eigenes Selbst völlig begräbt, keine eigenen Ansichten hat, gesteht normalerweise auch ihrer Tochter keine eigenen Gedanken zu, sondern vermittelt ihr, daß es ihre Aufgabe ist, ebenso selbstlos und entsagend zu sein wie die Mutter. Aufopferungsvolle Mütter erziehen also Töchter, die in einem endlosen Kreislauf der Aufopferung ebenfalls zu aufopferungsvollen Müttern werden.

Eine feminine Mutter, die eine feminine Tochter erzieht, sorgt dafür, daß ein Mädchen heranwächst, das ebenso selbstverneinend ist wie sie selbst. Je früher das wahre Ich eines Mädchens verschwindet, desto schwieriger wird es, dieses zu retten, wenn sie alt genug ist, um Frau und Mutter zu werden.

Daher sollten Mütter, und sei es nur um den Töchtern ein gutes Beispiel zu geben, ihren Hang zur Aufopferung zügeln und diesen mit angemessener Aufmerksamkeit für sich selbst und die eigenen Bedürfnisse ins Gleichgewicht bringen.

Extrem aufopferungsvolle Mütter unterstützen ihre Töchter darin, ein falsches Ich zu entwickeln, was fast unvermeidlich dazu führt, daß die Mädchen unter einem geringeren Selbstwertgefühl leiden und nicht in der Lage sind, sich eine eigene Meinung zu bilden.

Mütter, die ihre Aufopferung auf die Spitze treiben, schaden auch sich selbst. Das jahrelange Entsagen türmt sich auf wie ungewaschenes Geschirr, bis die aufopferungsvolle Mutter ihr eigenes Ich schließlich ganz verliert. Was sie will, spielt keine Rolle, was sie braucht, zählt nicht. Eine Frau ohne Ich ist nur teilweise menschlich. Sie könnte genausogut ein Roboter sein, der gebaut wurde, um der Familie zur Hand zu gehen, eine Hausdienerin.

Eine Mutter mit einem falschen Ich weiß vermutlich nichts von ihrem Problem. Sie mag es abstreiten oder behaupten, solange es den Kindern helfe, spiele ihr eigenes Leben keine Rolle. Und doch leiden Mütter mit einem falschen Ich insgeheim oft unwissentlich, sie versinken in stummer Wut und Bitterkeit, die jahrelang in ihnen nagen können.

Als meine Kinder noch klein waren, stellte ich mich immer an die letzte Stelle, gestand mir jedoch niemals ein, daß ich das tat. Ich verlor mein Selbstvertrauen als kompetente Erwachsene, fühlte mich oft unsicher und durcheinander. Ich verbrachte diese Jahre mit einem unmerklich schwelenden Groll, der fast zu einem Krebsgeschwür wurde und mir schreckliche, unvorhersehbare Kopfschmerzattacken bescherte.

Mütter, die – wie ich – zu viel aufgeben, die ihr wahres Ich zu tief begraben, verbringen ihr ganzes Leben mit Lügen. Sie werden von Selbstzweifeln und mangelnder Zuversicht geplagt, sie leiden unter plötzlichen Depressionen und Traurigkeit. Doch sie leiden nicht nur unter diesem ernsten emotionalen Problem, sondern auch unter körperlichen Beschwerden. Aufopferungsvolle Mütter neigen zu Kopfschmerzen, Gewichtsproblemen, Magenbeschwerden und einer Vielzahl anderer Symptome, die Männer nicht annähernd so häufig belasten.

Es ist das Aufopferungssyndrom, das Frauen schweren Schaden zufügen kann.

2. Kapitel
Wenn Aufopferung zur Gewohnheit wird

Es mag eine Lebensweisheit sein, daß Mütter größere Opfer bringen als Väter und daß diese Opfer ihnen heimlich und leise dauerhaften Schaden zufügen können. Dennoch sollten wir dabei eine andere, ebenso gültige Weisheit nicht vergessen:

Kinder schenken Frauen grenzenlose Freude.

Bei allem Reden über Verzicht und Opfer sollten wir auch bedenken, daß Kinder für ihre Mütter das größte Glück bedeuten können, das es gibt. Kein anderes Ereignis im Leben einer Frau wird von einem so intensiven Hochgefühl begleitet wie die Geburt eines Kindes. Es ist schöner als der schönste Sex, bewegender als die erste Liebe und befriedigender als ein Nobelpreis oder Filmoskar. Und für alle, die daran noch zweifeln sollten: Meine Untersuchungen lassen keinen Zweifel daran, daß Kinder für Frauen das größte Glück bedeuten und ihnen das größte Gefühl von Erfüllung geben. Die Hälfte aller Mütter beginnt, ihre Kinder bereits vor der Geburt zu lieben, und viele von ihnen finden die Intensität dieser Liebe absolut überwältigend.[12]

Im Laufe der Jahre wird die Beziehung einer Mutter zu ihren Kindern zum Wichtigsten überhaupt, bestätigen meine Forschungen.[13] Fast einstimmig sind Mütter der Meinung, die Bindung zu ihren Kindern sei die aufregendste und befriedigendste in ihrem Leben, besser als Ehe, Sex oder Freundschaften. Und wenn es hart auf hart kommt, geben Frauen zu, daß ihnen ihre Kinder mehr bedeuten als alles andere auf der Welt.

Das ist der Grund, warum sie nicht nur bereit sind, für ihre Kinder zu sterben und sich für sie aufzuopfern, sondern es auch tatsächlich zu tun.
Wenn ich Mütter frage, wen sie am dringendsten brauchen, zögern sie nicht mit der Antwort: Am größten ist die Sehnsucht nach den Kindern. Mütter brauchen sie dringender als den Mann, die beste Freundin, eine Schwester oder selbst die eigene Mutter.[14] Deshalb fürchten sie sich so sehr davor, loszulassen, ihr geliebtes Kind zu verlieren. Das ist der Grund, warum eine Mutter aus meinem Bekanntenkreis die Kindergartenleiterin bat, früher zu schließen, weil sie es nicht ertragen kann, ihre Tochter so lange zu entbehren. Deshalb graust es einer meiner Freundinnen davor, ihr Kind in »das schwarze Loch« zu schicken (womit sie den Kindergarten meint), weil sie dann ganze Tagesabschnitte ihres Kindes nicht mehr überblicken kann. Und deshalb verursacht der Gedanke, den Sohn aufs College zu schicken, einer anderen Mutter immer wieder solche Alpträume, in denen der Junge entführt wird und sie ihn nie wiedersieht.
Mütter gestehen, daß sie ihren Kindern mehr emotionale Kraft widmen als sie es je für den Partner, für Freunde oder sich selbst tun würden. Es ist, als verströme ihr Herz Liebe wie ein Leuchtturm Licht, indem es Tausende von Kilowatt auf das geliebte Kind konzentriert.[15]
Ich nenne diese glühende, leidenschaftliche Liebe Babyglück. Babyglück ist von entscheidender Bedeutung, denn es legt den Grundstein für ganze Dekaden aufopferungsvoller Mutterschaften. Manche Mütter wachsen aus diesen babyfixierten, verrückten Aufopferungsphasen wieder heraus, werden gelassener, wenn das Kind heranwächst und sie weniger braucht. Andere dagegen werden abhängig und verwandeln sich in wahre Aufopferungsmaschinen. Diese Mütter stellen ihr Aufopferungsbarometer auf Hoch und verbleiben jahrzehntelang im roten Bereich.
Diese Art von Mutter ist leicht zu erkennen. Es ist die Frau,

die jedesmal, wenn sie zum Friseur geht, auch ihre vier Kinder mitschleppt, obwohl ihr Mann sich erboten hat, nach der Arbeit auf sie aufzupassen. Doch sie fühlt sich schuldig, wenn sie etwas nur für sich tut, ohne die Kinder. Es ist die Mutter, die nur dann Gymnastik treibt, wenn sie schwanger ist, weil es dem Ungeborenen nützt, nicht aber, wenn es nur um sie geht. Es ist die Vollzeit arbeitende Mutter, die nachts um halb elf den Haushalt erledigt, damit sie vorher genügend Zeit für die Kinder hat.

Es gibt auch gemäßigtere Typen von liebenden Müttern, die Aufopferung nicht zum obersten Gebot erheben. Meine Freundin, beispielsweise, kann es kaum erwarten, ihre Kinder jeden Sommer ins Zeltlager zu kutschieren, weil sie diesen Monat der Freiheit braucht, auch wenn die Kinder immer wieder betteln, zu Hause bleiben zu dürfen. Oder eine andere Frau, die mit 49 durch eine künstliche Befruchtung schwanger wurde und anschließend ihre viel zu früh geborenen Zwillinge für eine Woche »allein« ließ, um an einer beruflichen Konferenz in Kanada teilzunehmen.

Keine dieser Mütter ist besser als die andere, sie sind lediglich verschieden. Die vierfache Mutter glaubt, ihr selbstloser Verzicht würde ihre Kinder glücklicher machen. Meine berufstätige Freundin ist nicht dieser Ansicht; sie setzt ihren Beruf an die erste Stelle. Ich gebe zu, als ich erfuhr, daß sie weggeflogen war und die Zwillinge zurückgelassen hatte, war ich sofort dagegen. Nach allem, was sie durchgemacht hatte, um schwanger zu werden und die Kinder zu gebären – wie konnte sie nur? Dann holte ich tief Luft und fing an nachzudenken. Im Grunde werden ihre Zwillinge, wie ich wohl weiß, von ihrer Fähigkeit, an sich selbst und die eigenen Bedürfnisse zu denken, viel mehr profitieren als von ihrem Talent, sich für sie aufzuopfern.

Wie wir noch sehen werden, gibt es *keinerlei Beweise* dafür, daß Kinder durch extreme Aufopferung gesünder, reicher oder klüger werden. Ja, das genaue Gegenteil kann der Fall sein. Alle meine Untersuchungen legen den Schluß nahe, daß Frauen, die lernen, sich hin und wieder zu verwöhnen, die Wert auf eigene Freizeit legen, bessere Mütter und Partnerinnen und in fast allen Lebenslagen die glücklicheren Menschen sind.

Wie mißt man Aufopferung?

Abgesehen von ganz offensichtlichen Fällen, in denen extrem aufopferungsvolle Mütter mit ihren Kindern buchstäblich verwachsen zu sein scheinen, oder auch weniger verzichtbereiten Frauen, die sich nach ihren alljährlichen Ferien sehnen, stellt sich mir die Frage nach der Meßbarkeit von mütterlicher Aufopferungsbereitschaft. Ich unterziehe Frauen einem von mir entwickelten Test, der auf einfache, aber verläßliche Weise die Einstellung der Testperson herausfinden soll. Der Test umfaßt Fragen wie: Wie häufig ordnen Sie Ihre Bedürfnisse und Wünsche denen Ihrer Kinder oder Ihres Mannes unter? Glauben Sie fest daran, daß es Ihre Aufgabe ist, zu verzichten? Erhalten Sie von Ihrem Mann so wenig Unterstützung, daß er Ihnen wie ein weiteres Kind vorkommt?

Etwa jede dritte Mutter entpuppt sich in meinen Untersuchungen als extrem aufopferungsvoll und vertritt die Ansicht, es sei ihre Hauptaufgabe im Leben, sich für ihre Kinder aufzuopfern. Genauere Informationen zu diesem Test erhalten Sie im Anhang.[16]

Absolvieren beide Elternteile diesen Test, erreichen die Mütter durchweg höhere Punktzahlen als die Väter. Dies ist einer der deutlichsten Beweise für meine Annahme, daß Aufopferung primär der Mutterschaft zugeordnet wird, daß sich Mütter in viel größerem Maße genötigt fühlen, ihren Kindern zuliebe Opfer zu bringen, als Väter. Der Unterschied ist

teils biologisch, teils psychologisch und teils gesellschaftlich bedingt, also das Ergebnis einer komplexen Verschwörung von Veranlagung, Fürsorgebedürfnis und Verpflichtung.
Ebenso interessant ist die Tatsache, daß es keine demographischen Charakteristika gibt, die extrem aufopferungsvolle Mütter von anderen unterscheiden. Sie sind weder gebildeter, noch wohlhabender als weniger opferbereite Mütter. Eine Zahnärztin ist nicht unbedingt aufopferungsvoller als eine Friseuse; eine Hausfrau, die den ganzen Tag Kuchen backt, ist es nicht mehr als eine Berufstätige, die in der Notfallambulanz eines Krankenhauses Zwölf-Stunden-Schichten ableistet. Mit anderen Worten: Soziale und ökonomische Faktoren wie Bildungsstand, Einkommen, beruflicher Status oder Familienstand haben wenig Einfluß darauf, wie sehr sich eine Mutter aufopfert.
Eine absolut zuverlässige Möglichkeit, den Aufopferungsgrad einer Mutter zu bestimmen, gibt es allerdings schon – nämlich anhand des Alters ihrer Kinder. Mütter von Neugeborenen und Kleinkindern sind definitiv die aufopferungsvollsten.[17] Bei einer Frau mit mindestens einem Kind unter fünf oder sechs Jahren kann man mit ziemlicher Sicherheit davon ausgehen, daß sie in meinem Aufopferungstest mehr als 12 oder 13 Punkte erreichen wird. Sind die Kinder im Schulalter, liegt das Ergebnis leicht darunter, und bei Teenagern oder noch älteren Kindern sinkt der Punktestand noch weiter ab.
Maggie Fisher, 38, ist eine Mutter, deren Punktestand den Siedepunkt schon längst überschritten hat. Sie ist in einem Netz aus Verzicht und Aufopferung verstrickt, aus dem sie keinen Ausweg sieht, während ihr Mann Bob dieses Netz noch nicht einmal zur Kenntnis genommen hat. Das Paar hat vier Kinder unter acht Jahren, darunter ein fünfjähriges Zwillingspärchen. Bobs ungeschriebenes Gesetz lautet: »Ich übernehme nie alle vier gleichzeitig.« Auch Maggies Mutter und der Babysitter verfahren so. Der einzige Mensch, der be-

reit ist, alle vier Fisher-Kinder gleichzeitig um sich zu haben, ist ihre Mutter.

Maggie beneidet Bob glühend um seine kostbare Freiheit. »Er duscht, frühstückt und geht aus dem Haus. Er kann einfach weggehen. Und abends geht er noch zu Baseballspielen. Wenn ich weggehen will, muß ich erst komplizierte Absprachen treffen, aber seine Sachen haben immer Vorrang«, meint Maggie. Sie neidet ihm sogar die Tatsache, daß er allein auf die Toilette geht. Sie kommt nie in den Genuß der Einsamkeit, nicht einmal auf dem Klo.

Wenn sie mit den vier Kindern im Auto im Stau steckenbleibt oder zu lange an einer roten Ampel warten muß, wird Maggie schwermütig und neigt zu Tränenausbrüchen. Früher war sie Bauingenieurin, die solche Ampeln für die Straßenbehörden entwarf, und sie liebte ihre Arbeit. Sie war vielleicht nicht Herrin über das Universum, aber sie war mit Sicherheit Herrin über Rot, Gelb und Grün.

Durch ihre extreme Aufopferung hat Maggie so gut wie kein Eigenleben mehr. Die Kinder brauchen sie, der Mann braucht sie, und für das, was sie braucht, ist kein Raum.

Wie Maggie werden viele Mütter in den ersten Jahren der Mutterschaft mit unerwarteten Hindernissen konfrontiert, mit Kämpfen, die nicht nur große Opfer erfordern, sondern auch immense Frustration und Traurigkeit mit sich bringen. Es ist schockierend für die Mütter dieser süßen, unschuldigen Lämmchen, sich so seltsam unglücklich und dem Partner entfremdet zu fühlen.

Die Babybombe

Babys sind so herzerweichend niedlich, daß viele junge Mütter gar nicht begreifen, daß ihr süßer Liebling in seinen feuchten Windeln vielleicht gerade der Auslöser ihres Jammers ist. Junge Mütter sind stundenlang mit der Versorgung kleiner Kinder beschäftigt: Diese müssen gefüttert, gewickelt und angezogen werden, die Mutter muß mit ihnen spielen und sie ans Töpfchen gewöhnen, muß sie ins Bett bringen und ihnen vorlesen, sie vom Straßenverkehr, von Treppen oder heißen Herdplatten fernhalten. Ein Kleinkind ist wie ein Auto, an dem man ständig herumbasteln muß, damit es fährt und in Schuß bleibt.

Viele Frauen begreifen gar nicht, wie traumatisch die ersten ein oder zwei Jahre der Mutterschaft wirklich sind. Die Mutterschaft versetzt einer Frau gleich zwei saftige Faustschläge – einer trifft ihr Ichgefühl, der andere ihre Beziehung. Ich nenne dies die Babybombe, weil sie jede Menge emotionalen Sprengstoff enthält.

Eine große Zahl von Müttern mit kleinen Kindern ist tiefunglücklich. Meine Umfragen haben ergeben, daß sie mit ihrem Leben und ihrer Rolle unzufriedener sind als alle anderen Mütter zusammen. Außerdem sind sie stark verunsichert bezüglich ihrer mütterlichen Fähigkeiten und meinen, nicht gut genug zu sein, vor allem im Vergleich zu Eltern von älteren Kindern. Sie sind unglücklicher über ihren Körper und lehnen ihr Aussehen ab. Verglichen mit anderen Müttern halten sie sich am häufigsten für häßlich, obwohl sie jünger und – zumindest theoretisch – körperlich in besserer Verfassung sind.

Nach meinen Umfragen fühlen sich junge Mütter nach der Geburt mindestens ein Jahr lang eingeschüchtert, ängstlich, frustriert und wütend. Außerdem haben sie das Gefühl, ihre Talente nicht gänzlich ausleben zu können. Sie leiden unter nagenden Selbstzweifeln und tendieren zu ernsthaften Depressionen, und das nicht nur direkt nach der Geburt, sondern bis zu zwei, drei Jahren danach.

Eine außerordentlich hohe Zahl von Müttern fühlt sich noch weit über das Säuglingsalter ihrer Kinder hinaus deprimiert und unglücklich. Einer neuen medizinischen Studie zufolge treten Depressionen bei Müttern von Ein- oder Zweijährigen doppelt so häufig auf wie bei anderen Müttern.

Obwohl die meisten Mütter in der Erziehung kleiner Kinder Sinn und Bedeutung finden, meint etwa die Hälfte von ihnen zugleich, es sei eine verwirrende und verunsichernde Aufgabe. Sie gibt ihnen das Gefühl, vor Frustration losschreien und sich vor lauter Langeweile und Ärger die Haare raufen zu wollen, fand eine britische Studie heraus. Mütter investieren so viel Herzblut in ihre Kinder, daß gelegentlicher Kummer und Schmerz unvermeidbar sind. Meiner Meinung nach sind Kinder der größte Streß- und Sorgenfaktor einer Mutter, und sie verursachen mehr Frustration, als man es je erwarten würde.[18]

Die Aufopferung, die junge Mütter leisten, geht zu Lasten ihrer geistigen Gesundheit; wahrscheinlich macht sie gerade dies so anfällig für Depressionen und Verzweiflung.

Vor einigen Jahren traf ich eine Frau, die, als ihre Kinder drei Jahre beziehungsweise acht Monate alt waren, unter einer schweren Depression litt. Sie besaß keinerlei Selbstvertrauen mehr und sah sich nur noch als dicken, wuscheligen Packesel, der die Slogans der Sesamstraße vorwärts und rückwärts aufsagen konnte. Damals erzählte sie mir, sie sei ausschließlich für ihren Mann und die Kinder da. Sie war so selbstverleugnend, daß sie beim Blick in den Spiegel ihr eigenes Bild nicht gesehen hätte. Gleichzeitig ließ ihre unerschöpfliche Aufopferung sie wütend und verschlossen werden. Sie wachte morgens auf und empfand einen unerklärlichen, rasenden Zorn. Ich fand sie damals gemein und widerlich, und ihr ging es nicht anders.

Aus Angst, sie könnte ihren Kindern etwas antun, befolgte sie den Rat von Freunden und suchte einen Therapeuten auf, der ihr ein Anti-Depressivum verschrieb. Erst als sie aus ihrer Depression wieder auftauchte, wurde ihr klar, daß es in Ordnung war, sich selbst Aufmerksamkeit zu schenken. Heute hält diese Frau es nicht mehr für ihre Aufgabe, sich

Tag und Nacht nur um die Familie zu kümmern. Als ich das letzte Mal mit ihr sprach, war sie voller Stolz darüber, gerade zwölf Kilo abgespeckt zu haben.

Die Mutterschaft kann das seelische Gleichgewicht und das Ichgefühl einer Frau völlig zerstören und darüber hinaus ihre Beziehung ernsthaft gefährden. Fast die Hälfte aller Paare stellt fest, daß Kinder eine Partnerschaft, zumindest vorübergehend, schwer belasten können. Junge Mütter beklagen sich darüber, daß sie nach der Geburt des ersten Kindes weniger Aufmerksamkeit von ihrem Partner erfahren. Sie werden nicht nur seltener geküßt und umarmt, die Partner streiten auch häufiger mit ihnen. Und die Männer sagen das gleiche über ihre Partnerinnen. Selbst ein Jahr nach der Geburt eines Kindes steht es um die Hälfte der Beziehungen viel schlechter als vorher; nur einem Fünftel geht es besser, besagen die Untersuchungen der Psychologen Carolyn und Philip Cowan von der Berkeley Universität in Kalifornien. Beim Vergleich von kinderlosen Frauen und Müttern läßt sich feststellen, daß Mütter mit ihren Beziehungen unzufriedener sind, egal, wie weit die Geburt des ersten Kindes zurückliegen mag.

Nimmt man ein x-beliebiges Paar in den Blick, kann man mit großer Wahrscheinlichkeit feststellen, daß die Frau mit der Beziehung unzufriedener ist als der Mann. Vielleicht haben Frauen einfach einen besseren Draht zu ihren Gefühlen, wenn es in der Beziehung nicht mehr stimmt, so wie man ein merkwürdiges Motorengeräusch oder ein verdächtiges Klappern in der Geschirrspülmaschine wahrnimmt. Ich habe festgestellt, daß sich mehr Frauen als Männer wünschen, bei ihrem Partner mehr Achtung und Gehör zu finden. Dies gilt in besonderem Maße für Mütter, die sich nach der Wertschätzung ihres Partners sehnen. Mehr Frauen als Männer fühlen sich *ungehört* – wenn sie »etwas wirklich Wichtiges zu sagen haben«. Sie haben das Gefühl, jemanden um Verständnis und Unterstützung zu bitten, der sich auf der anderen Seite des Mondes befindet.[19]

Diese Probleme verstärken sich nach der Geburt des ersten Kindes, denn dann bekommen die meisten Frauen die Nachwirkungen der Bombe, die ihre Beziehung getroffen hat, erst richtig zu spüren.
Obwohl sie jahrelang die Pille genommen hatte, wurde Wendy Kellogg, 37, von einer solchen Babybombe getroffen. Bis dahin hatte sie ein sauberes, kinderloses Leben geführt, hart gearbeitet, sich religiös betätigt und an teuren, exzentrischen Weiterbildungskursen wie Perlstickerei, Weinproben oder der Handcoloration von Fotografien teilgenommen. Sie und ihr Mann Gerry pflegten ihre Beziehung durch Reisen, teure Weinkäufe und die Anschaffung von Hunden, Katzen, Vögeln, Fischen und sogar eines Pferdes.
Nachdem sie ihm von ihrer Schwangerschaft erzählt hatte, machte Gerry ihr klar, daß sein Leben sich dadurch nicht im geringsten ändern würde.
»Meine Hockeymannschaft gebe ich dafür nicht auf«, erklärte er.
Und das tat er auch nicht. Für Wendy dagegen war dieses Kind eine Aufforderung zur Selbstaufopferung, die Eintrittskarte in eine Welt der Entsagung, von deren Existenz sie bisher kaum etwas gewußt hatte. Nach der Geburt ihres Sohnes reduzierte sie ihre Arbeitsstunden, sie trieb weniger Sport, gab ihre Kurse auf und alle ihre Tiere in Pflege, sogar die Fische. Außerdem begann sie ihren Mann zu betrügen, denn ihr Sohn war jetzt die neue Liebe ihres Lebens geworden.

Babybesessen

Die Babybombe wirkt besonders dann katastrophal, wenn eine Mutter von ihrem Kind so besessen ist, daß sie sich selbst und ihre Beziehung völlig vernachlässigt. Eine solche Mutter wirkt geradezu verhext, als habe ihr Säugling sie in einen wirbelnden Aufopferungsderwisch verwandelt. Eine Mutter, die sich selbst aufgibt und für die Bedürfnisse ihres Babys aufopfert, scheint in Trance gefallen zu sein.

Eine babybesessene Mutter aus meinem Bekanntenkreis läßt nichts in den Mund ihrer vier Monate alten Tochter, das sie nicht vorher abgewaschen hat, ihre eigenen Finger miteingeschlossen. Jeden Abend wäscht sie sämtliche Spielsachen des Kindes mit Seifenwasser ab. Diese ehemals vernünftige Frau leitete vor der Geburt ihrer Tochter den Kindergarten eines großen Hollywoodstudios. Jetzt, da sie selbst Mutter ist, würde sie ihr eigenes Kind niemals dorthin schicken – es wäre ihr zu schmutzig. Den ganzen Tag singt sie für ihre Tochter, auch wenn sie dies sehr anstrengt. Manche Kinderlieder allerdings summt sie nur, weil sie ihre vier Monate alte Tochter nicht mit den Texten beunruhigen will.

Eine andere babybesessene Mutter versucht es mit der Beverly-Hills-Methode – ihr knapp dreijähriger Sohn bekommt alles, was er will und wann er es will. Er ist der eigentliche Herr der Familie, ein kleiner Tyrann, der über zwei unterwürfige Erwachsene herrscht. Weil er darauf besteht, nur das zu trinken, was seine Eltern trinken, darf das Paar beispielsweise zu allen Mahlzeiten nur Wasser zu sich nehmen. Tränken sie Wein, Kaffee, Limonade oder Bier, würde der Kleine ebenfalls darauf bestehen. Deshalb nehmen sie mit Wasser vorlieb.

Es ist leicht, solche babybesessenen Mütter zu erkennen, selbst wenn sie sich nicht ganz so überschwenglich verhalten. Es sind die Frauen, die im Auto hinten beim Baby sitzen, während der Mann vorne sitzt und fährt. Sie verwenden jahrelang ein Babyphone, selbst wenn ihr Säugling schon lange keiner mehr ist. Sie laufen überall mit extra abgepacktem Essen und kleinen Saftflaschen oder -tüten herum, für den Fall, daß das Kleine hungrig oder durstig werden sollte. Sie weigern sich, ihr Kind einem Babysitter zu überlassen, es sei denn, dieser ist nachweislich ein Blutsverwandter.

In Kalifornien begegnete ich einer Frau, die mir erklärte, sie sei extrem vorsichtig mit Babysittern – denn sie vertraue keinen Fremden, auch nicht den Sittern ihrer Freunde. Sie bestehe darauf, zu erfahren, ob die Person eine Reanimation durchführen könne, erklärte sie mir, und unterziehe potentielle Sitter einem Qualifikationstest. Allen Ernstes! Ihren Eltern und ihrer Schwester würde sie ihre Tochter wohl überlassen, aber diese leben 3000 Meilen entfernt, also scheidet diese Möglichkeit aus. Statt dessen fragt sie sich jedesmal, wenn sie ins Kino will, ob dieser Film es wirklich wert ist, drei Stunden von ihrer Tochter getrennt zu sein; und da die Antwort immer »nein« ist, geht sie nie ins Kino.
Durch ihre Babybesessenheit und Sitterphobie war diese Frau seit zwei Jahren nicht mehr im Kino, obwohl sie in der Filmbranche arbeitet!
Wie sich herausgestellt hat, ist diese Frau keine Ausnahme. Meine Untersuchungen ergaben, daß die meisten Mütter während des ersten Jahres nach der Geburt nicht einmal ein Wochenende ohne ihre Kinder verbringen, und mehr als die Hälfte von ihnen wartet mindestens ein halbes Jahr, ehe sie sich mit ihrem Mann einen freien Abend gönnen.
Überraschend viele frischgebackene Mütter werden babybesessen, sie reagieren überängstlich auf jedes Geräusch und jede Bewegung ihres Kindes.[20] Jedes laute Rülpsen läßt sie in Panik geraten, ein plötzliches Zucken zu Tode erschrecken. Meines Erachtens werden mehr als die Hälfte aller Mütter während des ersten Lebensjahres ihres Kindes permanent oder die meiste Zeit von Sorgen über ihr Kind geplagt. Überängstlich konsultieren sie häufiger als andere den Kinderarzt, sie haben mehr Schuldgefühle als andere und sind nachts öfter mit ihrem Baby wach. Sie wechseln sogar häufiger die Windeln!
Viele Müttertreffs wie Still- und Krabbelgruppen sind voll von babybesessenen Müttern, die von diesen Treffen angezogen werden wie die Motten vom Licht. Sie lieben die Ge-

sellschaft Gleichgesinnter, in der sie vergleichen können, welches Baby den Kopf am besten halten kann, und welches sich als erstes auf den Rücken dreht. Sie suchen solche Treffen auf, um ihrem sechs Wochen alten Säugling die Möglichkeit zu geben, einmal andere Babygesichter zu sehen.
In einer »Mutter-und-Kind-Gruppe«, die sich in der Praxis eines Psychotherapeuten in Los Angeles zusammenfand, traf ich zehn Mütter, von denen mindestens sieben babybesessen waren. Das Treffen findet in einem großen, hohen Raum mit bequemen Sesseln, großen Kissen, Matten und einem riesigen orientalischen Teppich statt. An den Wänden hängen Unmengen von Klimt-Postern, auf denen üppige, langhaarige Mütter dralle Babys mit rosigen Wangen auf dem Arm halten, Bilder, die wenig oder gar nichts mit dem wirklichen Leben mit einem Neugeborenen zu tun haben. Die meisten dieser Mütter sind in den Zwanzigern, sie kommen mit Windeln, Decken, Flaschen und Lätzchen beladen in die Gruppe, das Baby in einen speziellen Sitz gebettet. Viele von ihnen haben dieses typische Jungmütteraussehen, eine Mischung aus Schlafmangel und Euphorie, Verwirrung und Glückseligkeit, das manchmal Monate oder Jahre braucht, um wieder zu verschwinden. Trotzdem scheinen sie froh darüber, hier zu sein: weg vom Nachthemd, weg von zu Hause, und endlich wieder unter anderen Erwachsenen.
Diese frischgebackenen Mütter bezahlen für eine sechswöchige Müttergruppentherapie, weil sie unbedingt herausfinden wollen, wie sehr sie ihrem Kind schaden, wenn sie wieder zur Arbeit gehen, ob andere junge Mütter sich manchmal ebenso ratlos und durcheinander fühlen wie sie selbst, und ob irgend jemand wirklich instinktiv weiß, wie man sich um ein Neugeborenes zu kümmern hat. Außerdem genießen sie es, mit anderen Müttern zusammenzusein, die ebenso babyverrückt sind wie sie selbst.
Mütter mit länger anhaltender Babybesessenheit melden ihre Kleinkinder oft in ein- bis zweimal pro Woche stattfin-

denden Mutter-und-Kind-Gruppen an. Diese Frauen sind häufig über dreißig, und ich bin immer wieder erstaunt darüber, wie angespannt diese älteren Mütter die Kindererziehung angehen. Sie drängeln sich zur Imbißzeit um einen kleinen Kindertisch, um für ihr Kind die beste Kombination aus Kräckern, Zwieback und Reiswaffeln auszuwählen. Sie stoßen und rangeln um den letzten Ritzkräcker für ihren Liebling. Eine Mutter sagt zu ihrer knapp Zweijährigen, die noch kaum ein Wort sprechen kann, so laut, daß alle anderen es hören können:

»Gestern abend haben wir etwas über Synkopierung gelernt, nicht wahr, Justine?«

Doch vielleicht sind all die Sorgen und die bedingungslose Hingabe gar nicht gut für die Babys und Kleinkinder. Babybesessene Mütter scheinen, wie sie selbst zugeben, die schwierigsten Kinder zu haben. Sie beschreiben ihre Neugeborenen am häufigsten als laut, als schlechte Schläfer und als zornig.[21] Kein Wunder, daß sie sich ständig erschöpft fühlen und ihre Kleinen weniger genießen können als andere Mütter. Sie reiben sich auf durch ihre ständige Besorgnis.

Eine Mutter erzählte mir, das erste Lebensjahr ihres Kindes sei das längste ihres Lebens gewesen. Schier endlos sei es ihr erschienen vor lauter Aufopferung. Sie ließ das Kind nie länger als fünf Sekunden lang schreien, aß mit ihm auf dem Schoß zu Abend, wagte kaum zu atmen, während das Kind schlief, und schleppte es überall mit hin.

Ich mußte lachen, als ich das hörte – nicht aus Verachtung, sondern aus Mitleid. Als mein erstes Kind zur Welt kam, war ich genauso. Meine Tochter weinte nach der Geburt ununterbrochen, und ich auch. Ich machte mir ständig Sorgen um sie. Tag und Nacht hatte ich sie auf dem Arm, saß um drei Uhr morgens mit ihr vor dem Fernseher und schaukelte sie zu MTV. Ich hielt sie, während ich aß und die Pizzasauce auf ihren Kopf tropfte. Als sie das erste Mal Durchfall hatte, wurde ich hysterisch und mobilisierte drei Freunde, die mir mitten in der Nacht das Heilwasser besorgen mußten, das der Kinderarzt mir empfohlen hatte. Einmal raste ich mit ihr zum Arzt, weil sie eine ungeheuer rote Zunge hatte, und vergaß dabei völlig, daß sie kurz zuvor Kirschsaft getrunken hatte.

Viele aufopferungsvolle Mütter verlieren sich, wie ich, in obsessiver Kinderbetreuung. Es ist in mancher Hinsicht leichter, sich aufzuopfern, als zu versuchen, einen Teil von sich als ein Stück familienunabhängiger Identität eigenständig zu erhalten. Das ist harte Arbeit, denn es erfordert – besonders von jungen Müttern, für die Selbstbesinnung eigentlich tabu ist – eine bewußte Konzentration auf sich selbst.

Eine mit sich selbst beschäftigte Mutter aber ist eine schlechte Mutter, wie die schlechten Fernsehmütter, die ihren Kindern Dinge versprechen, die sie dann nicht einhalten, oder so beschäftigt sind, daß sie ihnen Orangenlimonade statt Orangensaft geben. Eine schlechte Mutter springt nicht über Bord für ihr Kind, und sie denkt viel zu viel an sich selbst. Eine Frau, die zu ehrgeizig, zu erfolgreich oder zu selbstzufrieden ist, muß eine schlechte Mutter sein.

Der Samen für die Ansicht, eine Mutter, die nicht aufopferungsvoll genug ist, sei eine schlechte Mutter, wurde vor 50 Jahren gelegt, als Dr. Benjamin Spock seinen ersten Ratgeber für Mütter, »Säuglings- und Kinderpflege«, veröffentlichte.[22] Diese Vorstellung wurde augenblicklich für bare Münze genommen, als sei sie etwas völlig Selbstverständliches. Zu Beginn dieses Jahrhunderts mußten gute Mütter sich lediglich über die körperliche Verfassung ihrer Kinder Gedanken machen: wie oft und was sie aßen, wann sie anfingen zur Toilette zu gehen und ob ihr Rücken auch schön gerade war. Doch Dr. Spock riet den Müttern, sich nicht nur der körperlichen, sondern auch der emotionalen Bedürfnisse ihrer Kinder anzunehmen. Also hatten sich Mütter von nun an auch um das Selbstbewußtsein ihres Kindes zu sorgen, seinen Beliebtheitsgrad in der Schule, sein Seelenheil. In

Spocks psychologisierter Welt wurde zur guten Mutter, wer sich für das Innenleben seines Kindes aufopferte. Und da Mütter diejenigen waren, die die größte Verantwortung für das Wohlbefinden der Kinder trugen, waren sie auch diejenigen, denen man gewöhnlich die Schuld gab, wenn etwas falschlief.

Darüber hinaus verstärkte Spock die mütterlichen Schuldgefühle, indem er zu verstehen gab, daß gute Mütter die Schuld auf sich nehmen. Zu einem gewissen Teil ist das der Grund, warum so viele aufopferungsvolle Mütter häufig unter Schuldgefühlen leiden.

Die Olympiade der Schuldgefühle

Wenn ich mit Müttern spreche, fällt normalerweise bereits während der ersten fünf Minuten des Gesprächs das Wort »Schuld«. Dabei spielt das Thema keine große Rolle. Die Schuldgefühle einer Mutter sind wie eine juckende Stelle, die man nicht kratzen kann, ein nagendes Unwohlsein, das nicht weichen will. Ich kann mich nicht erinnern, jemals einer Mutter begegnet zu sein, die sich nicht wegen irgend etwas schuldig fühlte. Wir alle haben das »schuldig« in uns, wie die Autorin Mary Kay Blakeley es ausdrückt.

Erma Bombeck sagte einmal, »manche Mütter haben so viele Schuldgefühle, daß sie nicht einmal ein Pfefferminzbonbon lutschen können, ohne es zu teilen«. Das beschreibt das Problem ganz gut. Mütter können nichts für sich selbst tun, und sei es nur, einen angenehmeren Geschmack im Mund zu haben, sich ein Paar Schuhe zu kaufen oder die Haare schneiden zu lassen.

Es gibt ebenso viele Schuldgeschichten, wie es Mütter gibt, daher ist die Liste der potentiellen Schuldgründe endlos. Die meisten Mütter haben natürlich ein schlechtes Gewissen, wenn sie sich allein amüsieren. Ich habe mit Müttern gesprochen, die sich zu schuldig fühlten, um z. B. eine komplett bezahlte Geschäftsreise nach Hawaii zu genießen. Die Mutter eines 16 Monate alten Kleinkindes verbrachte einen fünftägigen Urlaub auf den Bermuda-Inseln, den ihr Mann für sie arrangiert hatte. Doch sie machte sich so viele Gedanken darüber, Geld für sich auszugeben, weil sie doch eigentlich zu Hause sein und putzen müßte, daß ihre Freundin ihr anbot, einen Staubsauger aufs Zimmer bringen zu lassen.

Auch für Dinge, die sie nicht tun, fühlen sich Mütter schuldig. Eine geschiedene Mutter vergaß vor lauter Arbeit, ihre beiden Söhne bei ihrem Ex-Mann abzuholen, und litt dafür wochenlang unter hartnäckigen Schuldgefühlen.

Mütter fühlen sich sogar für ihre Gedanken schuldig. Zum Beispiel die Mutter eines häufig greinenden und von Koliken geplagten Säuglings, die mir erzählte, sie habe so ein schlechtes Gewissen, weil sie sich schon vorgestellt habe, wie sie mit Steinen nach ihrem Kind werfe.

Und natürlich fühlen sich Mütter immer schuldig für das, was sie falsch machen. Eine wohlmeinende, aber erschöpfte Mutter von zwei Mädchen wurde um Mitternacht von ihrer weinenden Tochter geweckt, die Ohrenschmerzen hatte. Die Mutter schickte sie ins Bett zurück und stolperte auf der Suche nach ein paar Schmerztabletten durch die Dunkelheit. Dann schleppte sie sich erschöpft ins Kinderzimmer zurück und mußte das Mädchen wachrütteln, um ihr die Tablette einzuflößen. Als das Mädchen nicht einmal zu wissen schien, welches Ohr ihr nun wehtat, wurde die übermüdete Frau wütend. Aber sie hatte die falsche Tochter erwischt!

Und schließlich fühlen sich Mütter selbst für das schuldig, was sie *richtig* gemacht haben. Eine Mutter, die von sich glaubt, mit der Erziehung ihrer drei Kinder gut zurechtzukommen, erzählte mir, sie habe ein schlechtes Gewissen, weil sie kein schlechtes Gewissen habe.

Die meisten Mütter, mit denen ich mich beschäftigt habe,

entwickeln Schuldgefühle, sobald ihr erstes Kind geboren ist: Mit der Babybesessenheit kommt auch das schlechte Gewisssen. Im ersten Babyjahr haben Mütter Schuldgefühle, weil sie zu müde sind oder nicht genug Zeit für den Partner haben, weil sie nicht häufig genug mit dem Baby spielen oder auf es böse sind. Ja, demütig und verschämt gesteht die Hälfte der jungen Mütter ein, auf ihr Baby wütend zu werden.[23] Eine Mutter erzählte mir, sie habe ihr zwei Monate altes Kind angeschrien, nicht so »unreif« zu sein. Noch während sie es tat, habe sie gewußt, was für ein Esel sie sei, trotzdem konnte sie nicht anders.

Im Gegensatz zur Babybesessenheit, die sich bei einigen Frauen wieder auswächst, scheinen sich die Schuldgefühle bei erstaunlich vielen Müttern mit der Zeit noch zu verstärken. Mit dem Heranwachsen der Kinder erschließen sich Müttern zahlreiche ungeahnte Möglichkeiten für Schuldgefühle. Berufstätige Mütter beispielsweise haben ein schlechtes Gewissen, weil sie nicht zu Hause sind, wenn die Kinder aus der Schule kommen, weil sie sie nicht auf Klassenausflügen begleiten oder an Schulaktivitäten teilnehmen können. Und sie fühlen sich schuldig, weil sie nicht genug Zeit für ihren Partner haben und ihr sexuelles Interesse nachläßt.

Besonders aufopferungsvolle berufstätige Mütter quälen sich zudem mit Schuldgefühlen hinsichtlich ihrer Freizeit herum – weil sie sich verpflichtet fühlen, diese mit den Kindern zu verbringen. Man könnte meinen, freie Zeit für sich zu verbringen, hieße, sie den Kindern zu *stehlen*.[24]

Eine Mutter zweier Schulkinder leidet sehr darunter, »so viel Zeit« mit der Arbeit zu verbringen, obwohl sie als Schulbibliothekarin jeden Nachmittag um vier Uhr zu Hause ist. Sie ist außerstande, auch nur einen Bruchteil ihrer Zeit nach der Arbeit für sich zu nutzen, auch wenn ihr Mann damit nicht die geringsten Probleme hat. Er joggt jeden Morgen und spielt am Feierabend Volleyball oder Basketball. Sie aber hält es für *ihre* Pflicht, bei den Kindern zu bleiben, und hat ein schlechtes Gewissen, wenn sie die Kinder alleinlassen muß. Er nicht.

Die Schuldgefühle der Bibliothekarin entstehen nicht aus Dummheit oder Verwerflichkeit, sondern aus ihrer übergroßen Liebe und Zärtlichkeit für ihre Kinder. Die häufigste Ursache für mütterliche Schuldgefühle ist eine blindmachende innige Liebe, die auf katastrophale Weise verzerrt wird. Frauen sind so einfühlsam, daß sie die Bedürfnisse und Ängste ihrer Lieben als ihre eigenen empfinden, und reagieren, wenn diese Bedürfnisse nicht befriedigt werden, mit Schuldgefühlen.

Wenn meine Kinder nicht richtig glücklich sind, habe ich die schlimmsten Gewissensbisse. Wenn meine Tochter früher weinend aus dem Kindergarten nach Hause kam, weil sie während der Busfahrt von ihrer besten Freundin beleidigt wurde, hatte ich das Gefühl, daran schuld zu sein. Als mein Sohn eine Herbstsaison in einer Fußballmannschaft spielte, die einen furchtbar unfreundlichen Trainer hatte, und er zehn Spiele lang todunglücklich war, fühlte ich mich ebenfalls schuldig. Ich hatte das Gefühl, es sei meine Schuld, ihn nicht in einer besseren Mannschaft untergebracht zu haben.

Rückblickend ist es einfach, zu sehen, wie töricht es war, sich für jede Verletzung und Enttäuschung seiner Kinder verantwortlich zu fühlen. Dabei war ich so stolz auf meinen guten Draht zu ihnen, und das galt für ihre Niederlagen und Kümmernisse ebenso wie für ihre Freuden und ihren Stolz. Ich machte mir ständig Gedanken um ihre Freunde und Sportarten und führte mich auf, als seien ihre Probleme meine eigenen, und ich fing an, mich für alles, was ihnen zustieß, schuldig und verantwortlich zu halten. Über meine eigenen Freunde, meinen Mann oder mein Leben machte ich mir eigentlich keine Gedanken. Doch dann wurde mir klar, daß das keine gute Situation war. Ich mußte lernen, mich von meinen Kindern zu lösen; in einer Art zweiten, psychologischen Geburt mußte ich meine Bedürfnisse von ihren loseisen. Ich mußte es schaffen, meinen eigenen Bedürfnissen ebensoviel Zeit zu widmen und meine Schuldgefühle beiseitezuschieben.

Schuldgefühle loszuwerden, ist eine Herausforderung, ein Schlüssel zu weniger Selbstaufopferung, der es Müttern ermöglicht, eine bessere Einstellung zu sich selbst zu gewinnen, und der letztendlich auch den Kindern zugute kommt.

Allerdings ist es gar nicht so einfach, Gewissensbisse abzustellen. Über einen feuchten Farbfleck auf der Straße kann ich einfach drübersteigen, einen Stau kann ich umfahren. Aber solange Mütter ihre Kinder lieben, werden sie immer Wege finden, einen Teil ihrer Liebe in Schuldgefühle umzuwandeln. Daher gilt es, die beiden unterschiedlichen Gefühlsstränge, über die Mütter und Kinder verbunden sind, Liebe und Schuld, auseinanderzuhalten, ersteren zu stärken und letzteren fallenzulassen. Schuldgefühle müssen abgeschwächt und auf einem Niveau gehalten werden, das Mütter nicht behindert.

Eine Möglichkeit, Schuldgefühle abzubauen, besteht darin, einen Schritt zurückzutreten und sich einen objektiven Eindruck von einer Situation zu verschaffen, so wie ich es tue, wenn ich an lange zurückliegende Gewissensnöte denke. Sprechen Sie mit jemandem über ihre Situation und über Ihre Schuldgefühle. Dadurch erfahren Sie die Meinung eines Außenstehenden, der emotional weniger beteiligt ist als Sie. Je länger Sie darüber reden, je mehr Einzelheiten Sie preisgeben, desto objektiver werden Ihre Ansichten werden. Suchen Sie sich einen unvoreingenommenen Freund oder eine Freundin, einen Berater, eine verständnisvolle Schwester oder Tante, und machen Sie Ihrem Herzen Luft.

Wenn Sie niemanden zum Reden haben, schreiben Sie es auf. Fertigen Sie eine Liste an mit allen Punkten, die Ihnen Schuldgefühle verursachen, und legen Sie diese für eine Woche zur Seite. Wenn Sie sie wieder hervorholen, werden Ihnen einige Punkte albern vorkommen. Sehen Sie sich die Liste genau an und notieren Sie, wer Ihnen Schuldgefühle verursacht. Gewissensbisse, weil Sie nicht zu Hause sind, wenn Ihre Kinder aus der Schule kommen, erhalten ein »K« für kinderverursachte Schuldgefühle. Zerknirschung über ein ungeputztes Haus oder Ihre mangelnde Fitneß ist ein selbstverursachtes Gefühl, notieren Sie »I« für Ich. Schuldgefühle, weil Sie nicht oft genug mit Ihrem Mann ausgehen, gehören zur Partnerschuld, also schreiben Sie ein »P« daneben.

Welche Person verursacht Ihnen die meisten Schuldgefühle – Ihre Kinder, Sie selbst oder Ihr Partner? Stellen Sie fest, worauf Sie Ihre Energie zur Schuldbeseitigung richten müssen und was sich ändern läßt, um sie loszuwerden. Sie können vielleicht nicht zum Schulschluß zu Hause sein, dafür aber vor Schulbeginn und am Abend da sein. Das muß genügen, und es *ist* gut genug.

Wenn Ihr persönliches Schuldkonto voll ist, dann gehen Sie mit allen Mitteln dagegen vor. Gehen Sie täglich spazieren, um wieder in Form zu kommen, verteilen Sie Putzaufträge an Ihre Familie, damit das Haus gepflegter aussieht. Oder verabschieden Sie sich von der Vorstellung, ein sauberes Haus sei das wichtigste; machen Sie sich jetzt und sofort klar, daß Sie kein pieksauberes Haus haben und vermutlich niemals haben werden.

Ist Ihr ehelicher Schuldenstand hoch, dann legen Sie einen Tag fest, einmal in der Woche oder im Monat, den Sie ausschließlich mit Ihrem Mann verbringen, entweder in der Öffentlichkeit oder allein im Wohnzimmer. Versuchen Sie alles, um Ihre Schuldgefühle ihm gegenüber abzumildern.

Verändern Sie, was sich ändern läßt, und lernen Sie, auf den Rest zu verzichten.

Wenn Schuldgefühle nützlich wären, würden sie in Schulen gelehrt und von Kinderärzten verschrieben. Die Schuldgefühle einer Mutter aber helfen niemandem – ganz bestimmt nicht Ihren Kindern –, und sie behindern Sie als Mutter und als Person.

Beruf als Opfer

Mütter werden beständig von Schuldgefühlen geplagt, und nun, da viele von ihnen berufstätig sind, bietet sich ihnen ein weiteres, neues Gebiet, auf dem ihr schlechtes Gewissen sich austoben kann.

Und so funktioniert die neue Arbeit-und-Schuld-Gleichung: Mütter haben das Gefühl, sie sollten lieber bei den Kindern bleiben, weil Kinder eine Vollzeitmutter brauchen. Schließlich tragen, ihrer Meinung nach, die Frauen die Verantwortung für das Wohlergehen der Familie. Gleichzeitig aber möchten Mütter auch arbeiten gehen, weil es auch zu ihren Pflichten gehört, Geld zu verdienen.

Wenn ich Frauen frage, was sie von einer Mutter halten, die zu Hause bleibt und sich ausschließlich um die Kinder kümmert, während ihr Mann das Geld verdient, antworten die meisten, sie respektierten diese Frau für ihre Lebensweise *mehr*. Demnach finden Frauen also, daß Mutterschaft ein Fulltime-Job sein sollte. Frage ich die gleichen Frauen jedoch, wie erfüllend es für sie ist, den ganzen Tag mit den Kindern zu Hause zu verbringen, geben die meisten an, daß es zwar lohnenswert sei, aber nicht ausreiche, »um sie zufriedenzustellen«. Zudem empfindet es die Mehrheit der Frauen als ihre Pflicht, genau wie Männer zum Unterhalt der Familie beizutragen.[25] Also finden sie auch, daß Frauen arbeiten sollten.

Mit diesen widersprüchlichen Auffassungen im Kopf reiben sich Frauen auf: Arbeiten sie, um ihre Familie zu ernähren, haben sie Schuldgefühle, weil sie keine Vollzeitmütter sind.

Gehen sie keiner bezahlten Arbeit nach, fühlen sie sich schuldig, weil sie nicht arbeiten. Sie haben keine Chance: egal, welchen Weg Mütter einschlagen, es ist der falsche.
Mütter sind deshalb gezwungen, sich zwischen zwei Opfern zu entscheiden: Entweder opfern sie die Familie der Arbeit oder die Arbeit der Familie. Jede Entscheidung ist schmerzlich.
Als Christine Laughlin ihre Karriere aufgab, um sich ganz ihrer Tochter zu widmen, hatte sie nur das Beste für ihr Kind im Sinn. Was ihr nicht klar war, war die Tatsache, daß sie ihre Seele geopfert hatte, das, was sie ausmachte, und daß sie ihrem Kind damit vermutlich mehr schaden als nützen würde.
Christine wußte, daß sie im Karrierekarussell das große Los gezogen hatte, und sie liebte ihren Job als Projektmanagerin im Verteidigungsministerium. Er war aufregend und stellte sie vor immer neue Herausforderungen. Wenn sie morgens aufwachte, war sie so begierig darauf, an die Arbeit zu gehen, daß sie mitunter zwei Stunden vor allen anderen ins Büro kam.
Doch als Christine schwanger wurde, empfand sie es als ihre Pflicht dem Baby gegenüber, ihren Beruf aufzugeben und zu Hause zu bleiben. Sie zog von Washington D.C. in eine weit entfernte Kleinstadt, damit ihr Mann in das Familiengeschäft einsteigen konnte. Es dauerte nicht lang, und sie wurde gelangweilt, nervös und frustriert. Sie war wütend auf sich selbst, auf ihr kleines Mädchen und auf ihren Mann und haßte die beiden für die Misere, in die sie sich selbst manövriert hatte. Sie hatte aufgehört, nachzudenken, etwas wofür sie früher sogar bezahlt wurde. Und dies war das Schlimmste, was ihr passieren konnte, meint sie.
Christine verbrachte viel Zeit damit, ihrem Berufsleben nachzutrauern. Es war ihr gestohlen worden, und sie selbst war der Dieb. Diese ganze unnötige Aufopferung war ihre eigene Entscheidung gewesen.

Zwei Jahre nach der Aufgabe ihres Traumjobs entschloß sich Christine, eine Arbeit zu suchen, um endlich wieder ihren Verstand zu gebrauchen. Aber sie war zu weit von der Hauptstadt entfernt, um ihre alte Tätigkeit wiederaufzunehmen, und in der neuen Stadt gab es keine adäquate Arbeit für eine überqualifizierte Frau wie sie. Schließlich fand sie Arbeit in einem Billigmöbelgeschäft im örtlichen Einkaufszentrum. Nun verkauft sie Stockbetten und Einbauschränke, statt sich mit der Verteidigung der freien Welt zu beschäftigen. Und ob Sie es glauben oder nicht, es geht ihr trotzdem besser.

Christine ist überzeugt davon, eine bessere Mutter zu sein, wenn sie arbeitet. Denn wenn sie zufriedener ist, sind es auch ihr Mann und ihre kleine Tochter. Sie verbringen ihre freie Zeit miteinander, und Christine ist nicht mehr ständig wütend und frustriert.

Doch für jede Mutter wie Christine, die es als Opfer empfand, nicht mehr berufstätig zu sein, gibt es eine andere, die alles dafür geben würde, zu Hause bleiben zu dürfen. Diese Frauen arbeiten Vollzeit, weil sie das Geld benötigen, doch jedesmal, wenn sie ihre Kinder verlassen, um zur Arbeit zu gehen, bedeutet es für sie einen Opfergang. Eine dieser Mütter erzählte mir, daß ihre vierjährige Tochter sie jeden Tag frage, warum sie zur Arbeit gehen müsse. Eine andere meinte, das letzte was sie jeden Morgen von ihrer Zweijährigen höre, nachdem sie sie in der Kinderkrippe abgeliefert habe, sei ihr Weinen. Und eine dritte mußte ihre ernsthaft erkrankte vierzehnjährige Tochter drei Wochen lang tagsüber allein lassen und grämte sich darüber, die Körpertemperatur ihres Kindes nur per Telefon überprüfen zu können.

Die Ironie daran ist, daß die Berufstätigkeit der Frau die Mutterschaft eigentlich von der Aufopferung befreien sollte; zumindest sah Betty Friedan das vor 35 Jahren so, als sie »Der Weiblichkeitswahn« schrieb. Eine befriedigende berufliche Karriere sollte Müttern einen Ausweg aus dem geistlosen Hausfrauendasein bieten, in dem so viele von ihnen gefangen waren, glaubte Friedan. In der Berufstätigkeit sollten Mütter ihren Lebenszweck finden, durch sie würden sie sich ein eigenes Leben schaffen.

Inzwischen steht die Mehrzahl der Frauen und Mütter im Erwerbsleben, und doch geschieht dies in den meisten Fällen aus finanziellen Gründen und nicht als Antwort auf Friedans feministische Vision. Die Hälfte der verheirateten Frauen verdient sogar ebensoviel wie der Ehemann, was bedeutet, daß sie mindestens die Hälfte des Familieneinkommens beisteuern.[26] Das ökonomische Ergebnis dieses Phänomens ist, daß Frauen die neuen Versorger geworden sind. Leider wurden ihnen damit auch doppelt soviel Verantwortung, doppelt so viele Schuldgefühle und doppelt so viele Opfer aufgebürdet.

Und doppelt soviel Arbeit! Nach einem vollen Arbeitstag absolvieren Mütter nun eine zweite Schicht zu Hause.[27] Vielleicht haben sie den Kindern gegenüber ein schlechtes Gewissen und kompensieren dies damit, daß sie auch daheim alles erledigen? Die Frau, die nachts als Krankenschwester und tagsüber als Mutter arbeitete, hat diese zweite Schicht bis ins Extrem betrieben. Auch wenn die meisten berufstätigen Mütter keine zweite Zehn-Stunden-Schicht arbeiten, erledigen sie immer noch einen Großteil dessen, was im Haushalt anfällt. Viele Studien belegen, daß Frauen wesentlich mehr arbeiten als Männer. Doch vermutlich brauchen Sie keine Infas-Umfragen, um zu wissen, daß Mütter mehr Wäsche waschen, kochen, staubsaugen, einkaufen, Kinderschuhe besorgen und Geburtstagsfeste organisieren als Männer. Es ist einfach eine Tatsache.

Meine Untersuchungen belegen, daß unter voll berufstätigen Müttern weniger als eine von zehn die Kinderbetreuung und die Haushaltsaufgaben mit ihrem Mann teilt.[28] Statt dessen geben die meisten an, ihr Mann übernehme gar nichts oder weniger als ein Viertel der Hausarbeiten.

Berufstätige Mütter können sich anstrengen wie sie wollen, sie können nach Hause eilen, um nahrhafte Mahlzeiten auf den Tisch zu bringen, ihren Kindern bei den Hausaufgaben zu helfen, die Wäsche zu waschen und eigenhändig Faschingskostüme anzufertigen. Trotzdem ist den meisten von uns klar, daß wir uns nicht in Superfrauen verwandeln können, weil wir uns als Normalsterbliche keine Hausangestellten leisten können. Wie also können Mütter ihr Bedürfnis nach Berufstätigkeit mit ihrem reuigen Bestreben, auch zu Hause alles erledigen zu wollen, vereinbaren, ohne dabei krank zu werden oder den Verstand zu verlieren?

Entweder sie suchen sich einen Mann, der bereitwillig, ohne Anweisungen und ohne Murren zumindest die Hälfte der Arbeiten übernimmt, oder sie machen beruflich Abstriche und holen dort Zeit heraus, die sie für die häuslichen Arbeiten verwenden können. Beide dieser Möglichkeiten funktionieren, doch ist letztere fast immer einfacher zu realisieren, weil Frauen große Probleme damit haben, ihren Männern beizubringen, ebenfalls Opfer zu bringen.

Eine Mutter, die eine Teilzeitbeschäftigung findet, kann ihren Wunsch danach, zu Hause zu sein, und das Bedürfnis zu arbeiten mit relativ geringen Abstrichen und Schuldgefühlen umsetzen. Sie kann sich den Kindern widmen, den Haushalt erledigen und trotzdem Geld verdienen. Für Familien, die es sich leisten können, ist Teilzeitarbeit für die Mutter die Lösung des Jahrtausends.

Immer mehr Frauen werden die Vorteile der Teilzeitarbeit bewußt. Bestrebt, eine solche Beschäftigung zu finden, sind sie eifersüchtig auf jene, die es geschafft haben. Die Mehrzahl der Mütter meint heute, vor die Wahl gestellt, würden sie Teilzeit arbeiten. Bei meinen Umfragen gab die Hälfte der voll berufstätigen Frauen an, sie würden lieber auf einer halben Stelle arbeiten, und fast ebenso viele Mütter, die zu Hause sind, haben den gleichen Wunsch.[29]

Eine Mutter, die auf einer halben Stelle als Bademeisterin arbeitet, ist überzeugt, das Beste von beiden Welten zu haben. Sie kann zu Hause sein und kommt gleichzeitig auch vor die Tür. Eine Kinderschwester mit einer Drei-Tage-Woche findet ihr Leben so perfekt, daß sie Angst hat, es könne alles nur ein Traum sein, der zu Ende geht, sobald sie aufwacht. Sie ist mit Leib und Seele Mutter, aber auch aus vollem Herzen Krankenschwester, und das gerade, weil keine ihrer Aufgaben sie überfordert.

»Ich habe nicht das Gefühl etwas zu verpassen, weder auf der Arbeit noch zu Hause. Meine Tochter geht los und fängt Frösche und Salamander, und ich bin da, um ihre Begeisterung mitzubekommen«, sagt sie, »und ich bin berufstätig und habe erwachsene Menschen um mich, die ihre Arbeit ernst nehmen.«

Ich bin überzeugt davon, daß Teilzeit arbeitende Mütter in besserer seelischer Verfassung sind als jene, die gar nicht oder Vollzeit arbeiten. Sie sind zufriedener mit ihrem Beruf, mit ihrer Ehe und mit ihrem Leben, wie meine Forschungen ergaben.[30] Der Nachteil von Teilzeitarbeit liegt darin, daß man sich mit seiner Tätigkeit weniger identifiziert. Frauen, die reduziert arbeiten, sprechen seltener von einem Beruf, sondern nennen es »einfach eine Arbeit«.[31] Doch vielleicht ist es gerade die *Distanzierung* von ihrer Tätigkeit, die ihnen hilft, die Balance zu wahren. Indem sie weniger von sich in den Beruf einbringen, müssen sie auch weniger Opfer leisten.

Der Nachteil von Tätigkeiten, die keine Opfer verlangen, besteht natürlich darin, daß Arbeitgeber Teilzeitangestellte meist weniger ernst nehmen, da sie nicht immer anwesend sind. Teilzeitkräfte werden in Relation gewöhnlich schlechter bezahlt als Vollzeitangestellte, sie werden seltener befördert und erhalten so gut wie keine Gratifikationen. Sie sind der Traum jedes ausbeuterischen Arbeitgebers.

Und dann wäre da noch das größte Problem von allen – eine gute Teilzeitstelle zu finden. Wenn Sie Glück haben, wie die

Kinderschwester, finden Sie einen fortschrittlichen Arbeitgeber, der bereit ist, Teilzeitkräfte einzustellen. Die Kinderschwester arbeitet in einer Kinderarztpraxis in Philadelphia, in der ausschließlich Teilzeitkräfte arbeiten, selbst die Ärztinnen, die allesamt Mütter sind. Oder Sie haben Glück und können sich mit Ihrem früheren Arbeitgeber auf eine Teilzeitregelung verständigen. Wahrscheinlicher ist es allerdings, daß Sie kündigen und sich auf eigene Füße stellen müssen. Dazu braucht man nicht nur Mut, sondern auch ein gewisses finanzielles Polster, um Leerlaufzeiten zu überbrücken.

Die Verzögerungsgeneration

Die Mütter von heute – auch wenn ein Großteil von ihnen berufstätig ist – gehören zu einer Babyboom-Generation aufopferungsvoller Frauen. Doch was ist mit der nächsten Generation, mit denen, die zur Zeit noch Teenager oder Anfang zwanzig sind? Wäre es nicht denkbar, daß sie sich einmal mehr oder weniger frei von Selbstverleugnung und Aufopferung fördernden gesellschaftlichen Zwängen und psychologischen Anlagen entfalten?
Ganz und gar nicht! Ich glaube, sie laufen – genau wie ihre eigenen Mütter – Gefahr, zu aufopferungsvollen Müttern zu werden. Ihre Probleme mit einem »falschen Selbst« offenbaren, daß viele von ihnen schon den ersten Schritt in diese Richtung getan haben. Und diese frühe Unfähigkeit, eigene Meinungen oder Ansichten zu formulieren, kombiniert mit einem starken Hang zur Empathie, wird sie ebenso sicher in die aufopferungsvolle Mutterschaft führen wie diejenigen von uns, die bereits Mütter sind.
Junge Frauen können Aufopferung einzig und allein dadurch vermeiden, daß sie Heirat und Mutterschaft aus dem Weg gehen. Und das gelingt ihnen anscheinend sehr gut.

Nach Angaben des US-amerikanischen Statistischen Bundesamtes verschieben junge Frauen das Heiraten und Kinderkriegen heutzutage länger als je zuvor. Die Hälfte der Amerikanerinnen heiratet erst nach dem 24. oder 25. Lebensjahr, und jede fünfte ist mit Anfang Dreißig noch ledig. Eine ziemlich hohe Zahl erwachsener Frauen, etwa zwei von fünf, hat zu diesem Zeitpunkt keine Kinder.[32]

Diese Generation junger Menschen hat ihr Lebensmotto Peter Pan entlehnt, dem Jungen, der nicht erwachsen werden will. Wie er sind sie nicht gewillt, schnell erwachsen zu werden, weil keine großen Kriege oder wirtschaftliche Krisen sie dazu zwingen. Viele von ihnen werden seit Jahren von den Eltern verhätschelt und finanziell unterstützt, die Universitätsausbildung wird ebenso finanziert wie die Kaution für die erste Wohnung und die Raten für das erste Auto. Meine beiden Nachbarinnen, beides Frauen um die Mitte Zwanzig, leben immer noch zu Hause bei ihren Eltern und betrachten Aufopferung als das spezielle Metier ihrer Mutter. Beide arbeiten Vollzeit, bezahlen jedoch weder Miete, noch beteiligen sie sich an den Haushaltskosten; und obendrein leisten die Eltern alljährlich einen Obolus zum vierwöchigen Spanienurlaub.

Meine Nachbarinnen leben eine verlängerte Kindheit, eine Verzögerung von Mündigkeit und Verantwortung. Eine ziemlich große Gruppe junger Frauen zwischen zwanzig und dreißig gibt an, sich noch nicht erwachsen zu fühlen.[33] Sie möchten zwar ihre Ausbildung beenden und mit Anfang zwanzig eine berufliche Karriere starten, aber ein Anzeichen für Reife sehen sie darin nicht. Mit Ehe und Kindern wollen sie sich viel Zeit lassen, mindestens bis sie 28 sind. Sie befürchten, daß Ehe und Mutterschaft sie endgültig zu Erwachsenen machen, und damit haben sie es gar nicht eilig. Im Gegenteil: Ihnen graut davor.

Junge Frauen vermeiden die Mutterschaft aus zwei Gründen: große Furcht vor Aufopferung und der Hang zu Ich-bezogenem Vergnügen. Das Ausmaß dessen, was sie aufgeben müssen, wenn sie heiraten und Kinder bekommen, jagt ihnen große Angst ein. Sie haben gesehen, welche Opfer ihre eigenen Mütter, Tanten und Großmütter gebracht haben und wollen daran keinen Anteil haben.

Eine 24jährige Medizinstudentin erklärte mir, sie habe größere Angst vor den Opfern, die sie als Mutter bringen müsse, als vor den beruflichen Zugeständnissen, die von ihr als angehender Ärztin verlangt werden. Wenn sie ein Baby habe, meinte sie, sei sie für den Rest ihres Lebens an dieses Kind gebunden, selbst wenn es erwachsen ist. Sein Wohlergehen werde immer Vorrang haben, und dazu sei sie noch nicht bereit. Im Moment arbeitet sie eine 20-Stunden-Schicht im Krankenhaus und setzt sich danach an den Schreibtisch, um sich auf ein Examen vorzubereiten. Doch dieses Opfer bringt sie für sich selbst. Sie ist nicht bereit, einen Teil von sich für ein Kind aufzugeben und kann sich nicht vorstellen, dies jemals zu tun.

Ich weiß noch, daß ich in diesem Alter genauso dachte; ich hatte keinerlei Interesse an Kindern, die mir vorkamen wie Kreaturen von einem fremden Stern. Nach dem Collegeabschluß lebte ich allein und heiratete dann mit 27, aber ich hätte eher daran gedacht, mitten im Winter zum Nordpol zu marschieren, als Kinder zu bekommen. Wohlwissend, wieviel meine Mutter für mich getan hatte, war ich nicht bereit, für irgend jemanden das gleiche zu tun. Noch konnte ich mir vorstellen, dies jemals zu wollen. Es war die Angst vor der Aufopferung, die über mir schwebte wie ein Zeppelin über einem Fußballfeld und mich bis zu meinem dreißigsten Lebensjahr für die schönen Seiten der Mutterschaft unempfänglich machte (und dann hatte ich ernsthafte Empfängnisprobleme).

Einer jungen Freundin von mir, einer Sängerin, geht es ebenso. Sie ist so auf ihre Karriere und ihren Traum fixiert, die neue Barbra Streisand oder Liza Minelli zu werden, daß sie nicht bereit ist, auch nur darüber nachzudenken, etwas davon für ein Kind aufzugeben. Erst wenn sie das Superstar-Dasein genossen hat, werde sie keine Angst mehr vor einer aufopferungsvollen Mutterschaft haben, weil sie dann keine Opfer mehr bringen müsse. Wenn sie erst einmal in der Carnegie Hall aufgetreten sei, werde sie so erfolgreich sein, daß ihr Baby daran nichts mehr ändern könne. Zumindest denkt sie das im Moment.

Junge Frauen fürchten sich nicht nur vor der Aufopferung, sie lieben auch das Vergnügen. Früher brüsteten sich Männer damit, sich die Hörner abstoßen zu müssen; heute wollen junge Frauen genau das gleiche tun. Sie haben die gleichen »Hörner« wie ihre Brüder und gedenken diese auch zu nutzen. Junge Frauen möchten sich nur um eine Person Gedanken machen müssen – und zwar um sich selbst. Sie betrachten die Zwanziger als ein Vergnügungsjahrzehnt, als eine Art Ich-Dekade.

Eine Zwanzigjährige erklärte mir, erwachsen zu sein bedeute, keinen Spaß und keine Freiheit zu haben. Daher wolle sie für einige Jahre nur für sich selbst verantwortlich sein, für niemanden sonst, um ihr Leben »als unabhängiger Mensch« zu genießen. Andere junge Frauen ließen mich wissen, daß sie so lange wie möglich ein unabhängiges Studentenleben führen wollen. Sie möchten sich amüsieren, ehe sie seßhaft und gehorsame, aufopferungsvolle Mütter werden müssen, Menschen, die niemals Spaß haben. Und deshalb sehen wir sie feiern, trinken, Nachtclubs besuchen, verreisen und die Wochenenden mit anderen Singles in gemieteten Ferienhäusern verbringen.

Haben sie ihre Abneigung gegen Aufopferung und Fortpflanzung erst einmal überwunden, unterscheiden sich auch junge Mütter nicht sehr von anderen Müttern. Die meisten von ihnen werden mindestens so aufopferungsvoll wie ältere Mütter. Wenn ich die jüngeren Mütter mit denen über dreißig vergleiche, muß ich sogar feststellen, daß die jüngeren im

Aufopferungstest noch schlechter abschneiden. Sie bringen noch mehr Opfer für ihre Kinder, lesen beispielsweise seltener, als sie es möchten, sehen sich nicht die Fernsehshows an, die sie interessieren, und treffen sich nicht mit Freunden. Darüber hinaus haben junge Mütter größere Schuldgefühle, nicht genug Zeit mit den Kindern zu verbringen, und nehmen sich nur selten Zeit, um etwas nur für sich zu tun.

Nachdem sie einige Jahre lang mit einer Motorradgang herumgezogen war, viel getrunken und hin und wieder auch Drogen genommen hatte, bekam Donna Casey mit 26 ihr erstes Kind. Heute ist sie eine hingebungsvolle Mutter und hat für ihren kleinen Ricky ihr altes Ich gern aufgegeben. Ihr einziges Streben ist es, Ricky glücklich zu machen.

Mit ihren schwarzen Lederklamotten und den leicht schiefstehenden Augen sieht die ein Meter achtzig große, rothaarige Donna nicht gerade aus wie eine aufopferungsvolle Mutter. Schließlich war sie es, die ihren Mann in der Silvesternacht ermunterte, große Mengen Bier und Tequila zu trinken, um ihn dann zu verführen, ehe er ein Kondom zükken konnte. Ricky, das Ergebnis dieser Verführung, ist ihre neue Liebe, ein kleiner Junge, von dem sie sich nicht einmal für ein paar Stunden Kindergarten trennen möchte.

Donna gehört zu den Frauen, die stolz darauf sind, nichts für sich selbst zu tun. Für sie ist Aufopferung eine Art Mütterverdienstkreuz; sie empfindet es als Privileg, sich selbst zu vernachlässigen.

Doch die Auswirkungen von Selbstverleugnung können für junge Mütter ebenso schädlich sein wie für ältere. Mütter unter dreißig sind viel unglücklicher mit ihrem Leben als ältere und wesentlich unzufriedener mit dem, was sie bisher erreicht haben. Je mehr sie opfern, desto unbehaglicher und angespannter fühlen sie sich, so scheint es.[34]

Noch beunruhigender ist die Tatsache, daß junge Mütter eine größere Abneigung gegen sich selbst empfinden als ältere. Wenn ich sie befrage, wie häufig sie sich selbst anwidern – eine Test, den ich Selbstverachtung nenne –, so geben sie noch höhere Werte an als ältere Mütter. Sie glauben, menschlich nicht erfolgreich zu sein, und sind insgesamt unzufriedener mit ihrem Leben.

Diese Anzeichen von Kummer und Unglücklichsein sind Hinweise auf das, was ich für die wirklich zerstörerischen Folgen von übermäßiger Selbstverleugnung halte. Wenn Mütter sich zu sehr aufopfern, rächt sich die Hingabe an die Familie dadurch, daß sich diese Frauen aus Mangel an Selbstachtung und persönlicher Würde krankmachen.

Dies nenne ich das Aufopferungssyndrom, ein Problem, das nicht nur die Gesundheit von Frauen, sondern auch ihr geistiges und seelisches Gleichgewicht gefährden kann.

3. Kapitel
Das Aufopferungssyndrom

Aufopferung ist schlecht für Sie – das ist der beste Grund, es sein zu lassen.

Wenn Mütter sich zu sehr aufopfern, werden sie krank. Krank an Körper, Geist und Seele.

Zwar ist Aufopferung nicht so zerstörerisch wie Rauchen, Trinken oder Drogenkonsum, weil es sich hierbei nicht um eine Sucht handelt, doch sie ist eine schlechte Angewohnheit, die desto schwieriger abzulegen ist, je länger sie anhält.

Eine Mutter, die sich um andere kümmert, während sie sich selbst vernachlässigt, ihre eigenen Bedürfnisse verleugnet und ständig anderen Menschen Vorrang einräumt, hat ein ernstes und potentiell gefährliches Aufopferungsproblem.

Ein Orkan der Aufopferung hinterläßt einen emotionalen Schutthaufen aus Verwundbarkeit, psychischer Instabilität und körperlicher Anfälligkeit. Mütter, die sich übermäßig aufopfern, haben ein gestörtes und sehr negatives Selbstbild. Sie besitzen kaum Selbstvertrauen und verachten sich und ihr Aussehen. Sie sind traurig oder depressiv, ängstlich oder wütend. Sie verlieren das Interesse an Sex und beschränken sich auf ein langweiliges Liebesleben. Und zusätzlich leiden sie an einer Reihe körperlicher Beschwerden wie Kopfschmerzen, Magenproblemen, Schlaflosigkeit und Verspannungen.

Ich glaube, viele Mütter ahnen, daß zu viel Aufopferung nicht gut für sie ist. Dennoch machen sie weiter, weil sie hoffen, wenn sie sich nur genug aufopfern, würden sie sich viel-

leicht in jenes beneidenswerte, unerreichbare Objekt der Begierde verwandeln: die perfekte Frau und Mutter. Leider irren sie sich, denn aufopferungsvolle Mütter mühen sich vergebens; sie werden schlechtere Ehefrauen und Mütter als jene, die sich weniger abverlangen. Diese Frauen sind wie Studenten, die die ganze Nacht für ein Examen durchbüffeln und am Ende doch nur ein »zufriedenstellend« bekommen, während ihre Freunde, die kaum etwas dafür getan haben, »Einser« kassieren. Es mag unfair sein, aber so ist das Leben nun einmal: Der Sieger erntet die Lorbeeren, und nicht immer ist derjenige Sieger, der sich am meisten abverlangt.
Aufopferungsvolle Mütter sind ihre eigenen und schärfsten Kritikerinnen. Vielleicht haben sie deshalb das Gefühl, viel schlechtere Frauen und Mütter zu sein als jene, die sich weniger plagen. Sie haben ihre Ziele so hoch gesteckt, daß sie sie niemals erreichen können. Wenn ich solche Frauen bitte, sich selbst zu bewerten, halten sie sich als Frauen, Geliebte und Mütter für völlige Versagerinnen. Sie streben nach einem Phantasieleben und bekommen nichts anderes als rauhe Wirklichkeit. Sie träumen von einem aufmerksamen, zärtlichen Mann, der sich unaufgefordert mit den Kindern beschäftigt, doch in Wirklichkeit hat er einen Dauerparkplatz vor dem Fernseher und braucht eine schriftliche Einladung, damit er sich wieder einmal um den Nachwuchs kümmert. Sie träumen von einem bezaubernden, liebevollen Kind, das alles tut, was Mama sagt, doch im wirklichen Leben haben sie ein Kleinkind, das sich mitten im Supermarkt vor Wut auf den Boden wirft.
Daher können aufopferungsvolle Mütter sich selbst nichts recht machen. Sie sind ständig damit beschäftigt, sich für die Familie aufzuopfern, fühlen sich jedoch weder durch ihre Ehe noch durch ihr Liebesleben dafür belohnt. Weil ihr Partner stark auf sie angewiesen ist, gehen sie ihm zuliebe ständig Kompromisse ein. Sie haben das Gefühl, viel mehr in die Beziehung zu investieren als andere Frauen und nichts dafür

zurückzubekommen, weil der Partner ihre Mühe nicht zu schätzen weiß.

Aufopferungsvolle Mütter tun mehr für ihre Männer als andere Frauen, haben jedoch weniger Freude daran.[35] Sie kaufen ihm Hemden und Unterwäsche, falten seine Socken zusammen, bezahlen seine Rechnungen und kochen ihm das Essen. Er jedoch weiß ihre Anstrengungen nicht zu würdigen, und genau aus diesem Grund empfinden sie keinen Respekt vor ihm. Ja, sie hegen sogar mehr Groll als Liebe. Sie investieren ihre ganze Kraft in seine Versorgung, ohne sich je selbst umsorgt zu fühlen. Bis sie es ihm schließlich verübeln, ständig mehr zu nehmen als zu geben.[36]

Natürlich geben diese Frauen so viel, daß ihr Mann schon Supermann sein müßte, um alles wieder aufzuwiegen. Sie sind wie ein Millionär, der sich darüber ärgert, daß seine armen Verwandten ihm niemals so schöne Geschenke machen wie er ihnen.

Eine meiner Bekannten reibt sich für ihren Mann und die vier Kinder förmlich auf; gleichzeitig beklagt sie sich ständig darüber, daß ihr Mann sich nicht genügend um sie kümmere. Als sie mit Zwillingen schwanger war, bat sie ihn, das Betanken des Wagens zu übernehmen, weil ihr an der Tankstelle jedesmal übelwurde. Er tat es nicht, und sie blieb zweimal ohne Benzin liegen. Sie ärgerte sich mehr über seine Teilnahmslosigkeit, als darüber, mit einem dicken Bauch am Straßenrand stehen und auf den Abschleppdienst warten zu müssen. Damals weinte sie vor Enttäuschung. Als sie von ihm kein Weihnachtsgeschenk bekam, weil er meinte, das neue Haus sei Geschenk genug, weinte sie wieder. Sie brauche kein großartiges Geschenk, sagte sie mir, sie wolle nur das Gefühl haben, ihm wenigstens *irgend etwas* wert zu sein.

Diese Frau versteht nicht, daß ihr Mann niemals in der Lage sein wird, so viel zu geben wie sie, daß ihre Standards für ihn so unrealistisch sind wie ein Weltrekord im Stabhochsprung.

Sie muß ihm klarmachen, was sie von ihm erwartet und warum; daß sie ein Geschenk um der Botschaft willen schätzt und nicht wegen seines Geldwertes. Die traurige Wahrheit ist, daß ihre übermenschliche Aufopferung ihre Bedeutung als Frau und Mutter untergräbt. Ihr Mann versteht sie nicht, und die Kinder halten sie für selbstverständlich. Sie tut alles, um die Liebe und Anbetung ihrer Familie zu erringen, und statt dessen erhält sie deren Dreckwäsche und Beschwerden.

Eine der aufopferungsvollsten Mütter, der ich je begegnet bin, ist Maria Podlaski. Sie leidet ebenfalls um ihrer Kinder willen, weil sie verzweifelt versucht, ihnen alles recht zu machen. Deshalb organisiert sie 24stündige Kindergeburtstage für die ganze Klasse; fährt ihre beiden Ältesten zu jedem gewünschten Fußballspiel oder Schlittschuhnachmittag; und aus dem gleichen Grund darf ihre sechsjährige mongoloide Tochter nachts durchs Haus laufen, auch wenn das bedeutet, jedesmal aufstehen und das Kind wieder ins Bett bringen zu müssen. Dennoch haben die Kinder nicht viel von den enormen Opfern ihrer Mutter. Statt dessen leben sie mit einer gestreßten, überlasteten Mutter, die emotional mindestens so bedürftig ist wie sie. Die vielen Entsagungen haben sie ängstlich und depressiv gemacht. Sie leidet unter chronischen Magenbeschwerden und häufigen Brustschmerzen, sie fühlt sich einsam, gereizt und häufig grundlos wütend. Sie hat Weinkrämpfe und jede Lust am Sex verloren.

Maria opfert sich so maßlos auf, daß eine Ärztin ihr empfahl, eine Teilzeitarbeit anzunehmen, um ihrer Familie wenigstens für einige Stunden zu entkommen. In dem ungewöhnlich einsichtigen Bemühen, Maria zu zwingen, von ihrer Aufopferung abzulassen, verschrieb diese Ärztin ihr eine Dosis »Selbstinteresse«. Doch der Versuch ging schief. Maria nötigt sich seitdem nur noch mehr Opfer ab, um die Zeit wiedergutzumachen, die sie nun mit der Arbeit verbringt.

Maria hat jedes Selbstvertrauen verloren, jede Fähigkeit,

sich selbst als lebhafte, intelligente Frau mit einem verführerischen Leuchten in den Augen zu sehen. Sie ist wie ein schönes Stück Seide, das zu lange Sonne und Wind ausgesetzt war: Ihr altes Ich ist so verblaßt, daß sie nur noch ein Hauch ihrer Selbst ist.
Diese persönliche Selbstauflösung widerfährt vielen Müttern, die sich zu stark aufopfern. Sie verlieren die Fähigkeit, sich um sich selbst zu kümmern, und das ist ein wesentlicher Grund für das erdrutschartige Absacken ihrer Selbstachtung.

Manchmal glaube ich, ich bin für überhaupt nichts gut

Eine der auffälligsten Folgen von Aufopferung ist der überwältigende Verlust von Ich- und Selbstwertgefühl. Aufopferung kann das Ego einer Frau langsam, aber sicher korrodieren, ihr tiefstes Inneres angreifen. So wie Termiten ein Haus befallen und dann seine Substanz schwächen, zerfrißt die Aufopferung das Selbstvertrauen und den Stolz einer Frau. Sie verringert die Selbstachtung einer Mutter, indem sie gezwungen wird, immer zuletzt oder gar nicht an sich zu denken, wie die Frau, die mir sagte, sie habe das Gefühl, überhaupt nicht mehr da zu sein. Wenn eine Mutter selbst nicht mehr daran glaubt, Respekt zu verdienen, wer dann?
Auch ich dachte auf dem Höhepunkt meiner Entsagungszeit nicht eine Sekunde lang an mich selbst. Ich hatte einfach das Gefühl, keine Rolle mehr zu spielen. Ich war in so schlechter Verfassung, daß ich mir nicht mehr die Mühe machte, darüber nachzudenken, was ich eigentlich dachte. Ich begann eine Auseinandersetzung mit meinem Mann, war jedoch unfähig, ihm auseinanderzusetzen, warum ich recht und er unrecht hatte. Ich ging zur Kommunalwahl und stellte in der Wahlkabine fest, daß ich gar keine Meinung hatte. Für ein

eingebildetes Wohl meiner Kinder schlafwandelte ich durchs Leben.
Damals sah ich keinen Zusammenhang zwischen meiner Neigung zur Aufopferung und der Unfähigkeit, mich auf mich selbst zu besinnen, oder meinen quälenden Magenbeschwerden, den ständigen Kopfschmerzen, diesem undeutlichen Gefühl von Traurigkeit und Unwohlsein. Ich hatte alle Anzeichen des Aufopferungssyndroms und wurde mir dessen nicht für einen Moment bewußt. Es war, als ignorierte ich einen ausgewachsenen Elefanten, der mitten in meinem Wohnzimmer saß.
Hätte ich mir damals die Mühe gemacht, mein Selbstwertgefühl zu überprüfen, ich hätte es mit Sicherheit im Keller wiedergefunden, auf dem absoluten Tiefpunkt. Inzwischen habe ich gelernt, daß ich keine Ausnahme bin: Ich bin die Regel – mit meinem entsagungsvollen, niedrigen Selbstwertgefühl. Und gerade weil das Aufopferungsproblem so verbreitet ist, leiden vermutlich viele Frauen an einem ähnlichen Mangel an Selbstachtung. Bei meinen Vergleichen zwischen Frauen und Männern schneiden Frauen beim Selbstachtungstest immer schlechter ab als Männer. Unterscheidet man dann noch einmal zwischen extrem aufopferungsvollen Frauen und anderen, haben erstere das schlechteste Selbstwertgefühl von allen. Es ist so gut wie unmöglich, eine gute Meinung von sich zu haben, wenn man tage-, wochen- und monatelang nur an andere denkt, so als erwarte man eine perfekte Frisur, ohne je zu Kamm und Spiegel zu greifen.
Gekoppelt an mangelnde Selbstachtung sind heimliche Selbstzweifel, d.h. der Verdacht, daß nichts von dem, was man tut oder sagt, wirklich wichtig ist. Es ist nicht schwer, eine selbstzweiflerische Mutter zu erkennen. Ihre Unsicherheit läßt sie an jede feste Aussage, die sie macht, ein »glaube ich« anhängen und wortlos zuhören, wenn jemand etwas bestreitet, das sie definitiv besser weiß. Auf dem Höhepunkt meiner Selbstzweifel fragte ich meinen Mann, ob ich unseren

Gästen wohl ausreichend Essen serviert hatte, obwohl mir klar war, daß er nicht die blasseste Ahnung hatte.
Wenn sich eine Mutter lange genug in Frage stellt, beginnt sie sich selbst zu kritisieren und herabzuwürdigen, so als müsse sie sich beweisen, daß ihre Zweifel berechtigt sind; als sei es völlig normal, nur seine schlechten Seiten zu sehen und nicht die guten. Für Männer ist dieses Verhalten jedenfalls nicht normal. Fragen Sie irgendeine Frau, und sie wird wahrscheinlich zugeben, sich manchmal nicht ausstehen zu können. Fragen Sie einen Mann, und er versteht wahrscheinlich nicht einmal, wovon Sie eigentlich reden.
Jede zweite Frau, so habe ich festgestellt, gibt offen zu, sich häufig selbst anzuwidern. Die Zahl der Frauen, die eine exzessive Selbstbezichtigung und Selbstverachtung betreiben, ist so hoch, daß man von einer richtiggehenden Epidemie sprechen kann. Je schrecklicher und greulicher sie sich beleidigen können, desto zufriedener sind sie. Einige Frauen haben beispielsweise die Angewohnheit, von sich selbst als Schlampe, Dicke oder Dummkopf zu sprechen.[37]
Aufopferungsvolle Mütter empfinden die meiste Verachtung für sich selbst. Diese Märtyrerinnen haben für sich nur Spott und Abscheu übrig und halten sich selbst für dumm, häßlich und des Lobes unwürdig. Dabei verdienen sie diese Selbstverachtung gar nicht. Im Gegenteil, soviel Selbstaufopferung und Entsagung sollte sie eigentlich zu Heiligen machen oder zumindest als Heldinnen erscheinen lassen. Schließlich bedarf es großer Herzensgüte, um so aufrichtig und mit solch beharrlicher Entschiedenheit für andere dazusein. Sie könnten sich zumindest dafür respektieren, so uneigennützig zu sein.[38]
Als ich Ellen Brown das erste Mal traf, nahm ich an, sie müsse auf ihre Selbstverleugnung sehr stolz sein. Schließlich ist sie Expertin auf dem Gebiet der Aufopferung und tut nichts anderes, als die Kinder dorthin zu fahren, wo sie hinwollen, und auf ihren Mann zu warten, einen FBI-Agenten,

der mal um zwei Uhr nachts, mal um zwei Uhr nachmittags nach Hause kommt. Daher war ich sprachlos, als ich feststellte, wie sehr sie sich selbst verachtet. Die zierliche, teuer gekleidete Frau mit der superschicken Frisur und dem dezenten Goldschmuck ist eine Augenweide. Dennoch hat sie ein großes Talent dazu, sich selbst zu beschimpfen. Sie ist eine Frau mit soviel Erfahrung darin, sich selbst Gewalt anzutun, daß sie mit Fug und Recht in einem Frauenhaus Zuflucht suchen könnte. Nur daß die Gewalt nicht von ihrem Ehemann ausgeht, sondern von ihr selbst!

Als Reaktion auf ihr entsagungsvolles Leben haßt Ellen sich selbst. Sie geht der Familie zuliebe keiner eigenen Arbeit nach und hat ihre Stelle bei der Polizeibehörde aufgegeben, um bei den Kindern zu bleiben. Sie hat kein soziales Umfeld, weil sie mit ihrem Ehemann aus beruflichen Gründen so oft umgezogen ist, daß sie nirgendwo Wurzeln schlagen konnte. Sie tut nichts anderes, als sich ständig für ihre Familie zu verausgaben. Doch da sie ihre Leistungen nicht wertschätzen kann, tut es auch kein anderer. Sie glaubt selbst nicht daran, Respekt zu verdienen, und deshalb bringt ihn ihr auch niemand in der Familie entgegen.

Während ich Ellen zuhöre, die Stimme monoton und voller Traurigkeit und Resignation, kann ich ahnen, daß sie das Gefühl hat, im Treibsand der Aufopferung zu versinken, ohne daß es einen Ast oder eine Hand gäbe, nach der sie greifen könnte. Und es gibt nichts, was ich zu ihrer Rettung tun könnte.

»Mein Leben besteht darin, meine Kinder von hier nach dort zu kutschieren«, erzählt sie mir. »Ich glaube, ich gehöre zu den Frauen, die sagen: ›Es muß doch noch etwas anderes geben, als immer nur Taxidienst zu spielen.‹ Tief drinnen vermisse ich es, kein eigenes Leben und keinen anderen Lebenszweck als meine Familie zu haben, nichts anderes zu sein als Ehefrau und Mutter.«

Krieg gegen den Körper

Es ist so etwas wie eine universelle Erkenntnis, daß eine Frau nicht mit sich zufrieden sein kann, wenn sie nicht auch mit ihrem Aussehen zufrieden ist; eine Regel, die schon viele wissenschaftliche Studien initiiert hat und Ausgangspunkt Dutzender bekannter Bücher ist. Eine Frau, die sich als Person verabscheut, neigt auch dazu, ihren Körper zu verabscheuen; und eine Frau, die ihren Körper verabscheut, wird sich auch als Person verabscheuen. Diese beiden Punkte – Selbstwertgefühl und Körpergefühl – sind eng miteinander verbunden, sie sind sozusagen siamesische Zwillinge im psychologischen Sinne. Man kann nicht über das eine sprechen, ohne das andere zu berücksichtigen.

Aufopferungsvolle Mütter neigen dazu, sich selbst abzulehnen, daher ist es kein Wunder, daß sie häufig auch mit ihrem Aussehen unzufrieden sind. Sie sind die Erwachsenenversion der Teenager mit dem Problem eines falschen Ichs, nur daß ihr Problem darin besteht, kein Ich zu haben.

Die körperlichen Veränderungen während der Pubertät wirken auf junge Mädchen beängstigend und abstoßend. Das durch Verunsicherung und mangelndes Selbstvertrauen bereits angegriffene Selbstbild der Mädchen wird durch diese neuerliche Unsicherheit über ihr Aussehen noch stärker in Mitleidenschaft gezogen. Wie an früherer Stelle bereits erwähnt wurde, sind Mädchen ab zwölf Jahren mit ihrem Aussehen viel unzufriedener als Jungen. Und erwachsene Frauen wiederum sind wesentlich unzufriedener mit ihrem Aussehen als Männer.

Frauenzeitschriften machen sich diese weitverbreiteten weiblichen Sorgen über den eigenen Körper zunutze, indem sie uns förmlich überschütten mit Artikeln über Oberschenkelformung, Bauchstraffer, Poverkleinerung, Brustvergrößerung und Make-up-Tips, wie man Nasen kleiner, Wangen höher und Kinnpartien weniger auffällig wirken lassen kann. Ich selbst habe an dem von Zeitschriften gesponserten Körperterror mitgewirkt, indem ich Frauen in einer Umfrage ihre Körperteile bewerten ließ, um herauszufinden, welche sie mögen und welche sie ablehnen. Dabei kam heraus, daß Frauen fast jedem Quadratzentimeter ihres Körpers mehr negative als positive Gefühle entgegenbringen. Einmal entschloß ich mich, sie nur Charakteristiken oberhalb des Halses beurteilen zu lassen, weil ich mir davon weniger negative Antworten versprach, und siehe da – es funktionierte! Frauen sind mit ihren Augen und Haaren wesentlich zufriedener oder zumindest weniger unzufrieden als mit Hüften und Schenkeln.[39]

Vergleicht man die Ansichten von Müttern über das eigene Aussehen mit denen kinderloser Frauen, läßt sich feststellen, daß erstere mit ihrer äußeren Erscheinung sehr viel weniger zufrieden sind. Und am unglücklichsten von allen sind aufopferungsvolle Mütter. Ein Grund dafür ist die Tatsache, daß diese sich kaum Zeit nehmen, daran etwas zu ändern. Aufopferungsvolle Mütter sind mit einer solch grimmigen Entschlossenheit auf ihre Kinder fixiert, daß sie wenig Zeit und Kraft haben, sich um ihr eigenes Aussehen zu kümmern. Und indem sie etwas ignorieren, was ihnen selbst so wichtig ist, verstärken sie ihre Selbstablehnung noch.

Mütter nehmen sich für ihr Aussehen weniger Zeit als andere Frauen. Auf meine Frage, wieviel Zeit sie sich morgens und abends für die Körperpflege nehmen, erfuhr ich, daß sie sich weniger Zeit lassen zum Duschen, Kämmen, Zähneputzen und Schminken als andere Frauen.[40] Und das, obwohl sie häufiger als andere angeben, sich ohne Make-up nackt zu fühlen. Obwohl ihnen klar ist, daß sie es dringend brauchen, verzichten aufopferungsvolle Mütter also darauf, der Welt mit einem gepflegten Gesicht entgegenzutreten.

Und das ist offenbar noch die geringste ihrer Sorgen. Viele von ihnen sind schon zufrieden, wenn sie morgens zwischen acht und neun Uhr vollständig angezogen aus dem Haus

kommen. Nur halb im Scherz meinten einige aufopferungsvolle Mütter, sie seien schon dankbar, wenn sie mit einer frischen Unterhose, gewechseltem Tampon und Kontaktlinsen in beiden Augen davonkämen.
Da es aufopferungsvollen Müttern so schwer fällt, sich um ihr Aussehen zu kümmern, haben sie nach der Geburt oft mit dramatischen Gewichtsproblemen zu kämpfen. Zunahmen von bis zu 20 Kilogramm nach der Geburt sind keine Seltenheit und oftmals von Dauer, da die Frauen sich weigern, der eigenen Verschönerung Priorität einzuräumen. Wenn aufopferungsvolle Mütter es versäumen, sich um die eigenen Bedürfnisse zu kümmern, sammeln sich die Pfunde schnell an. Das zusätzliche Gewicht kann sich auftürmen wie der Mount Everest – und ebenso schwierig zu überwinden sein.
Eine betroffene Mutter aus Indiana erzählte mir, sie habe nach der Geburt ihrer drei Kinder einfach vergessen, auf ihr Aussehen zu achten. Sie brauchte sieben Jahre, ehe sie sich zum ersten Mal wieder auf sich selbst besann. Die Einsicht, ein Recht darauf zu haben abzunehmen, war wie eine Offenbarung für sie.
Bei Joy Stevens dauerte es acht Jahre, ehe sie zu einem ähnlichen Schluß kam. Und auch das nur, weil ihr davor graute, sich zur Kommunion des Ältesten ein neues Kleid in Größe 54 kaufen zu müssen. Joy hatte mit jeder ihrer fünf Schwangerschaften zehn bis fünfzehn Kilogramm zugenommen und konnte sich ein Abspeckprogramm bei den Weight Watchers oder die Mitgliedschaft in einem Fitneß-Studio einfach nicht leisten. Statt dessen gebrauchte sie enorme Entschlußkraft und eisernen Willen, die sie heimlich in die frühen Morgenstunden investierte, ehe ihre Kinder aufwachten.
Jeden Morgen um sechs Uhr ging Joy spazieren. Selbst an eiskalten, stockfinsteren Januartagen, wenn ihr beim Atmen die Lunge weh tat, zwang sich Joy hinaus in die Kälte. Am An-

fang benötigte sie eine geschlagene Stunde für eine Meile. Doch Stück für Stück brachte sie es in der gleichen Zeit auf ganze sechs Meilen. Diese eine Stunde Bewegung wurde zur einzigen von vierundzwanzig, die Joy ganz allein gehörte, die einzigen sechzig Minuten, die sie nur für sich, für niemanden sonst nutzte. Sie brauchte ewig, um zu begreifen, daß sie ein Recht auf dieses bißchen Freizeit hatte, und sie tat es vor allem für ihren Sohn, damit dieser nicht von einer Mutter blamiert wurde, die in einem zeltgroßen Kleid in der Kirche saß.

Sich schlecht fühlen

Die seelischen Störungen im Zusammenhang mit Aufopferung ergeben einen Berg von Melancholie. Extrem aufopferungsvolle Mütter haben *doppelt so viele* seelische Probleme wie andere Frauen.[41] Doppelt so viele von ihnen fühlen sich leicht reizbar, haben Schlafprobleme und Konzentrationsstörungen; doppelt so viele leiden unter Schuldgefühlen, doppelt so viele fühlen sich einsam.

Außerdem klagen sie häufiger über Kopfschmerzen, Magenprobleme und Verspannungen. Sie fühlen sich erfolgloser als andere Mütter und sind wesentlich unzufriedener mit ihren Freundschaften, ihrem Beruf und dem Verlauf ihres Lebens.

Haben aufopferungsvolle Mütter nicht Besseres verdient? Was ist so besonders an der Aufopferung, daß sie Frauen mit einer Flut seelischer Leiden überschwemmt?

Es ist nicht unbedingt das aufopferungsvolle Verhalten selbst, das Frauen dieses Leid verursacht, sondern drei damit einhergehende Schlüsselmerkmale. Aufopferungsvolle Mütter verfügen über ein *Übermaß an Empathie*, sie machen sich meist permanent Sorgen und tragen die primäre Verantwortung für die Versorgung der Kinder.

Aufopferungsvolle Mütter sind fast immer mit immensem Einfühlungsvermögen ausgestattet. Sie halten es für ihre Pflicht, so mitfühlend und fürsorglich wie möglich zu sein. Sie sind überzeugt, den Kummer ihrer Kinder auf sich nehmen und teilen zu müssen. Jeden Kummer, jede Enttäuschung oder Angst ihres Kindes durchleiden sie selbst. Und das nicht nur für zwei oder vielleicht auch zwölf Jahre, sondern *für immer* – solange sie leben.

Einfühlungsvermögen ist ein Geschenk, häufig ein sehr bewundernswertes. PfarrerInnen, PriesterInnen und Rabbiner besitzen diese Gabe, aber auch PsychotherapeutInnen und einige ÄrztInnen. Die Empathie für ihre Kinder gibt Müttern das Gefühl, gute Arbeit zu leisten. So behauptet eine Mutter aus Arizona, sie wisse genau, wann ihre Vierjährige deprimiert sei und sei dann selbst niedergeschlagen.

Doch überempathische Mütter bezahlen einen Preis für ihre große Anteilnahme am Gefühlsleben ihrer Kinder, denn empathische Mütter sind häufig auch deprimierte Mütter. Damit ist nicht jede mitfühlende Mutter gleich eine Kandidatin für Depressionen, doch sie ist gefährdeter als eine Mutter, die nicht ganz so enthusiastisch Anteil nimmt.

Ein weiterer Beleg für die enge Verbindung zwischen Empathie und Depression ist die Tatsache, daß Empathie eine sehr weibliche Eigenschaft ist. Frauen mit traditionell weiblicher Ausrichtung, die also die meiste Aufmerksamkeit auf andere Menschen richten und damit »fremd-orientiert« sind, klagen ebenfalls überdurchschnittlich häufig über Depressionen. Solche weiblichen Frauentypen, wie die Psychologin Susan Harter sie nennt, stellen die Bedürfnisse des Partners über die eigenen, weil sie automatisch dem anderen Menschen Vorrang einräumen. Sie sind extrem empfänglich für die Gefühle ihres Partners, ignorieren oder übergehen dagegen die eigenen. Sie überlassen dem Partner die Führung, und er ist es auch, der die wichtigsten Entscheidungen trifft. Füttern Sie mit diesen Aspekten einen Computer, spuckt er ihnen das perfekte Profil einer aufopferungsvollen Mutter aus.

Diese empathischen, »fremd-orientierten« Frauen leiden unter den gleichen Problemen wie aufopferungsvolle Mütter. Sie besitzen ein geringes Selbstwertgefühl, sind oft niedergeschlagen und kraftlos. Sie haben wenig Schwung, wie Harter es nennt. Wenn man ständig den Schmerz anderer Leute mitfühlt und deren Wünsche zu ahnen versucht, ehe sie selbst wissen, was sie wollen, fällt es schwer, den Kopf oben zu behalten.

Mit der Empathie kommen auch die *Sorgen.* So werden Mütter, die in extremer Liebe und Fürsorglichkeit an ihren Kindern hängen, garantiert von Sorgen umgetrieben.

Die Anlässe mütterlicher Besorgnis reichen vom Absurden bis zum Herzerweichenden. Ich sorge mich über die schlechten Träume meines Sohnes und frage mich, warum er im Schlaf ruft und schreit. Meine Freundin befürchtet, der erste Zahn ihres Babys könne schief herauswachsen, und eine andere macht sich Gedanken, weil ihre Tochter in der neuen Nachbarschaft noch nicht zum Geburtstag eingeladen wurde. Eine Mutter in Kalifornien hat Bedenken, weil sie weiß, daß sie ihrer Vierjährigen nicht ständig die Schuhe binden sollte und es trotzdem tut. Ich kenne eine Mutter, die sich – aus gutem Grund – über ihren selbstmordgefährdeten, depressiven Teenager Gedanken macht, und eine andere, die nicht weiß, ob es ihrem schwerkranken 13jährigen Kind vergönnt sein wird, erwachsen zu werden. In Chicago traf ich eine Frau, die Angst hat, ihre mongoloide Tochter könnte vielleicht niemals in der Lage sein, sich selbst zu versorgen und niemals so gut sprechen lernen, daß sie von anderen verstanden wird.

Egal, ob ihre Sorgen albern oder traurig sind, aufopferungsvolle Mütter sind verrückt vor Liebe zu ihren Kindern, und sie fürchten sich ein wenig vor der Verantwortung, die sie für diese kleinen Wesen übernommen haben. Nach meiner Feststellung sind diese Mütter besonders furchtsam und scheinen die Mutterschaft als eine lebenslange Sorgenquelle zu betrachten. Alles, was mit der Kindererziehung zusammenhängt, ängstigt sie, sei es die Furcht davor, ihr Kind unabsichtlich fallen zu lassen, die Einschulung, Sex unter Teenagern oder die Ansteckungsgefahr durch Aids.

Mütterliche Besorgnis kann Ängste auslösen, die uns Bauchschmerzen verursachen, mit den Zähnen knirschen oder an den Nägeln kauen lassen, weil ein Neugeborenes nicht richtig trinkt, ein Erstkläßler sich mit dem Lesen schwertut oder ein Teenager um Mitternacht noch nicht zu Hause ist. Fakt ist, daß aufopferungsvolle Mütter niemals aufhören, sich um ihre Kinder zu sorgen. Wie der alte Spruch besagt: »Kleine Kinder, kleine Sorgen – große Kinder, große Sorgen.«

All diese Ängste können emotionale Probleme wie Depressionen nur verschlimmern. Sorgen sind so etwas wie zweckgebundene Ängste und können Kopfschmerzen, Geschwüre und andere streßbedingte seelische Probleme verursachen.

Die Hauptverantwortung für die Kinderbetreuung zu tragen ist ein dritter Aspekt der Aufopferung und verursacht ganz ähnliche Probleme. Aufopferungsvolle Mütter, die sich unter großem Einsatz kranken oder behinderten Kindern widmen, sind am offensichtlichsten gefährdet. Und doch gilt das gleiche auch für Mütter, die mit der Aufzucht gesunder Kinder beschäftigt sind und dabei kaum Unterstützung erfahren.

Diejenige zu sein, die für die Gesundheit und das Wohlbefinden eines Kindes verantwortlich ist, kann für eine aufopferungsvolle Mutter eine potentielle Gefährdung bedeuten. Für manche Menschen ist zuviel Verantwortung für die Pflege und Betreuung eines anderen Menschen eine derart starke emotionale Belastung, daß ihr Immunsystem darunter leidet. So neigen Erwachsene, die sich beispielsweise um einen pflegebedürftigen alten Menschen kümmern müssen, schneller zu Niedergeschlagenheit und werden häufiger krank als Menschen, die keine solche Last zu tragen haben.

Alleinerziehende Mütter sowie Frauen, deren Partner sich nicht an den täglichen Aufgaben der Kindererziehung beteiligen, sind ebenso anfällig für Depressionen und Krankheiten. Eine alleinerziehende Mutter in meinem Bekanntenkreis litt sechs Wochen lang unter Gelbsucht und Anämie, weil sie so stark mit der Betreuung ihres zweijährigen Kindes beschäftigt war, daß sie buchstäblich zu essen vergaß. Sie sei oft launisch und könne nicht einschlafen, erzählte sie mir, obwohl sie nicht wisse, warum. Noch leidet sie nicht unter Depressionen, doch meines Erachtens steht sie auf der Kippe.

Eine andere aufopferungsvolle Freundin von mir ist zwar verheiratet, doch ihr Mann verbringt so wenig Zeit mit dem Sohn, daß man sie genausogut alleinerziehend nennen kann. Blaß und verhärmt gibt sie zu, am Ende ihrer Kräfte zu sein und ihre Erschöpfung gar nicht mehr loszuwerden. Ihr Gesicht wirkt wie eine Maske aus Resignation, als habe die Traurigkeit sie von innen heraus erstarren lassen. Sie ist erst mit 39 Mutter geworden, und durch die Anstrengungen der Kinderbetreuung fühlt sie sich eher als Oma denn als Mutter.

Doch es sind nicht nur extrem aufopferungsvolle Mütter, die leiden. Alle Frauen leiden unter größeren seelischen und körperlichen Problemen als Männer, behaupten Sozialwissenschaftler wie Walter Gove, der darauf hinweist, daß er und seine Kollegen seit mehr als 50 Jahren an der Erklärung dieses Phänomens arbeiten. So klagen auch in allen meinen Untersuchungen mehr Frauen als Männer über eine unglaubliche Bandbreite von Symptomen: häufige Kopfschmerzen, Verstopfung, Verspannungen, Rückenschmerzen, Allergien, Schwindel, Schlaflosigkeit, Müdigkeit, Konzentrationsschwierigkeiten, Schuldgefühle und Einsamkeit, Reizbarkeit

und Aggressionen, Traurigkeit oder Depressionen, Weinanfällen und unbegründete Ängste.[42]
Es gibt zwei mögliche Erklärungen für diese geschlechtsspezifischen Unterschiede in unserem Gefühlsleben. Erstens: Frauen sind solche Meisterinnen im Beklagen, daß sie ihre Belastungen viel bereitwilliger und offener mitteilen als Männer und daher nur stärker beansprucht *wirken* als diese. Männer dagegen sind eher verschlossen, hassen Gefühlsäußerungen und behalten ihre Probleme lieber für sich. Wenn dies zutrifft, hätten Männer ebenso viele Gründe zu klagen wie Frauen, ohne diese zu äußern oder zuzugeben. Ich glaube allerdings nicht, daß dies die richtige Erklärung ist.
Denn es gibt eine bessere: Frauen leiden tatsächlich mehr als Männer.
Frauen führen ein schwierigeres Leben als Männer, was unter anderem damit zu tun hat, daß sie eher zur Aufopferung neigen. Dieser Unterschied macht sie anfälliger für seelische und körperliche Leiden.
Ebenso zutreffend ist die Tatsache, daß Elternschaft zwar für keinen der Partner leicht ist, Mütter allerdings wesentlich größeren Belastungen und Schmerzen ausgesetzt sind.[43] Für Frauen ist es gesellschaftlich wie persönlich schwieriger, Mutter zu sein, als für Männer, die Vaterrolle auszufüllen. Frauen übernehmen eine größere konkrete Verantwortung für die Versorgung der Kinder, und sie bringen die größeren Opfer. Infolgedessen sind Mütter besorgter, ängstlicher und niedergeschlagener als Väter. Darüber hinaus sind Mütter auch zorniger als Männer, weil sie einen größeren ökonomischen Druck zum sparsamen Haushalten verspüren und einen wesentlich größeren Anteil an der Kinderversorgung haben, belegt eine Studie. Die einfache Formel, nach der sich der Grad der Gereiztheit einer Mutter errechnen läßt, scheint dem Motto zu folgen »Im Dutzend wütender«: Je mehr Kinder eine Mutter hat, desto gereizter und lauter wird sie. Als die Soziologinnen Catherine Ross und Marieke Van

Willingen von der Ohio State University eine willkürlich zusammengestellte Gruppe Erwachsener untersuchten, kamen sie zu dem Ergebnis, daß Frauen generell wütender sind als Männer und daß der Reizlevel der Mutter mit jedem weiteren Kind ansteigt.

Ein Grund für die Gereiztheit von Müttern ist die Tatsache, daß sie ständig nur geben, geben, geben und dennoch das Gefühl haben, immer noch mehr für die Kinder und die Familie tun zu müssen. Sie sollten noch mehr spielen, noch mehr vorlesen, noch mehr putzen, noch mehr kochen und noch mehr Zeit mit ihnen verbringen; die Liste ließe sich endlos fortsetzen. Dabei vergessen sie etwas, was ebenso wichtig ist, nämlich die Dinge, die sie für sich selbst tun sollten. Dazu gehört, sich richtig zu ernähren, genügend Sport zu treiben und ausreichend zu schlafen. Sie sollten sich Zeit nehmen, das zu tun, worauf sie Lust haben, wie Gartenarbeit, lesen oder mit Freundinnen ins Kino gehen. Genauso wie Sie darauf achten, ihren Kindern Gutenachtgeschichten vorzulesen und die Wäsche zu waschen, sollten Sie auch sich selbst auf ihre Erledigungsliste setzen. Zwanzig bis dreißig Minuten freie Zeit am Tag sind ein guter Anfang. Diese Zeit sollte ganz Ihnen gehören, sie ist heilig und unverzichtbar. Die Zeit am Arbeitsplatz oder im Bett zählt jedoch nicht dazu.

Auch mit ihrem Partner sollte eine aufopferungsvolle Mutter Zeit verbringen, und sie sollte ihre Sinnlichkeit pflegen. Nur weil es Ihnen unmöglich erscheint, noch Zeit und Kraft zu finden, miteinander zu schlafen, müssen Ihre sexuellen Bedürfnisse sich nicht gleich in Luft auflösen.

Verzicht auf Sex

Leider tun viele aufopferungsvolle Mütter genau das: Sie lassen ihre Sinnlichkeit der Vergessenheit anheimfallen.
Es ist wirklich ein Drama, daß so viele von ihnen das Interesse an allem verlieren, was mit Sexualität zu tun hat. Der Verzicht auf sinnliches Vergnügen ist eine merkwürdige Form der Selbstverleugnung, wie das Ablehnen von Eiscreme oder einem leckeren Dessert oder der Weigerung, an einem heißen Sommertag ein erfrischendes Bad im See zu nehmen. Die verquere Logik dahinter besagt: Wenn es sich gut anfühlt, habe ich es nicht verdient, also tue ich es nicht, und du kannst mich nicht dazu zwingen. Darüber hinaus sind sie zu müde, um an anregende Dinge zu denken.
Vielleicht sind deshalb so viele aufopferungsvolle Mütter sexuell frustriert.[44] Sie fühlen sich als schlechte Geliebte und sind wesentlich unzufriedener mit ihrem Sexualleben als andere Mütter. Nur wenige von ihnen geben an, in ihren Mann leidenschaftlich verliebt zu sein. Als habe man ihnen ihre ganze Lust und Leidenschaft abgesaugt und ihre Energien auf die Kinder umgelenkt. Sie bündeln ihre Libido wie einen Tornado und lenken ihn genau auf die Kinder.
Eine Mutter, der ich begegnete, verbringt ihre Abende mit dem Vortragen von Gutenachtgeschichten und Schlafliedern, während ihr Mann bis Mitternacht in der Garage herumtüftelt. Seit der Adoption ihrer beiden Jungen seien sie und ihr Mann eher gute Freunde als Liebende, erzählte sie mir. Es ist, als hätten sie einen unausgesprochenen Antisex-Pakt geschlossen, der es ihnen erlaubt, ihre Interessen in verschiedene Richtungen zu verfolgen. Er holt alte Tische und Wasserbetten vom Sperrmüll und bastelt daraus riesige Regale und Lagersysteme, während sie jede freie Minute bis zum Schlafengehen mit den Kindern verbringt.
Doch aufopferungsvolle Mütter wie diese leiden unter ihrer

sexuellen Selbstverleugnung, denn sie bringen sich damit um einen kostbaren Teil ihres Erwachsenenlebens. Genaugenommen ist Sex eine der wenigen Möglichkeiten, mit denen sich Paare gegenseitig Erquickung, Zärtlichkeit und Genuß schenken können – und das kostenlos. Warum also einem geschenkten Gaul ins Maul sehen?

Allzuoft beginnt diese sexuelle Trägheit gleich nach der Geburt. Meist entwickeln Frauen während dieser ersten Zeit der Überaufopferung eine ernsthafte sexuelle Amnesie. Es scheint, als wüßten sie plötzlich nicht mehr, wofür Sexualität eigentlich gut sein soll, wie schön sie sein kann, warum sie Spaß macht und wann sich Gelegenheiten dazu bieten. Die meisten Frauenärzte raten Frauen, mit dem ersten Geschlechtsverkehr nach einer Geburt etwa sechs Wochen zu warten, doch das scheint mir eher ein Witz zu sein. Ich erinnere mich, daß ich nach der Geburt meiner Tochter dachte: »Hat er wirklich sechs Wochen gesagt? Ich dachte eher, er meint sechs Jahre!« Ich erinnere mich nicht, jemals einer Mutter begegnet zu sein, deren Lustgefühl sich bereits sechs Wochen nach der Geburt wieder einstellte. Viele Mütter sprechen eher von sechs, 16 oder sogar 60 Monaten.

Eine Frau schwört, ihre Sexpause dauere nun schon dreißig Monate an – ohne Aussicht auf Veränderung. Ihre Sexualität ist spurlos verschwunden, was vor allem daran liegt, daß ihre sexuelle Leidenschaft durch die Leidenschaft für ihr Baby ersetzt wurde. Die Manie für ihre inzwischen zweieinhalbjährige Tochter läßt Gedanken an Orgasmen, Verhütung und erogene Zonen irgendwie abwegig erscheinen. Sie kann sich nicht erklären, was mit ihrem sexuellen Verlangen passiert ist und wie es so plötzlich verschwinden konnte, aber es ist weg. Und sie sieht keinen Anlaß, daran etwas zu ändern. Anderen Müttern gehe es genauso, meint sie. Sex ist passé, so wie Diskotheken und Polyesteranzüge.

»Keine interessiert sich mehr für Sex. Uns sind die Kinder jetzt wichtiger«, erklärt sie mir. Es macht sie traurig, und sie weiß, daß es nicht in Ordnung ist, vermutet aber, daß es sich nach ein paar Jahren von selbst lösen wird. Offensichtlich hat sie noch nie davon gehört, daß »Nichtgebrauch zu Verlust« führen kann.

Eine andere Mutter dagegen schon. Ihr ist nicht nach Scherzen zumute, als sie mir erzählt, ihr letzter Verkehr liege schon so lange zurück, daß sie gar nicht mehr wisse, ob sie es noch könne.

Die meisten frischgebackenen Mütter bestätigen, daß ihr Bedürfnis nach Sex gen Nullpunkt tendiert, sie teilen die Antipathie gegen Geschlechtsverkehr und scheuen den bloßen Gedanken daran. Geschlechtsverkehr steht ungefähr an 857. Stelle auf ihrer Prioritätenliste, sagen sie. Junge Mütter sind körperlich erschöpft, leiden unter Schlafmangel und sind so bedient davon, den ganzen Tag das Baby auf dem Arm zu halten, daß sie niemanden mehr brauchen, der an ihnen herumfummelt. Sie haben Wundnähte, die heilen, ein Baby, um das sie sich kümmern müssen, und jede Menge Schlafdefizit. Sie sehen sich nicht mehr als sexuelle Wesen und wollen auch keine sein, solange sie sich nicht einmal richtig ausschlafen können.

Diese sexuelle Unlust ist völlig normal. Eine Wöchnerin mit einem herzhaften sexuellen Appetit wäre eine solche Rarität, daß sie vermutlich Schlagzeilen machen würde: »Junge Mutter will Sex! (Mann vor Schock gestorben)!«

Einige Mütter entwickeln etwa sechs bis zwölf Monate nach der Geburt wieder sexuelles Verlangen.[45] Mitunter müssen aufopferungsvolle Mütter dabei jedoch massive Hindernisse wie Müdigkeit, Lethargie und Mangel an Gelegenheit überwinden. Die Mutter einer fünfjährigen Tochter berichtete mir, sie und ihr Mann hätten an der Schlafzimmertür ein Schloß angebracht, damit es durch ihre herumstreifende Tochter keinen unfreiwilligen Coitus Interruptus gebe. Doch das Schloß ist nicht oft in Aktion und die beiden ebensowenig. Die ganztägig berufstätige Mutter ist häufig so müde, daß sie einfach keinen sexuellen Rhythmus finden kann. Es ist, als wolle man Seilspringen und finde gar nicht erst hinein.

Eine außergewöhnlich hohe Zahl von Müttern gewinnt die Freude an der Sexualität gar nicht oder erst Jahre nach der Geburt des ersten Kindes zurück. Eine von drei Müttern leidet unter dem fortgesetzten oder dauerhaften Verlust sexuellen Interesses, habe ich herausgefunden. Doch nur etwa einer von zehn Vätern hat das gleiche Problem.[46] Es ist leicht vorstellbar, zu welchen Spannungen in der Beziehung diese Diskrepanz führt.

Die Ehemänner von aufopferungsvollen Müttern haben ihre eigene Antwort parat, wenn ich ihre Frauen frage, was diese für die Kinder aufgegeben haben. Normalerweise lautet der kurze Zwischenruf: »Sex!« Sie sind verärgert über den Libidoverlust ihrer Frau und nehmen ihn persönlich. Schließlich tut sie es keiner guten Sache zuliebe, etwa um den Hunger auf der Welt oder einen Krieg zu beenden. Warum also die sexuelle Unpäßlichkeit?

Viele aufopferungsvolle Mütter weigern sich, nach allem, was sie tagsüber gegeben haben, nun auch noch im Bett zu geben. Sexuelle Zurückhaltung ist für sie eine Möglichkeit, Kontrolle über sich und ihr Leben auszuüben. Sex ist das einzige, zu dem sie jemals »Nein« sagen.

Eine extrem entsagungsvolle Freundin erzählte mir, sie stelle ihr ganzes Leben in den Dienst ihrer Familie, deshalb habe sie fest vor, wenigstens ihren Körper für sich zu behalten. So wird sie Tag für Tag hin- und hergerissen zwischen den Ansprüchen ihrer vier Kinder und den Bedürfnissen ihres Mannes. Ist sie ihren kleinen Klammeraffen am Abend glücklich entkommen, muß sie sich das Gejammer ihres Mannes anhören, sein Bitten und Betteln um Sex. Wie gern würde sie ihm sagen, daß er weggehen und sie in Ruhe

lassen soll, oder ihn anschreien: »Tut mir leid, bei mir ist Feierabend.«
Ich meine, daß meine Freundin ihre Sexualität auf dem Altar der Mutterschaft geopfert hat. Tief in ihrem Herzen glaubt sie, daß es nicht zusammenpaßt, sowohl Mutter als auch ein sexuelles Wesen zu sein. Gleichzeitig eine gute Mutter und eine sexuell attraktive Frau sein zu müssen, ist für sie, als werde sie gezwungen, einen Milchshake aus Eis und Benzin zu trinken.
Durch ihre Verweigerung demonstriert sie ihrem Mann, daß auch sie in der Beziehung Macht hat. Gleichzeitig verletzt sie ihn und auch sich selbst. Wenn aufopferungsvolle Mütter sich der Sexualität verschließen, verspielen sie damit ihre einzige Chance auf liebevolle Zuwendung und Zärtlichkeit. Auch ihrem Mann verweigern sie diese Chance.
Aufopferungsvolle Mütter meinen, für Sex erst in Stimmung sein zu müssen. Also warten sie – auf Romantik und Kerzenlicht, leise Musik und endlos viel Zeit für das Vorspiel. Sie warten auf das Leben, das sie führten, ehe sie Kinder bekamen. Es ist ein »Warten auf Godot«, denn diese Zeit ist vorbei. Die sexuelle Wirklichkeit einer Mutter ist, daß sie vorher, jetzt und in Zukunft müde sein wird. Der Rücken schmerzt, und auf dem Boden steht jede Menge nasse Wäsche. Auf dem Laken befindet sich ein riesiger Fleck, vielleicht sogar Erbrochenes. Es stimmt, nichts davon ist sexy; und nichts davon würden wir in einem Erotikfilm zu sehen bekommen. Trotzdem ist es keine Entschuldigung für ein brachliegendes Liebesleben. Tun Sie es trotzdem und tun Sie es jetzt.
Paare sollten nie darauf warten, bis sie in Stimmung sind, denn von allein wird sie niemals kommen.
Tun Sie es einfach.
Wenn Sie erst einmal angefangen haben, kommt die Stimmung von selbst, auch wenn Sie schon fast fertig oder halb eingeschlafen sind. Außerdem ist die Stimmung nicht das, was

zählt. Sie wollen ein bißchen Zärtlichkeit und Intimität, sie wollen sich entspannen und darüber freuen, lebendig zu sein.

Eine gute Freundin von mir hat drei kleine Kinder und befindet sich gerade mitten in einer Aufopferungsphase. Sie und ihr Mann sind nie dafür in Stimmung, wie ich von ihr weiß.

Vor zwei Monaten trat bei ihm ein Prostataproblem auf, das zumindest teilweise auf ihr schlechtes Liebesleben zurückzuführen ist. Der Arzt riet dem Mann zu häufigem Geschlechtsverkehr, möglichst jeden Tag. Schockiert erzählte sie mir, daß sie nun jeden Tag in Stimmung kommen müsse.

Doch da sie eine gute Ehefrau ist, der die Gesundheit ihres Mannes am Herzen liegt, fügte sie sich. Zu mir sagte sie im Scherz, sie habe Angst, daß sie beide an Erschöpfung sterben würden, noch ehe die Prostata ihres Mannes geheilt sei. Inzwischen ist er fast gesund, so daß sie nicht mehr täglich miteinander schlafen, doch sie vermißt die Nähe und Rücksichtnahme, die ihr aufregendes Liebesleben mit sich brachte.

Obwohl die meisten Sextherapeuten es nicht wagen würden, ihren Paaren täglichen Sex zu empfehlen, schlagen sie häufig vor, daß Eltern einen Sexkalender führen und einen Abend in der Woche zum Liebesabend erklären sollen. Der Haken daran ist, daß dieser Abend unter Garantie die Nacht ist, in der ihr Dreijähriger einen furchtbaren Alptraum durchlebt oder ihre Siebenjährige sich die ganze Nacht über in zwanzigminütigen Abständen übergibt oder Sie unter schrecklichen Kopfschmerzen leiden (nein, echten!). Oder Sie haben nach einiger Zeit das Gefühl, nur noch an diesem und keinem anderen Abend miteinander schlafen zu dürfen, weil Sie sonst ein schlechtes Gewissen bekommen. Sex wird nur eine weitere Verpflichtung, ein Muß wie Rasenmähen oder Geschirrspülen. Also vergessen Sie es. Tun Sie es einfach, wann immer Sie können.

Und vergessen Sie nicht, je länger Sie nichts tun, desto länger wird sich auch in Zukunft nichts verändern. Machen Sie es sich zur Regel, miteinander zu schlafen. Vermeiden Sie die sexuelle Kälte aufopferungsvoller Mutterschaft. Wenn Sie wieder auftauen, ist es vielleicht zu spät: Sie sind nicht mehr die Jüngste, ihre Ehe leidet, und ihre Sinnlichkeit ist dahin.

Krank werden

Zu viel Aufopferung schwächt die Gesundheit.
Aufopferungsvolle Mütter sind kranke Mütter. Ich wundere mich nicht mehr, wenn sie mir leise von ihren Kopfschmerzen und Allergien, Magen- und Rückenbeschwerden, Erkältungen und Fieberattacken berichten. Aufopferungsvolle Mütter, so habe ich festgestellt, haben mehr seelische und körperliche Probleme als andere Frauen und Männer. Sie suchen auch häufiger den Arzt auf, mindestens fünfmal im Jahr.[47]
Aufopferung kann eine Mutter krank machen, doch trägt sie auch selbst dazu bei, indem sie sich und ihre Gesundheit vernachlässigt. Eine Mutter ist Köchin, Fläschchensterilisiererin und Pflegerin ihrer Familie; sie hat die Aufgabe, sich um jeden zu kümmern. Sie pflegt die Kinder, wenn sie Fieber haben, und den Mann, der sich verletzt hat; sie befreit die Katze von Flöhen und reinigt den stinkenden Hamsterkäfig. Doch nur allzuoft vergißt sie, sich selbst zu pflegen, besonders, wenn sie selbst erkrankt.
Als ich mir vor kurzem eine Erkältung zuzog, hatten meine beiden Kinder die Grippe, also achtete ich nicht weiter auf meine eigene Nieserei. Nach einer Weile stellte sich bei mir ein rasselnder Husten ein, doch ich nahm an, er würde von selbst verschwinden. Er tat es nicht. Acht Wochen lang

schleppte ich mich dahin, ehe ich zum Arzt ging. Inzwischen war ich kranker als meine Kinder und mußte aufgrund einer akuten Bronchitis Antibiotika schlucken.
Niemand in meiner Familie bemerkte, daß ich krank war, bis mein Husten so laut wurde, daß mein Mann das Treiben im Fernsehen nicht mehr verfolgen konnte. Dies entspricht dem üblichen Verhalten einer aufopferungsvollen Mutter. Wenn mein Mann krank wird, kümmere ich mich um ihn, doch wenn ich krank werde, gibt es nur einen, der sich um mich kümmert: ich selbst! (Einmal, als ich eine Streptokokkeninfektion mit hohem Fieber hatte, durchquerte meine Mutter zwei Bundesstaaten, um mich zu pflegen.) Die meisten Familien sind wie meine eigene: Die Frauen kümmern sich um kranke Ehemänner, aber niemand kümmert sich um die kranken Frauen.[48]
Nach den Befunden von Gesundheitsstatistiken erkranken Frauen gerade deshalb häufiger als Männer, weil sie ihre eigene Gesundheit vernachlässigen. Danach leiden mehr Ehefrauen als Ehemänner an kleineren Beschwerden wie Erkältungen, Husten, Halsentzündungen, Magenproblemen, Verspannungen und Kopfschmerzen. Und weil sie die Aufmerksamkeit eines Menschen nur dann auf ihre gesundheitlichen Probleme lenken können, wenn sie ihn dafür bezahlen, suchen Frauen häufiger den Arzt auf.
Nun könnte man vermuten, daß Frauen konstitutionell schwächer und anfälliger als Männer sind und deshalb auch weniger widerstandsfähig gegen Viren und Keime. Das wäre möglich, doch eine Analyse von Gesundheitserhebungen über alleinstehende Männer und Frauen widerlegt diese Theorie. Danach sind alleinstehende Frauen ebenso gesund wie alleinstehende Männer; lediglich verheiratete Frauen leiden häufiger unter körperlichen Beschwerden als verheiratete Männer. Muß eine Frau sich um einen Mann kümmern und sorgen, wird sie krank. Gibt es dagegen niemanden, für den sie sich aufopfern muß, bleibt sie gesund.

Eine Frau, die ich sehr mag, ist nicht erst seit heute eine aufopferungsvolle Frau und Mutter, sondern war bereits ein aufopferungsvolles Kind. Und dafür muß sie bezahlen. Als sie neun Jahre alt war, verließ der Vater die Familie, und die Mutter mußte drei verschiedene Tätigkeiten annehmen, um die Familie zu ernähren. Deshalb war es die Aufgabe meiner Freundin, ihre vier jüngeren Brüder zu betreuen, ihnen bei den Hausaufgaben zu helfen, das Essen zu kochen, sie zu baden und ins Bett zu bringen. Das tat sie Tag für Tag, jahrein, jahraus, bis sie die Highschool beendete und heiratete. Bis heute erhält sie jedes Jahr Muttertagsgrußkarten von ihren Brüdern.
Mit 19 bekam meine Freundin eigene Kinder. Jetzt lebt sie nur noch für ihre beiden Töchter und beharrt darauf, ihnen eine bessere Kindheit bereiten zu wollen. Ihr Ehemann verspürt nicht die geringste Verpflichtung seinen Kindern gegenüber.
Seiner Ansicht nach bringt er genügend Opfer dadurch, daß er täglich zur Arbeit geht. Daher erledigt meine Freundin, die darüber hinaus fast Vollzeit arbeitet, alle anfallenden Haushaltspflichten: Kochen, Putzen, Einkaufen, Wäschewaschen und Hausaufgabenhilfe.
Sie gehört zu den Müttern, die um ein Uhr nachts die Wäsche waschen, damit sie tagsüber genug Zeit für die Kinder haben.
Sie gehört zu den Müttern, die alles stehen und liegen lassen und darauf verzichten, sich selbst die Haare aufzudrehen, nur weil die Töchter zum Unabhängigkeitstag die Fingernägel in den Nationalfarben lackiert haben möchten.
Sie gehört zu den Müttern, die am Samstagnachmittag losgehen, um sich ein Sommerkleid zu kaufen, und mit kurzen Jeans und Sandalen für die Töchter und einem Paar Arbeitshosen für den Mann zurückkommen.
Sie gehört zu den Müttern, die sich irgendwelche Zeichentrickserien ansehen, weil sie Zeit mit ihren Töchtern verbrin-

gen möchten und diese sich weigern, etwas einzuschalten, das die Mutter mehr interessiert.

Einmal fragte ich sie, ob sie jemals etwas nur für sich getan habe. Sie hatte, ein einziges Mal in ihren 31 Lebensjahren! Letztes Jahr unternahm sie mit einigen Freundinnen einen viertägigen Ausflug in eine Großstadt. Vor ihrer Abreise kochte sie für jeden Tag ihrer Abwesenheit vor und fror die Mahlzeiten ein. Dann schrieb sie eine drei Seiten lange Liste mit Hinweisen für ihren Mann, wie dieser das Essen auftauen sollte und mit den Kindern, dem Haus und dem Auto zu verfahren hatte.

Doch diese wunderbare Mutter muß für ihre Superaufopferung teuer bezahlen. Sie leidet unter fast allen körperlichen und seelischen Problemen, die man sich denken kann, einschließlich täglicher Kopfschmerzen. Manchmal sind sie schwächer, aber mitunter sind sie auch so schlimm, daß sie nur noch Flammen vor den Augen sieht und ohnmächtig wird. Niemand kümmert sich um sie, wenn das passiert: Ihr Mann und die Kinder haben gelernt, ihr aus dem Weg zu gehen.

Ich hatte immer das Gefühl, daß sie eigentlich mit einem großen Schild vor der Brust herumlaufen müßte, auf dem sie der Welt in roten Buchstaben mitteilt: »HALLO, ICH BIN HIER, UM MICH AUFZUOPFERN. WAS KANN ICH FÜR DICH TUN?«

Den Kindern zuliebe auf alles zu verzichten, mag ehrenvoll und tugendhaft erscheinen. Doch was, wenn das Wohlergehen der Mutter darunter leidet? Wenn ihre Gesundheit zerstört wird?

Viele ähnlich aufopferungsvolle Frauen vertreten den Irrglauben, es müsse ihren Familien schaden, wenn sie sich mehr auf sich selbst besinnen, obwohl genau das Gegenteil der Fall ist. Selbstbesinnung hilft ihren Familien, weil sie die Mütter gesund und munter erhält und sie als Frauen und als Mütter erfolgreicher sein läßt. Zeit für sich selbst zu haben, ist wie ein Spaziergang für die Gefühle, wie Ferien für die Seele einer Mutter.

Das Aufopferungssyndrom läßt sich vermeiden, wenn sich Frauen mehr auf sich selbst konzentrieren und einen Teil ihrer Überfülle an Empathie, Sorgen und Fürsorgebedürfnis auf sich selbst lenken.

4. Kapitel
Wie Männer von Aufopferung profitieren

Wenn Aufopferung *sie* krank macht, dann erhält sie *ihn* gesund. Wenn Aufopferung *sie* mit Arbeit und Kindererziehung überlastet, wird *seine* Last dadurch verringert. Und wenn Aufopferung *ihr* seelisches Wohlbefinden und *ihre* Lebensfreude gefährdet, stärkt sie *sein* Gefühl der Zufriedenheit und Verbundenheit. Überall da, wo Aufopferung einer Frau weh tut, kommt sie dem Mann zugute; ihre Nachteile sind nur allzuoft seine Vorteile.

Vielen Männern fällt es schwer, die Hingabe und Selbstverleugnung ihrer Frauen als Opfer anzusehen, weil es ihnen so normal und selbstverständlich vorkommt. Schließlich hat sie sich selbst dafür entschieden, meinen sie, und deshalb kann es kein großes Opfer sein. Mein Mann hat das, was ich getan habe, nie wirklich als Opfer angesehen. Seiner Ansicht nach habe ich einfach meine Pflicht als Frau und Mutter getan. Ich dagegen hatte das Gefühl, keine Wahl zu haben, und genau aus diesem Grund war mein Mann immer aus dem Schneider. Ich war diejenige, die sich kümmerte, wenn jemand krank wurde; ich war diejenige, die mit den Kindern unterwegs war, um Schulsachen zu kaufen, Bücher auszuleihen und sie zu Freunden zu bringen; das Resultat davon war, daß mein Mann keinerlei unangenehme Aufgaben übernehmen mußte. Ich war diejenige, die sich über Lehrer und Sportverein, Zähne und Wunden den Kopf zerbrach, nicht er. Ich war, im Gegensatz zu ihm, nie in der glücklichen Lage, mir aussuchen zu können, wann und wie ich mich in der Familie engagieren wollte.

Nach vier oder fünf Jahren des Elterndaseins war klar, daß ich zur Familienkrankenschwester, zum Haus- und Kindermädchen geworden war und meinem Mann so ein relativ gemütliches Leben ermöglichte. Er war Rockefeller und ich das Dienstmädchen.

Doch mein Mann sah das ganz anders. Weil er mehr Geld verdiente als ich und jeden Tag einen weiten Weg zur Arbeit fuhr, hatte er das Gefühl, mit Recht von meiner Aufopferung zu profitieren. Ich dagegen glaubte, mich nicht beschweren zu dürfen, und fühlte mich zum Verzicht genötigt.

Aufopferungsvolle Mütter rebellieren nur selten gegen ihr Los. Wenn es darum geht, ihr Leben selbst in die Hand zu nehmen und zu kontrollieren, fehlt es ihnen an Vorstellungskraft. Aufopferungsvolle Mütter entschließen sich nicht einfach, mit dem Klempner nach Tahiti durchzubrennen oder sich einer Country Westernband anzuschließen oder auch nur Sonntagmorgens länger im Bett zu bleiben. Verläßlich und standfest zu sein ist Bestandteil der Aufopferung, ein mütterlicher Fels in der Brandung. Eine aufopferungsvolle Mutter ist so verläßlich, daß man die Uhr nach ihr stellen kann: Montagmorgens um neun Uhr ist sie beim Kleinkindturnen; dienstags um 10 Uhr ist sie auf der Arbeit; samstags um elf Uhr nachts steckt sie die Wäsche in die Maschine, wischt das Badezimmer aus und schreibt die Einkaufsliste für den nächsten Großeinkauf.

Das bedeutet natürlich nicht, daß aufopferungsvolle Mütter keine Träume haben. Sie träumen beispielsweise davon, wie es wäre, selbst verwöhnt und verhätschelt zu werden. In Japan, wo die Geishas erfunden wurden, gibt es neuerdings »Gästeklubs« für Frauen, die dort für einige Stunden begeistert die Rollen tauschen. Weibliche Kunden buchen die Dienste eines Mannes, der *sie* bedient, ihnen Vergnügen bereitet, ihnen Wärme und Zuneigung schenkt. Dabei handelt es sich

nicht etwa um ein Bordell für Frauen. Sie bezahlen nicht für Sex, sondern für *Aufmerksamkeit.* Vielleicht ist das die einzige Möglichkeit für moderne Frauen, einen aufopferungsvollen Gefährten zu finden – sie müssen sich einen kaufen!
Und vielleicht liegt die einzige Chance, einen Mann zu bekommen, der bereit ist, sich ebenso aufzuopfern wie eine Frau, darin, daß wir ihn bestechen. Würde jede aufopferungsvolle Mutter ihren Mann dafür bezahlen, einen Tag oder eine Woche lang in ihre Rolle zu schlüpfen, verstände er vielleicht besser, wie sich Aufopferung anfühlt. Vielleicht würden Männer dann erkennen, auf wie viel Frauen verzichten und wie sehr ihnen dies selbst zugute kommt.
Tatsache ist, daß Männer durch Heirat profitieren, und je aufopferungsvoller ihre Frauen sind, desto besser sind sie dran. Die Ehe mit einer aufopferungsvollen Frau hat für Männer körperliche, emotionale und praktische Vorteile, die sie nur selten begreifen oder anerkennen. Sie vermögen nicht zu sehen, welchen Reichtum an menschlicher Nähe und Leidenschaft sie ihnen erschließt. Die Ehe gibt ihnen das Gefühl von Bedeutsamkeit und eine Fülle an Zärtlichkeit und Verantwortungsbewußtsein gegenüber einem anderen Menschen, mit der sich nur die Vaterschaft messen kann. Auch wenn manche Männer insgeheim meinen, ein Junggesellenleben habe mehr zu bieten – besseren Sex, mehr Bier, schnellere Autos und lautere Stereoanlagen –, sind sie dennoch gewaltig im Irrtum. Laut David Popenoe, einem Soziologen der Rutgers University, sind verheiratete Männer in Wirklichkeit gesünder, glücklicher und sogar sexuell zufriedener als ihre alleinstehenden Gefährten, und das nicht nur ein ganz klein wenig, sondern in erheblichem Maße. Das Zusammenleben mit einer unterstützenden, fürsorglichen und leicht aufopferungsvollen Frau steigert das Lebensgefühl des Mannes beträchtlich und verbessert sowohl sein körperliches als auch sein seelisches Wohlbefinden.
Einer meiner Bekannten war früher der absolute Alptraum

für jede Frau: ein töricht aussehender Junggeselle, dessen ganzes Leben sich um seinen Job als Hauswirt drehte. Die Klagen seiner Mieter waren sein ganzer Lebensinhalt: verstopfte Toiletten, verklebte Schlüssellöcher und Mietrückstände. Dieser Mensch war so zwanghaft, daß alle seine Schuhe in perfekt paralleler Ausrichtung im Schrank standen; und er war so verbittert und frustriert, daß er vor Wut schon außer sich geriet, wenn sich im Restaurant jemand bei der Rechnung um ein paar Pfennige verrechnete. Der Mann war ein unverbesserlicher Einfallspinsel, und er besaß weder Genius noch Millionen, um die Menschen darüber hinwegsehen zu lassen. Er fühlte sich unglücklich als Junggeselle, hatte keine echten Freunde, keine Familie, keine Hobbys und keinen Spaß.
Doch eine warmherzige, liebevolle Frau rettete ihn vor einem traurigen Schicksal als ewiger Junggeselle und heiratete ihn noch vor seinem fünfunddreißigsten Geburtstag. In den letzten sieben Jahren hat sie ihn komplett vermenschlicht und aus einem reservierten, vertrottelten Clark Kent einen fast mitfühlenden Supermann gemacht. Sie hat ihn aus seiner Selbstbediener-Schale herausgepellt und ihm beigebracht, sich auch für andere Menschen zu interessieren, sie ist zu seinem Pygmalion geworden, seiner persönlichen aufopferungsvollen Wundertäterin. Sie widmet sich ihm und ihren beiden Kindern mit solcher Hingabe, daß sie niemals Zeit für sich hat. Nur sein Glück im Auge, verzichtet sie auf alle eigenen Wünsche und Träume. Ihre Opfer sind sein Freifahrtschein durchs Leben: Sie zieht die Familienrikscha, während er drin sitzt und die Fahrt genießt.
Im Gegensatz zu vielen anderen Männern, die einfach unfähig sind, die Leistung ihrer Frau zu erkennen, weiß dieser Mann genau, wie gut er es hat. Mir gegenüber gestand er, von seiner Frau absolut und in jeder Beziehung abhängig geworden zu sein. Fast schämt er sich ein bißchen dafür, soviel mehr zu bekommen, als er selbst gibt, und manchmal ist er

deshalb ein wenig launisch und herausfordernd. Doch seine Frau beklagt sich nie.
Für sie gehört es zur Ehe, selbstlos zu sein. Viele aufopferungsvollen Mütter wie sie haben gelernt, sich in der Ehe mit dem zufriedenzugeben, was da ist, statt für das zu kämpfen, was sie verdienen. Sie ahnen, daß ihr Mann ihnen weniger Intimität, Fürsorge, Respekt und Verständnis entgegenbringt, als sie es sich wünschen, fühlen sich aber nicht imstande, daran etwas zu ändern. Wenn ich sie frage, beschreiben sie ihren Mann als wenig erfolgreich, weder als Ehemann oder Vater noch als Geliebter oder als Mensch. Dennoch scheinen sie seine Fehler einfach als einen Bestandteil ihres aufopferungsvollen Lebens zu akzeptieren.
Aufopferungsvolle Frauen sind häufig enttäuscht von ihrer Ehe, was nicht zuletzt daran liegt, daß sie sich niemals bemühen, etwas zu ihrer Zufriedenheit zu verändern. Indem sie darauf bestehen, immer nur zu geben, ohne je zu nehmen, stellen sie weniger Anforderungen an ihre Männer als andere Frauen. Und sie bekommen, was sie verlangen: nämlich weniger! Während ihre Männer mehr bekommen.

Gesunde, glückliche Männer

Männer in festen Beziehungen sind gesünder und glücklicher als ungebundene Männer, was unter anderem daran liegt, daß sie Frauen haben, die bereit sind, sich für sie aufzuopfern, so wie die Männer es als kleine Jungen bei ihren eigenen Müttern erlebt haben.
Sozialwissenschaftler verfolgen einige ziemlich offensichtliche Hinweise darauf, daß es sich positiv auf die Gesundheit des Mannes auswirkt, eine Ehefrau zu haben. Der überzeugendste Beleg dafür ist die Tatsache, daß Ehemänner länger leben als unverheiratete Männer und seltener Gefahr laufen,

früh zu sterben. Natürlich wäre es denkbar, daß Frauen sich auf der Suche nach einem Gefährten nur die gesündesten Männer heraussuchen, so daß verheiratete Männer per se gesünder sind als solche, die nie geheiratet haben. Doch diese Erklärung wird statistisch widerlegt. Männer, die verheiratet waren, ihre Frau jedoch durch Scheidung oder Tod verloren, sterben zum Beispiel ebenfalls früher als jene, die weiterhin ein Eheleben führen. Wissenschaftler haben herausgefunden, daß geschiedene Männer besonders häufig vorzeitig an Krebs sterben und Witwer auffallend oft Herzkrankheiten erliegen. Anscheinend verlieren diese Männer die Kraft des weiblichen Schutzes, sobald die Herzensdame verschwunden ist. Vielleicht sollten Scheidungsanwälte ihre Verträge mit Warnhinweisen versehen: »Bleiben Sie unter der Haube, sonst müssen Sie früher dran glauben!«

Natürlich haben Frauen keinen besonderen Vodoozauber oder magische Kräfte, mit denen sie heilen oder böse Geister vertreiben können. Sie scheinen einfach mehr gesunden Menschenverstand zu besitzen als Männer. Viele Frauen schützen ihre Männer vor sich selbst, indem sie sie davon abhalten, impulsiven und gefährlichen Eingebungen zu folgen, wie sie es vielleicht sonst getan hätten. Manchmal müssen Frauen regelrecht darauf bestehen, daß ihr Mann von irgendeiner Dummheit abläßt, ehe es zu spät ist.

Eine Freundin erzählte mir kürzlich, sie mache sich Sorgen um ihren Mann, weil dieser jeden Abend mindestens sechs bis acht Dosen Bier trinke. Bereits beim Abendessen hatte er so viel getrunken, daß er kaum noch Appetit verspürte, und am Ende des Abends war er dann gemein und widerwärtig. Beim siebten Bier herrschte er sie an und schrie auf die Kinder ein. Als sie ihn zur Rede stellte, behauptete er, er habe nicht das Gefühl, übermäßig zu trinken, und im übrigen sei es gut gegen den Durst und helfe ihm zu entspannen. Im Grunde genommen sagte er ihr, sie solle die Klappe halten, und öffnete dann die nächste Dose. Also trat sie in Streik. Sie weigerte sich, Bier oder auch nur Essen für die Familie zu kaufen, bis er sich Hilfe suchte oder seinen Alkoholkonsum einschränkte. Nachdem sie ihn genügend angestachelt und ein Freund ihr Rückendeckung gegeben hatte, gab er nach und verfiel gleich ins andere Extrem. Nun ist er Abstinenzler und trinkt ausschließlich alkoholfreies Bier und Diätlimonade. Ohne ihre Hartnäckigkeit und Fürsorge hätte er vermutlich weiterhin seine Frustration in Bier ertränkt.

Andere Frauen müssen nicht zu solchen drastischen Maßnahmen greifen, um ihre Männer zu schützen, weil sich subtilere Strategien anwenden lassen. Als eine andere Freundin von mir herausfand, daß der Cholesterinspiegel ihres noch ziemlich jungen Mannes sich mit dem eines 150 Kilo schweren Senioren messen konnte, war sie geschockt. Doch statt über die Bratwürste zu meckern, die er mittags verspeiste, oder die Kartoffelchips, die abends hinterherwanderten, hörte sie einfach auf, am Wochenende Spiegeleier und Pfannkuchen zu servieren, und strich Eis, Schinken und Chips von der Einkaufsliste. Mit sanfter Überzeugung und subversivem Einkaufen brachte sie seinen Cholesterinspiegel herunter.

Als Resultat direkter weiblicher Einflußnahme oder auch subtilerer Kontrollmethoden kann man bei Ehemännern eine deutlich geringere Neigung zu »Risikoverhalten« feststellen, wie Wissenschaftler es formulieren – andere würden dazu einfach Dummheiten sagen. Verheiratete Männer sitzen seltener alkoholisiert am Steuer als alleinstehende Männer und nehmen weniger Schnaps und Drogen zu sich. Ehemänner haben weniger Haushalts- und Verkehrsunfälle und geraten seltener in gewalttätige Auseinandersetzungen als Junggesellen. Der Druck ihrer Frauen hält Männer davon ab, ein wildes, verrücktes Leben zu führen, und erhält sie gleichzeitig gesund und wohl. Anscheinend sorgen Frauen dafür, daß ihre Gefährten sich wie erwachsene Männer aufführen und nicht wie ungezogene Lausbuben, was viele von ihnen am liebsten tun würden.

Frauen wachen über die Gesundheit ihres Mannes ebenso aufmerksam wie über seine Sicherheit, und viele finden die Verantwortung für sein körperliches Wohlergehen genauso selbstverständlich wie die für die Gesundheit der Kinder. Es ist genau wie in einem Cartoon der Zeitschrift *New Yorker*, in dem eine Frau die großen Pflanzen im Wohnzimmer gießt, den Ehemann mit eingeschlossen, der geduldig im größten Topf darauf harrt, begossen zu werden. Alleinstehende Männer haben einfach niemanden, der sie regelmäßig gießt (es sei denn, sie leben noch bei ihrer Mutter), und sie vermögen nicht annähernd so gut auf ihre Gesundheit zu achten, wie Frauen es für alle anderen tun.

Frauen wachen darüber, daß ihr Mann Medikamente genau nach Vorschrift einnimmt. Sie geben ihm Orangensaft gegen Erkältungen und Reis gegen Magenverstimmungen. Wenn mein Mann Fieber hat, bringe ich ihm heiße Suppe und Vitaminsaft und halte die Kinder ruhig, damit er sich ausruhen kann. Wenn der Mann meiner Nachbarin krank wird, massiert sie ihm die Füße, trocknet ihm die Stirn und bringt ihm Tee ans Bett.

Obwohl Männer nichts lieber tun, als sich über ihre nörgelnden Frauen zu beklagen, und manche Komiker mit diesem Thema ihren Lebensunterhalt verdienen, können sie sich in Wirklichkeit glücklich schätzen, ihre eigene Nörglerin zu Hause zu haben. Oftmals ist es gerade ihr hartnäckiges und nervtötendes Bohren, das Männer gesund erhält.

Außerdem vermag es die Ehe irgendwie, Männer glücklich zu machen. Und insgeheim scheinen die meisten von ihnen das auch zu wissen. Sie scheuen sich beispielsweise keineswegs davor, zuzugeben, daß ein Mann eine Frau um sich braucht, um wirklich glücklich zu sein.[49] Zahlreiche sozialwissenschaftliche Nachweise bestätigen, daß es mit dieser klaren männlichen Einsicht seine Richtigkeit hat. Als Gruppe gesehen, sind Ehemänner deutlich glücklicher und zufriedener mit ihrem Leben als Junggesellen.[50]

Von Frauen dagegen kann man das nicht behaupten. Wenn ich sie frage, ob sie mir zustimmen würden, daß eine Frau einen Mann braucht, um wirklich glücklich zu sein, lachen sie mir ins Gesicht – und lassen sich nicht vom Gegenteil überzeugen.[51] Offensichtlich ahnen sie, daß sie sich mit ihrer Unterschrift auf der gepunkteten Linie, mit dem Akzeptieren eines Ehemanns oder Lebenspartners, einen Eigenwechsel auf Aufopferung ausstellen. Früher oder später wird er fällig, und das bedeutet das Herannahen einer einengenden und potentiell schädlichen aufopferungsvollen Mutterschaft.

Die Zurückhaltung von Frauen gegenüber Ehe und Mutterschaft ist gerechtfertigt, und sei es nur, weil sie nicht die gleichen, drastischen Vorteile aus der Ehe ziehen wie Männer. Frauen stellen sich mit einer Heirat zwar finanziell besser, weil sie ihr wirtschaftliches Schicksal an die Fähigkeit eines Mannes binden, ein Einkommen zu erzielen, das normalerweise höher ist als ihr eigenes. Doch gewinnen Männer durch die Ehe etwas weniger Greifbares, dafür aber viel Wertvolleres: das Gefühl seelischen Wohlbehagens. Die Ehe garantiert ihnen Liebe und Freundschaft, Unterstützung und Behaglichkeit. Sicherlich finden auch Frauen solches Glück in der Ehe, doch müssen sie, im Gegensatz zu vielen Männern, dafür nicht erst heiraten. Ihnen gelingt es ungleich besser, auch andere Arten von Zuneigung und Freundlichkeit zu finden, beispielsweise in ihren engen Freundschaften mit anderen Frauen oder im Netzwerk von Kolleginnen und Freundinnen am Arbeitsplatz. Wenn ich Mütter frage, wer ihnen nahesteht, wem sie ihr Herz ausschütten können, haben diese meist keine Mühe, mir zwei oder drei Namen zu nennen. Frage ich jedoch den Ehemann, dann zögert er, stottert ein wenig verwirrt, weil ihm nach der Nennung seiner Frau niemand mehr einfällt.

Durch die Fürsorge ihrer Frau sind verheiratete Männer auch in psychologischer Hinsicht besser vor Problemen geschützt als Junggesellen. Verheiratete Männer sind seltener deprimiert[52] und in sämtlichen Lebensbereichen zufriedener, vom Arbeitsplatz über die Freunde bis hin zu ihrem Körper und ihrem Aussehen. Es ist, als umgebe die Ehe sie mit einer schützenden Glückshülle, die sie mit Zufriedenheit und Wärme umgibt und sie in guter, gesunder Atmosphäre leben läßt. Diese Schlußfolgerungen basieren auf dem Regelfall. Natürlich gibt es auch Männer, die niedergeschlagen, deprimiert und unglücklich sind. Nicht jedem Mann, der eine Ehe eingeht, garantieren diese Statistiken immerwährendes Glück. Nichtsdestotrotz stellen die Sozialwissenschaftler beim Vergleich der beiden Gruppen, Ehemänner versus Junggesellen, fest, daß die psychologischen Vorteile der Ehemänner in drastischer Deutlichkeit hervorstechen.

Der Schlüssel zur männlichen Glückshülle liegt, wenig überraschend, zu Hause. Dort fühlen sich Männer am besten und nicht auf Zechtouren mit den Freunden oder allein am Arbeitsplatz. Offensichtlich ist das Zuhause der einzige Ort, an dem sich Männer wirklich geliebt fühlen, und dieses Gefühl ermöglicht es ihnen, sich zu entspannen und sie selbst zu sein. Dort müssen sie niemanden beeindrucken oder ausstechen, und es ist kein Chef da, der ihnen sagt, was sie zu tun haben. Im eigenen Heim ist ein Mann sein eigener Boß, vor allem dann, wenn er eine aufopferungsvolle Frau hat, die ihm dieses Gefühl nicht streitig macht.

Ein Mann aus Illinois ist für sein Leben gern zu Hause, weil er eine Frau hat, die ihn jeden Tag aufs neue spüren läßt, daß er der Herr im Haus ist. Er brüstet sich damit, daß sie um vier Uhr morgens aufsteht, um ihm das Pausenbrot fertigzumachen und sich noch bei einer Tasse Kaffee mit ihm unterhalten zu können, bevor er zur Arbeit geht. Als er sich einmal am Rücken verletzte, holte sie ihn nach Hause und steckte ihn ins Bett. Die ganze darauffolgende Woche wechselte sie seine Verbände, verabreichte ihm Massagen und brachte ihm das Essen ans Bett. Kennengelernt hatte er sie – sie wurde seine zweite Frau – in einer Bar. Als sie einwilligte, mit ihm zu tanzen, hatte ihn ein übermächtiges Glücksgefühl ergriffen. Und dieses Gefühl gibt sie ihm heute noch, meint er. Er ist ein Bär von einem Mann, »stämmig, aber nicht dick«, wie er sagt, der mit Zementmischen seinen Lebensunterhalt verdient. Der Mann gehört zu einer seltenen und bedrohten Art: ein Bauarbeiter, der bestrebt ist, seiner Frau zu zeigen, wie dankbar er für ihre Liebe und Hingabe ist. Der große Kerl kämpft mit den Tränen, als er mir erklärt, daß seine Frau seinem Leben erst einen Sinn gegeben hat. Außerdem hat diese Frau sein Sexualleben aktiviert, wie er es nie für möglich gehalten hätte. Die Zärtlichkeit zwischen ihnen, erzählt er verschämt, sei mit nichts zu vergleichen, was er je erlebt hat. Auch ohne deutlicher zu werden, ist klar, daß diese beiden Menschen auf der gleichen sexuellen Wellenlänge liegen. Nicht nur die Aussicht auf eine mehr oder weniger regelmäßige Bettgefährtin macht die Ehe für einen Mann zur sexuellen Goldgrube. Verheiratete Männer haben häufiger Geschlechtsverkehr als unverheiratete; um genau zu sein, doppelt so häufig. Und nicht nur das: Nach ihren eigenen Aussagen, ist es auch besserer Sex. Ehemänner ziehen ein größeres sinnliches Vergnügen aus dem Liebesleben mit ihrer Frau als Junggesellen aus dem Verkehr mit Freundinnen. Außerdem betonen verheiratete Männer, Sex mit ihrer Frau gebe ihnen größere innere Zufriedenheit, und sie empfinden offensichtlich mehr Nähe und Intimität als Junggesellen.

Ehemänner erleben sicher keine wilderen und exotischeren sexuellen Abenteuer als alleinstehende Männer, dafür sind ihre Erfahrungen zärtlicher und liebevoller. Indem sie Zeit und Zuneigung in ihre Beziehungen investieren, lernen sie, was ihren Frauen gefällt und sie zufriedenstellt, was vermutlich die größere sexuelle Zufriedenheit von Ehemännern erklärt. Es ist eine Frage von Übung und Technik. Ehemänner nehmen sich die Zeit, sich beides anzueignen, Alleinstehende nicht.

Ein aktives Sexualleben ist ein deutliches Zeichen für eine gesunde Ehe – Paare, die gut miteinander auskommen, schlafen meist regelmäßig miteinander. Eines der glücklichsten Paare, das ich kenne, ist inzwischen fast fünfzehn Jahre verheiratet, aber ihr verrücktes Sexleben ähnelt immer noch mehr dem von Jungvermählten. Immer wenn sie durch die Wälder wandern beispielsweise, schlagen sie sich für einen Quickie in freier Natur in die Büsche.

Wahr ist, daß ein- oder zweimal Sex pro Woche Paaren hilft, besser miteinander auszukommen. Es funktioniert nach dem gleichen psychologischen Prinzip, das besagt, lächeln mache Menschen glücklich. Wenn sie lächeln, müssen sie auch glücklich sein. Das gleiche gilt für ehelichen Sex: Wenn wir miteinander schlafen, sind wir auch ineinander verliebt. Das ist der Grund, warum Paare mit kleinen Babys, die sogar zum Küssen zu müde sind, vom Miteinander-Schlafen ganz zu schweigen, es dennoch einmal pro Woche tun sollten, sozusagen aus »paarmedizinischen« Gründen.

Mehr Sex bedeutet eine bessere Partnerschaft; eine bessere Partnerschaft bedeutet mehr Sex.

Besserer ehelicher Sex fängt mit dem Teilen von Aufopferung an. Paare, die lernen, ihre Opfer aufzuteilen, die nicht automatisch alles der Frau und Mutter zuschieben, haben ein spannenderes, aktiveres Sexualleben. Beziehungen mit einer extrem aufopferungsvollen Frau dagegen führen fast immer zu einem verkümmernden Sexualleben. Dies ist die einzige Gelegenheit, bei der die Aufopferung einer Frau einem Mann schaden kann, statt ihm zu nützen. Häufig ignorieren zu aufopferungsvolle Frauen ihre sexuellen Bedürfnisse, und dementsprechend leiden ihre Partner, es sei denn, sie haben eine Affäre oder pflegen eine heimliche Vorliebe für die eigene Hand.

Im allgemeinen jedoch machen Männer mit der Ehe rundum Gewinn. Für einen Spottpreis erhalten sie stapelweise positives emotionales Gut. Und oft genug bekommen sie viel mehr, als sie selbst geben. Nur wenige können so offen anerkennen, was ihre Frau für sie tut, wie der Bauarbeiter aus Illinois. Nur wenige zollen ihrer Frau ausdrücklich Dankbarkeit oder besondere Aufmerksamkeit für ihre Mühe, und aufopferungsvolle Frauen gewöhnen sich daran, wenig oder gar nichts zu erwarten. Gerade das macht sie so aufopferungsvoll und erlaubt ihren Männern, durch die Ehe zu gleiten und alles mitzunehmen, was sich ihnen bietet.

Aufopferungsvolle Mütter müssen lernen, ihre Beziehungen in gleichberechtigte Partnerschaften umzuwandeln, in denen beide Partner sich die zu erbringenden Opfer teilen. Im Gegensatz zu ihrer Vorstellung, daß es für alle besser sei, wenn die Mutter alle Opfer auf sich nimmt, ist es viel besser für die Familie, wenn Paare sich die Arbeit teilen. Außerdem sind Frauen, die gelernt haben, die Opfer zu teilen, in jeder Hinsicht besser dran. Sie sind zufriedener mit sich selbst, mit den Kindern und mit ihrer Partnerschaft. Und ihre Männer sind genauso zufrieden wie andere Männer, wenn nicht noch mehr.

Daß Kindererziehung Entsagung und Verzicht mit sich bringen, steht außer Frage, doch es gibt keine gesellschaftliche Regel oder Gesetzesvorschrift, die Müttern vorschreibt, sämtliche Opfer auf sich zu nehmen. Selbst wenn es zu simpel klingen mag: Tatsache ist, je häufiger ein Mann ungebeten Hausarbeiten übernimmt, je häufiger er sich um die Kinder sorgt und Gedanken darüber macht, nicht genug Zeit mit seiner Frau zu verbringen, desto empfänglicher reagiert sie in sexueller Hinsicht.

Die Beziehungsformel ist ganz einfach: Mehr Abwasch = Mehr Sex.

Die Nutznießer der zweiten Schicht

Vielleicht ist die Abwasch-Sex-Formel zu kompliziert für Männer, jedenfalls haben die wenigsten sie verstanden. Männer machen nach wie vor vollen Gebrauch von der Galgenfrist, die ihnen in Haushaltsangelegenheiten gewährt wird. Bei einer Frau, die bereit ist, das Gros an Kochen, Putzen und Einkaufen zu übernehmen, müssen sie diese Dreckarbeit nicht machen. Doch dann leidet ihr Sexualleben, und sie haben nicht den blassesten Schimmer, warum ihre Frau nie in Stimmung ist. Männer akzeptieren den Haushaltsbonus, ohne zu begreifen, daß sie die Haushaltsaufgaben gegen Sex eingetauscht haben. Die Frau fühlt sich verpflichtet – trotz Berufstätigkeit – den größten Teil der häuslichen Pflichten und der Kindererziehung zu übernehmen, deshalb bleibt für ihn im Haus wenig zu tun. Statt angebrannte Essensreste vom Herd zu kratzen, kann er die Zeitung lesen; statt freiwillig einkaufen zu gehen, kann er fernsehen. Das Prinzip ist ganz einfach: Je mehr sie tut, desto weniger tut er. Und am Abend ist sie dann damit beschäftigt, langsam ihren Groll hochkochen zu lassen. Kein Wunder also, daß sie sich, wenn sie schließlich ins Bett fällt, nach Schlaf sehnt und nicht nach Sex.

Bis vor kurzem war ich für die Erledigung sämtlicher häuslicher Arbeiten zuständig. Mein Mehr war das Weniger meines Mannes. Daher mußte er nur den Müll hinaustragen und die Zeitungen entsorgen. Kein schlechtes Geschäft – für ihn, meine ich. Dieses Arbeitspensum war mir zur entsagungsvollen Selbstverständlichkeit geworden, die ich nie in Frage stellte. Obwohl mein Mann und ich uns als modernes, gleichberechtigtes Paar empfanden – ich hatte meinen Namen behalten und besaß eigene Kreditkarten –, verfielen wir ebenso schnell in dieses unfreie traditionelle Verhaltensmuster, wie kleine Kinder in eine Pfütze springen.

Und so sah das allabendliche Szenario aus: Nach dem Essen

brachten mein Mann und die Kinder ihre Teller zum Spülbecken und verzogen sich. Ich blieb in der Küche allein mit einem Berg voll dreckigem Geschirr, schmutzigen Arbeitsflächen und Essensresten, die es zu beseitigen galt. Ich tat mir schrecklich leid, fühlte mich unglücklich und mißbraucht. Dann riß ich mich zusammen und tat, was so viele andere aufopferungsvolle Mütter auch tun: Ich stieß ein lautes, selbstmitleidiges Seufzen aus, zog meine gelben Gummihandschuhe an und machte die ganze Dreckarbeit allein. Das passierte so gut wie jeden Abend, wenn ich nicht gerade zu einem Termin aus dem Haus hetzen mußte oder mit – sagen wir mindestens 40 Grad – Fieber im Bett lag. Und selbst dann hatte ich Gewissensbisse, weil ich nicht in der Lage war aufzuräumen.
Auch mein Mann versuchte nie, gegen diesen Strom der Aufopferung anzuschwimmen. Und mit Sicherheit beabsichtigte er nicht, mich anzuflehen, ihn die Socken waschen oder das Essen kochen zu lassen. Warum sollte er auch? Meine entsagungsvolle Schieflage, mein Beharren darauf, diese zweite Arbeitsschicht zu Hause zu absolvieren, bedeutete für ihn mehr Freizeit, um tun und lassen zu können, was er wollte.
Eine Freundin scherzte kürzlich, sie habe gerade erst bemerkt, daß ihr Göttergatte, ein relativ kleiner Mann, mit dem sie seit zehn Jahren verheiratet ist, tatsächlich bis zum Spülbecken hinaufreicht. Da sie ihn dort noch nie gesehen habe, sei ihr nicht klar gewesen, ob er tatsächlich groß genug dafür ist.
Eine riesige Zahl von Paaren macht es genauso und gesteht automatisch der Frau die Verantwortung für Hausarbeit und Kinder zu, bis sie schließlich zur Familienbediensteten wird. Manche aufopferungsvollen Mütter genießen diese Last sogar auf eine masochistische Art und Weise, sie gefallen sich in ihrem Ich-muß-alles-allein-tun-Gefühl. Für sie sind das Heim und die Familie ein Spiegel ihrer selbst, und ihr Wert bemißt sich an der Sauberkeit der Waschbecken und dem Wohlverhalten der Kinder. Ihr Einsatz im häuslichen Bereich steht in keinem Verhältnis zu dem ihres Man-

nes. Sie belügen sich selbst, indem sie sich einreden, sie hätten die Dinge in der Hand, nur weil sie bestimmen, was die Kinder anziehen oder die Familie zum Abend ißt oder wann ein krankes Kind von der Schule fernbleibt. Diese Art von Kontrolle bedeutet allerdings nichts anderes, als daß sie die meiste Arbeit am Bein haben.

Frauen wie diese gibt es anscheinend überall auf der Welt. Eine russische Kosmonautin meinte, 169 Tage im Orbit seien ihr wie Ferien von der Hausarbeit vorgekommen, vor allem weil sie im Weltraum weder kochen noch putzen mußte. Shannon Lucid, der amerikanischen Astronautin, die diesen Rekord mit 188 Tagen im All überbot, ging es genauso. Sie habe es genossen, durch den Weltraum zu treiben, weil sie sich dabei nie Gedanken über den Einkauf machen mußte.

Vielleicht ist es das, was aufopferungsvolle Mütter brauchen – sie sollten für eine Weile in den Weltraum geschossen werden!

Vielen aufopferungsvollen Müttern fällt es leichter, die abendlichen Arbeiten allein zu erledigen und hinter sich zu bringen, als Hilfe einzufordern. Den Ehemann zur Mithilfe zu bewegen, kann so nutzlos, zeitaufwendig und ärgerlich sein, daß es der Mühe nicht wert scheint. Schließlich läuft der Haushalt immer dann am besten, wenn sie die Sache in der Hand hat, warum die Dinge also unnötig verkomplizieren? Sie schätzt es, selbst die Oberhand zu haben und alles so zu tun, wie sie es für richtig findet. Die Gabeln gehören mit den Zinken nach unten in die Spülmaschine, die Fußballhemden müssen in kaltem Wasser gewaschen und der Thunfischsalat ohne Sellerie angemacht werden, sonst essen ihn die Kinder nicht. Aufopferungsvolle Mütter sind stolz darauf, solche Details zu beherrschen und ihre Männer genauestens zu instruieren, wie, was und wann etwas getan werden muß. Doch wenn Männer schon einmal Hilfe anbieten, sind Vorschriften das Letzte, was sie wollen. Das Teilen von Haushaltspflichten kann zu einem regelrechten Tauziehen werden, nicht nur darüber, wer was tut, sondern auch über die Art und Weise.

Für aufopferungsvolle Mütter, die arbeiten gehen, sind Hausarbeiten eine Frage der Ehre, weil sie glauben, die Brötchen nicht nur verdienen, sondern sie auch noch aufbacken zu müssen. Doch indem sie die zweite Schicht übernehmen, machen sie ihre Männer unabsichtlich zu reinen Statisten, die zu Hause nichts zu tun haben. Sie bewahren ihre Männer so nicht nur vor unangenehmen Dingen, sondern berauben sie auch der schönen Erfahrungen, wie dem Baden der Kinder oder dem befriedigenden Gefühl, ein Essen für die ganze Familie kochen zu können.

Mehr Männer als je zuvor sind der Ansicht, daß sie zu Hause mehr Hand anlegen sollten. Doch wenn es soweit ist, tun sie kaum mehr als ihre Väter. Der einzige wirkliche Unterschied zu ihren Vorvätern ist die Tatsache, daß sie ein modernes Bewußtsein besitzen, das ihnen für ihr Nichtstun ein schlechtes Gewissen einflößt. Verständlicherweise fällt es Männern mit aufopferungsvollen Frauen schwer, auf den Luxus von so viel Freizeit zu verzichten oder darauf, die Wahl zu haben, was und wann sie etwas tun wollen. Wahrscheinlich ist das der Grund, warum Wissenschaftler feststellen, daß Männer sich zu Hause wesentlich glücklicher fühlen als Frauen – sie haben die Freiheit der Wahl. Eine aufopferungsvolle Mutter ist immer im Dienst, wie ein Notarzt, ihr Mann dagegen hat zu Hause Feierabend.

Man kann Männer für ihre Zurückhaltung in Haushaltsangelegenheiten nicht allein verantwortlich machen. Mein Mann hatte beispielsweise noch nie wirklich nützliche Mithilfe angeboten, aber ich hatte auch noch nie darauf bestanden. Es dauerte Jahre, ehe mir klar wurde, was ich mir selbst antat, indem ich ihn nie um Unterstützung bat. Die schreckliche Ironie daran ist, daß er es getan hätte, wenn ich nur mutig genug gewesen wäre, darauf zu bestehen.

Aufopferungsvolle Frauen wie ich machen sich zu Mitverschwörerinnen, weil sie es Männern gestatten, sich vor einem gerechten Teil der Arbeit zu drücken. Zwischen Männern, die davon profitieren, weniger zu tun, und ihren Frauen, die glauben, ihre Aufopferung bringe ihnen etwas ein, herrscht eine unausgesprochene Übereinkunft. Aufopferungsvolle Mütter empfinden eine Art Erhabenheit angesichts der ungerechten Verteilung der Haushaltspflichten. Sie ziehen einen masochistischen Stolz aus ihrer Mehrarbeit, weil sie glauben, sie seien dadurch bessere Mütter und Partnerinnen und überlegene Frauen. Doch sie irren sich.

In Wirklichkeit profitieren aufopferungsvolle Mütter nicht von ihrer zweiten Schicht; im Gegenteil, sie schaden sich und der Familie. Wenn sie zu Hause zu viel tun, beginnt die Familie sie als minderwertig zu betrachten, als untergeordnetes Stammesmitglied. Und ihr Übereifer lehrt auch die Kinder, sie herabzuwürdigen. Am Ende werden aufopferungsvolle Mütter schon von Dreijährigen durchs Haus kommandiert, die Bücher vorgelesen bekommen möchten und sich weigern, Mittagsschlaf zu halten. Ihr Ehemann würdigt ihre Expertise in Familienangelegenheiten herab, indem er ihre Leistungen herunterspielt und dafür die Bedeutung seines eigenen Einkommens oder seine gelegentlichen Reparaturen oder Rasenmähereien hervorhebt. Er argumentiert fälschlicherweise damit, eine zweimal im Jahr fällige Toilettenreparatur mit dem täglichen Abwasch gleichzusetzen.

Aufopferungsvolle Mütter müssen lernen, diese zweite Schicht als großen Fehler zu betrachten, als schlechte Angewohnheit, die ihrem Mann einen Teil des Familienlebens vorenthält. So als würden sie ihn ohne Golfausrüstung beim Golfklub oder ohne Tennisschläger beim Tennisklub abliefern. Ein Mann gehört erst dann richtig zur Familie, wenn er neben den interessanten Dingen, wie Ballspielen oder Pizza holen, auch die unangenehmen Routinearbeiten übernimmt, wie Wäsche zu waschen oder die Nächte mit einem fiebernden, sich erbrechenden Kind zu durchwachen.

Als ich mich entschloß, meine Aufopferung zu beenden, tat ich es für mich, nicht für meinen Mann. Nach zehn Jahren ununterbrochener Entsagung hatte ich die Nase einfach voll. Ich konnte es nicht länger ertragen. Die vielen Opfer hatten mich ausgehöhlt; ich besaß keine Substanz mehr und hatte das Gefühl, mich in Luft aufzulösen. Vielleicht würde ich bei einem Selbstgespräch gar niemanden mehr vorfinden, fürchtete ich.

Als ich meine Aufopferungsphase beendete, reagierte mein Mann zunächst verblüfft und verärgert. Ihm hatte unser Arrangement gut gefallen und sei es nur aus Gewohnheit. Die ersten Monate unserer Probephase der geteilten Aufopferung waren für uns beide irritierend. Doch allmählich entwickelte er mehr Akzeptanz und Verständnis für meinen Standpunkt, als ich es je für möglich gehalten hätte. Wie viele andere Frauen hatte ich die Bereitschaft und die Fähigkeit meines Mannes zu teilen vollkommen unterschätzt.

Auch wenn viele aufopferungsvolle Mütter es nicht glauben wollen: Selbst Männer, die sich an den häuslichen Aufgaben und der Kindererziehung beteiligen, profitieren noch von der Ehe. Verheiratete Männer sind, auch wenn sie ihre eigene zweite Schicht übernehmen, immer noch gesünder als Junggesellen und haben eine längere Lebenserwartung als diese. Darüber hinaus können sie ein neues Verständnis von »Familienwerten« entwickeln, denn die erfolgreichsten Familien sind die, in denen beide Partner sich die Verantwortung teilen.

Eine Mutter aus Minnesota erzählte mir, sie habe früher, obwohl sie als private Krankenschwester für behinderte Kinder tätig war, auch den ganzen Haushalt allein geführt. Weil sie zudem auch zwei Kinder von drei Jahren und neun Monaten zu betreuen hatte, fühlte sie sich ständig ausgebrannt, zerstreut und manchmal voller unbeherrschter Wut. Außerdem haßte sie das tägliche Drängen ihres Mannes nach Sex. Sie habe sich angewöhnt, »jeden wie Dreck« zu behandeln, sagte sie mir, ihren stoischen, wenig hilfsbereiten Ehemann mit eingeschlossen. Als sie dann eine krankenpflegerische Weiterbildung begann, blieb ihr nichts anderes übrig, als ihn um Hilfe zu bitten. Ihr Mann, der ihre dreimal wöchentlich auftretenden Wutausbrüche für weibliche Launen gehalten hatte, war daran gewöhnt, sich in sein Schneckenhaus zurückzuziehen, bis sich der Sturm gelegt hatte. Außerdem war es für ihn selbstverständlich, jeden Abend einen kalten Drink und ein warmes Essen serviert zu bekommen. Doch wie erstaunt und beeindruckt war sie, daß er die Ärmel hochkrempelte und mitmachte, als sie ihn darum bat. Inzwischen kümmert er sich um die Wäsche und kocht ein- bis zweimal pro Woche, während sie dafür sorgt, daß sie am Wochenende Zeit für ein Schäferstündchen finden. Beide sind begeistert von ihrer neuen häuslichen Situation – *sie* hat Hilfe im Haushalt und *er* eine Frau, die nicht mehr sauer ist, sondern Spaß daran hat, mit ihm ins Heu zu gehen.

Lockerzulassen ist ein wichtiger Schritt auf dem Weg zur gleichberechtigten Familie. Eine aufopferungsvolle Mutter muß ihre Standards in bezug auf Haushaltsarbeiten und Kindererziehung herunterschrauben, weil ihr Mann weder die Laken so zusammenfalten wird wie sie noch bei jeder sich bietenden Gelegenheit ein köstliches, gesundes Essen kochen wird. Er wird die Kinder nicht so anziehen, wie sie es möchte, und ihnen nicht jeden Abend die Zähne mit Zahnseide putzen. Und mit ziemlicher Wahrscheinlichkeit wird er auch andere Vorstellungen von Sauberkeit haben als sie. Während sie den Küchenboden gern so sauber hätte, daß man davon essen könnte, will er vielleicht tatsächlich davon essen – aber nur, weil dort noch jede Menge brauchbare Krümel und Essensreste zu finden sind.

Eine Frau, die weniger aufopferungsvoll werden möchte, muß die abweichenden Standards ihres Mannes akzeptieren oder zumindest lernen, mit ihnen zu leben. Wenn sie jedesmal aufspringt, um zu verbessern, was er gerade getan hat, wird er es nicht wieder probieren, und sie verspielt ihre Chance auf Gleichberechtigung. Wenn die Arbeit wirklich geteilt werden soll, gilt es, sich auf die Zunge zu beißen, die Klappe zu halten und ihn machen zu lassen.

Möglicherweise haben manche Männer keine Ahnung von dem, was ihre Frau leistet. Wenn das der Fall ist, sollte sie dafür sorgen, daß er über den Ablauf ihres Arbeitstages Bescheid weiß. In wirklich guten Ehen, meinen Experten, fertigen die Männer eine Art geistige »Liebeskarte« vom Tagesverlauf ihrer Frau an, ein Phantasieplan, der ihnen hilft, sich vorzustellen, was sie tut und wo sie ist. Dabei geht es nicht darum, sie oder ihre Ausgaben zu kontrollieren. Es ist eine Hilfe für ihn, sich in sie hineinzuversetzen und sich ihre Hochs und Tiefs vorzustellen, um später darüber reden zu können. Männer können ihre Liebe zeigen, indem sie die Initiative ergreifen und am Leben ihrer Frau Anteil nehmen.

Ohne eine solche Liebeskarte hat ein Mann nicht die geringste Vorstellung von der Extraarbeit, die seine Frau zu Hause leistet, vor allem, wenn es während seiner Abwesenheit oder Schlafenszeit geschieht. Aufopferungsvolle Mütter sind Meister darin, um Mitternacht oder fünf Uhr morgens die Wäsche zu waschen, damit sie später mehr Zeit für die Familie haben. Doch diese übermenschliche Besonnenheit macht ihre Arbeit für den Rest der Familie unsichtbar. Eine Freundin von mir erledigte die gesamte Wäsche am Freitagmorgen, wenn ihr Mann und die Kinder aus dem Haus waren. Beim Weggehen war das Haus randvoll mit schmutziger Wäsche, und wenn sie zurückkamen, lag alles sauber und ordentlich zusammengefaltet im Schrank, als seien die fleißigen Heinzelmännchen zu Besuch gewesen. Heute steht sie wieder voll im Beruf, und die Wäsche wird samstags von allen gewaschen. Und das Beste daran ist, meint sie, daß es nun nicht mehr allein ihre Sache ist, sondern eine Familienangelegenheit.

Viele Männer lieben den Wettkampf. Doch bei der Vaterschaft gibt es weder Trophäen zu erringen noch Auszeichnungen für den besten Vater zu erlangen. Das ist schade, denn Männer scheinen nicht zu begreifen, wie wertvoll die Vaterschaft tatsächlich ist – und zwar *für sie*. In einer Werbung für Rasierer heißt es: »Für das Beste im Mann«, in Wirklichkeit aber ist es die Vaterschaft, die das Beste in einem Mann weckt.

Mit der Erweiterung ihrer familiären Beziehungen laufen Männer zur persönlichen Höchstform auf, erklärt die Demographin Linda Waite von der Universität Chicago in ihrer Arbeit »Does Marriage Matter?«. Alleinstehende Männer, ohne familiäre Bindungen, stehen auf der untersten Stufe, da sie sowohl körperlich als auch seelisch in der schlechtesten Verfassung sind. Verheiratete Männer ohne Kinder stehen etwa in der Mitte der Leiter, da sie sich mit einer engen Beziehung schon wesentlich besser stellen als Junggesellen. Ganz oben aber stehen verheiratete Männer mit Kindern, die durch die enge Bindung an Frau und Kind am glücklichsten und gesündesten sind.

Männer mit Kindern sind einfach viel zufriedenere Menschen als kinderlose Männer, meint auch David Popenoe, der Autor von »*Life Without Father*«. Die Vaterrolle bietet Männern ein Sammelsurium subtiler psychologischer Vorteile. Beim Vergleich zwischen Ehemännern mit und ohne Kindern konnte ich feststellen, daß Väter mit sich und ihrem Leben wesentlich zufriedener sind als Nicht-Väter. Das gilt für Ehe und Beruf ebenso wie für ihre Einstellung gegenüber dem, was sie bisher in ihrem Leben erreicht haben. Zudem sind Väter überzeugt, mehr Respekt von Frauen zu erhalten, und sie fühlen sich männlicher als andere Männer.[53]

Natürlich ist die Vaterschaft nicht für alle Männer befreiend und erhebend. Manche Väter verhalten sich abscheulich, egoistisch und gemein und kommen niemals in den Genuß der psychologischen Werte, die die Vaterschaft bereithält. Andere nehmen nie zur Kenntnis, daß sie Väter sind, und lassen ihren Nachwuchs im Stich, ehe sie überhaupt die Chance hatten, in ihre Rolle hineinzufinden. In gewissem Sinne sind diese Männer jedoch keine richtigen Väter, denn die Vorteile der Vaterschaft stellen sich nicht einfach mit der Geburt ein, sondern mit der tagtäglichen Ausübung von Vaterpflichten.

Doch was ist eigentlich das Gute an der Vaterschaft? Es gibt objektive Gründe wie den Umgang mit Verantwortung: ein Kind zu versorgen, zu beschützen und Vorbild zu sein. Außerdem vermag die Vaterschaft, fest verschlossene innere Türen zu öffnen und einem Mann die eigenen Gefühle nahezubringen, und sie kann ihn von dem beengenden und hemmenden Rollenbild traditioneller Männlichkeit befreien. Ähnlich wie die »Du-kommst-aus-dem-Gefängnis-frei«-Karte beim Monopolyspiel ist die Vaterschaft eine »Du-wirst-frei-von-Macho-Männlichkeit«-Karte, die gültig bleibt, solange ein Mann seine Kinder liebt.

Männer, die sich normalerweise dem traditionellen Männlichkeitsbild entsprechend unemotional, überkritisch oder extrem aggressiv verhalten, können, wenn es um ihre Kinder geht, lockerlassen. Väter dürfen mit gesellschaftlicher Duldung leidenschaftlich, irrational und mit zitternder Liebe an ihren Kindern hängen. Das Vatersein ist für Männer ein Freibrief für überschwengliche Gefühle: Über ein Baby darf er prahlen und flöten wie über nichts anderes auf der Welt. Ein Straßenarbeiter erzählte mir, er habe geweint, als sein Sohn wegen einer kleinen Operation ins Krankenhaus mußte. Zwei eher herbe und mit allen Wassern gewaschene Kinderschwestern auf der Station waren so angetan von dem Gefühlsausbruch des rauhbeinigen Kerls, daß sie eine richtige Schwäche für ihn entwickelten, weil er sich nicht schämte, seine Angst und seine Liebe für das Kind zu zeigen.

Sie fanden sein Weinen ungeheuer anziehend, obwohl er zugibt, daß er sich ansonsten bei nichts und niemandem so gehenläßt.

Wenn ein Kind die Instinkte zu lieben, zu behüten und zu beschützen in ihnen weckt, die so viele Männer zu unterdrükken suchen, gilt dies als akzeptabel, besonders wenn das Kind noch ein Baby oder Kleinkind ist. Offene Gefühlsanwandlungen und Stolz auf ihre Kinder werden Männern nicht nur »verziehen«, sie werden von anderen richtiggehend belobigt. Deshalb lesen wir in der *New York Times* einen Artikel über einen stämmigen Busfahrer aus Manhattan, der seinen Bus mitten auf der Straße anhält, um sein kleines Töchterchen anzurufen und nachzufragen, wie ihr erster Schultag verlaufen ist. Man kann die Frauen schon flöten hören: »Ist das nicht süß!« (Natürlich sind solche Liebesbeweise für arbeitende Mütter etwas ganz Alltägliches.)

Die Vaterschaft zwingt Männer, über sich selbst hinauszuwachsen und Opfer zu bringen, die sie nicht einmal im Traum für jemand anderen erbringen würden. Es ist ihnen erlaubt, sich aufopfernd zu verhalten, zumindestens bis zu einem gewissen Punkt. Denn die meisten von ihnen betreiben Aufopferung nur bis zu einem für sie akzeptablen Maß.

Als seine Frau ihn verließ und er sich ganz allein um die neun Monate alte Tochter kümmern mußte, war ein querschnittgelähmter Mann aus Michigan gezwungen, weit über sich hinauszuwachsen. Zum ersten Mal seit dem Autounfall, der ihn an den Rollstuhl fesselte, mußte er aufhören, an sich selbst zu denken und sich auf das Kind konzentrieren. Mir berichtete er, die Verantwortung als Vater habe ihn auf eine Weise verjüngt und wiederhergestellt, wie kein Krankenhaus es jemals gekonnt hätte. Wenn die Leute ihn so im Rollstuhl sehen, mit Pferdeschwanz und Tätowierung, die kleine Tochter auf dem Schoß, glaubt kein Mensch, daß er ein wirklich guter Vater sein kann. Sie begreifen nicht, daß die Vaterschaft ihm das Leben gerettet hat, meint er.

Für die meisten Männer ist die Vaterschaft tatsächlich ein großer Segen. Vielleicht profitieren sie sogar mehr davon als Frauen von der Mutterschaft.[54]

Sicherlich sind Kinder für Väter und für Mütter eine Bereicherung. Doch die stark unterschiedliche Herangehensweise an die Elternschaft führt bei Männern und Frauen zu sehr divergierenden Erwartungshaltungen und dementsprechend unterschiedlichen Auswirkungen.

Für viele interviewte Väter sind Kinder ein wundervolles Hobby, während sie für Mütter eine lebenslange Berufung darstellen.

Solche Väter ziehen viel Freude aus ihren Kindern, genauso wie sie aus einem guten Tennisspiel oder einem schnellen Wagen Vergnügen schöpfen. Diese etwas leichtherzige Einstellung zur Elternschaft erklärt vielleicht, warum Väter ungleich weniger Zeit mit ihren Kindern verbringen als Mütter, selbst wenn beide berufstätig sind. Übrigens gilt diese Feststellung für die ganze Welt. In elf verschiedenen Ländern, von Belgien über Thailand bis Italien verbringen Väter weniger als eine Stunde täglich allein mit ihrem vierjährigen Kind, besagt eine internationale Studie, die von der High/Scope Educational Research Foundation in Ypsilanti, Michigan, durchgeführt wurde.[55] Die Studie zeigt weiter auf, daß Väter in Hongkong ihrem Kind während eines 16-Stunden Tages etwa sechs Minuten widmen. Mütter in den Vereinigten Staaten, Deutschland und Nigeria dagegen verbringen die meiste Zeit des Tages mit ihren Vorschulkindern, manche von ihnen über zehn Stunden. Selbst in Familien, in denen die Mütter außer Haus arbeiten, verbringen die Väter kaum Zeit mit den Kindern. In China, wo fast alle Mütter aushäusig arbeiten, verbringen sie, laut Studie, dennoch fast sieben Stunden täglich allein mit dem Kind; chinesische Väter dagegen nur vierundfünfzig Minuten.

Zeit, die Väter tatsächlich mit ihren Kindern verbringen, ist gemächlicher und entspannter als die Zeit, die Mütter mit Kindern zubringen. Bei Vätern handelt es sich eher um qualitative Zeit, die sie zum Spielen und Herumtoben nutzen, weil sie die elterliche Basisarbeit nicht leisten müssen. Väter tollen und spielen, kitzeln und balgen sich mit den Kindern; Mütter baden und füttern, kleiden und erziehen sie. Ältere Kinder führen Väter gern zu Sportveranstaltungen, sie sehen zusammen fern oder coachen die Fußballmannschaft. In der Zwischenzeit waschen die Mütter die schmutzigen Handtücher, beaufsichtigen die Hausaufgaben und fahren die anderen Kinder in Fahrgemeinschaften zum Sport.

Die meisten Kinder stellen fest, daß die Väter für das Vergnügen und die Mütter für die Arbeit zuständig sind.

Weil sie sich weniger darum sorgen, daß alles erledigt wird, genießen Väter die Elternschaft mehr. Und infolgedessen machen sie sich auch weniger Gedanken über ihr elterliches Auftreten. Daher ist die Vaterschaft für die Identität eines Vaters vermutlich weniger bedeutsam als die Mutterschaft für die Identität einer Frau. Ein Beweis dafür ist die Tatsache, daß Männer, die ihre Ehe aufgeben möchten, auch bereit sind, ihre Rolle als Vater aufzugeben. Eine hohe Zahl von Vätern läßt, um einer maroden Ehe zu entfliehen, auch die Kinder im Stich. Etwa einer von fünf amerikanischen Vätern hat seine Kinder ein Jahr nach der Scheidung überhaupt nicht mehr gesehen. Außerdem besuchen weniger als die Hälfte aller geschiedenen Väter die Kinder mehr als einige Male im Jahr.[56]

Weitaus weniger Mütter würden daran denken, sich der Mutterschaft zu entziehen, allein deshalb, weil sie persönlich viel mehr in diese Rolle investiert haben. Vor allem aufopferungsvolle Mütter bemessen ihren eigenen Wert an ihrem Erfolg als Mutter. Eine Mutter mit ausgeglichenen, glücklichen Kindern nimmt sich selbst ernst und fühlt sich kompetent und selbstsicher. Eine Frau, die das Gefühl hat, bei ihren

Kindern versagt zu haben, fühlt sich dagegen unzulänglich und wertlos. Diese Gefühle der Inkompetenz können sich nicht nur ein paar Jahre, sondern über Dekaden halten.
Kein Wunder also, daß Väter wesentlich weniger elterlichen Streß und Druck empfinden als Mütter. Ein schlechter Tag mit den Kindern ist für viele Mütter eine Tragödie; Väter nehmen so etwas viel leichter, schließlich ist morgen auch noch ein Tag. Darüber hinaus haben sie seltener als Mütter das Gefühl, tagtäglich unter schrecklicher Anspannung zu stehen. Sie fühlen sich als Eltern weniger gehetzt und von Problemen überwältigt als Frauen und haben auch nicht das Gefühl, zu müde zu sein, um noch klar zu denken oder zurechtzukommen, zeigen die Forschungsstudien von Duane Alwin, einem Soziologen an der Universität Michigan.
Da aufopferungsvolle Mütter ihre Aufgabe so überaus ernst nehmen, überrascht es sie nicht, wenn sie leiden – noch fühlen sie sich durch dieses Leid abgeschreckt. Und was noch wichtiger ist, sie sind überzeugt, daß die Probleme es wert sind, weil ihre Kinder dadurch gedeihen und glücklich werden.
Wie sehr sie sich doch irren.

5. Kapitel
Kinder brauchen keine aufopferungsvollen Mütter

Wie ein Tintenfischweibchen ist sie bereit, auszuharren und zu verhungern, solange es nur den Kindern hilft.

Sie verzichtet auf Schlaf, um mit den Kindern zusammenzusein; sie verzichtet auf den letzten Schokokeks; sie verzichtet auf kleine Vergnügen wie heiße Bäder und lange Spaziergänge; oder sie verzichtet auf ihren Job, um zu Hause zu bleiben, weil sie tief in ihrem Herzen zu wissen meint, daß es besser ist für die Kinder.

Eine aufopferungsvolle Mutter glaubt an ein großes mütterliches Gleichgewicht, eines, das ihre derzeitigen Opfer gegen die zukünftigen Vorteile ihrer Kinder aufwiegt. Wenn sie sich aufopfert, profitieren die Kinder; sie gibt, damit diese nehmen können. Sie glaubt, daß ihre Opfer dazu beitragen, die Kinder stärker, glücklicher, klüger und besser zu machen. Durch ihre Anstrengungen werden ihre Kinder die beste Anpassungsfähigkeit, das größte Selbstvertrauen und die höchste Beliebtheit besitzen.[57]

Doch die leidenschaftliche Liebe für ihre Kinder macht sie blind für alles andere um sich herum.[58] Wie ein Pferd mit Scheuklappen kann eine aufopferungsvolle Mutter nur das erkennen, was genau vor ihr liegt, und nicht die Dinge am Rande. Eine aufopferungsvolle Mutter hat nur Augen für ihre Kinder und ignoriert die eigenen Wünsche und Bedürfnisse. Und doch ahnt sie, daß etwas schiefgelaufen ist, daß es etwas gibt, was sie nicht sehen kann – nämlich alles, was nichts mit ihren Kindern zu tun hat. Mir erzählen diese

Frauen, daß sie eine nagende innere Leere verspüren, das irritierende Gefühl, kein richtiges Ziel im Leben zu haben. Sie sehnen sich nach eigenen Vorlieben, und doch scheint es, als hätten sie ihre ganze Kraft in die Kinder gesteckt. Deshalb behalten sie ihre Träume für sich und hüten sie versteckt vor der Familie. Aufopferungsvolle Mütter pflegen ihren geheimen Garten der Träume im stillen, in einem verborgenen Gewächshaus der Wünsche. Sie hegen diese heimlichen Phantasien wie kostbare Orchideen, pflegen sie mit aller Sorgfalt und lassen doch niemanden an ihrem Duft teilhaben. Von einigen Müttern weiß ich, daß sie davon träumen, ihr eigenes Haus zu bauen, vom Keller bis zum Dachstuhl. Andere sehnen sich danach, im eigenen Restaurant zu arbeiten, als Astronautin in den Weltraum zu fliegen oder als Spionin nach Europa zu gehen und fünf Sprachen zu sprechen. Selbst verrückte Phantasien werden gepflegt, wie als dominante Liebhaberin einen unterwürfigen Mann als Sklaven zu haben.
Im wirklichen Leben aber haben die meisten Mütter keine Zeit für Dinge, die nichts mit den Kindern zu tun haben. Für eine gläubige Katholikin in meinem Bekanntenkreis wäre es eine Todsünde, von etwas zu träumen, das die Kinder nicht mit einschließt. Sie arbeitet zwanzig Stunden in der Woche als Computerprogrammiererin und weitere zwanzig Stunden ehrenamtlich für die Schule ihrer Kinder. Die Abende verbringt sie damit, ihre vier Kinder zu den Pfadfindern, zum Schwimmen, Eislaufen und zu Sprachtherapiekursen zu fahren. Sie ist die einzige Mutter in der nicht gerade wohlhabenden Gegend, die neunzehn Drittkläßler zu einer Geburtstagsfeier mit Übernachtung einlädt und eine Woche später das gleiche mit siebzehn Erstkläßlern veranstaltet. Sie ist überzeugt, ihre aufrichtige Hingabe werde ihre Kinder später davon abhalten, ihr vorzuwerfen, sie habe sich nicht genügend um sie gekümmert, nicht genug getan oder geopfert. Für Frauen wie sie sind solche eingebildeten Vorwürfe, die

auf übersteigerten Ängsten und Schuldgefühlen basieren, ein nie endenwollender Alptraum.

Eine meiner Freundinnen quält sich mit der Vorstellung, daß ihre Töchter in zehn Jahren Zigaretten rauchend auf einem unordentlichen Bett im Studentenwohnheim liegen und sich bei den anderen Mädchen im Zimmer, die ebenfalls samt und sonders ihre Mutter hassen, bitter über sie beklagen. Diese Vision nährt ihr Engagement für die Kinder und bestärkt sie darin, sich jetzt für die Töchter aufzuopfern, damit diese nie etwas an ihr auszusetzen haben werden.

Mütter wie sie begreifen nicht, daß es ebenso hoffnungslos ist, die Kinder von Klagen über die Mutter abhalten zu wollen, wie der Versuch, die Haut am Altern zu hindern. Man kann es vielleicht ignorieren, aufschieben oder auch vertuschen, aber nicht verhindern. Schon lange bevor der erste Psychoanalytiker den ersten Patienten auf die Couch legte, haben Mütter bemuttert und Kinder sich beklagt.

Gerade die Hoffnung, solche zukünftigen Vorwürfe vermeiden zu können, macht aufopferungsvolle Mütter besonders anfällig für Ängste vor eigenen Fehlern. Sie möchten unbedingt glauben, daß sie das Schicksal ihrer Kinder selbst lenken, weil es viel zu beängstigend ist, sich vorstellen zu müssen, daß sie mit all ihrer Liebe und Hingabe vielleicht keinerlei Einfluß darauf haben, was aus ihren Kindern wird. Deshalb entwickeln sie verschwommene abergläubische Theorien, die sie in ihrem Glauben bestärken, daß das, was sie jetzt aufgeben, ihren Kindern irgendwann zugute kommen wird.

Aufopferungsvolle Mütter lieben es, die Devise »Ohne Fleiß – kein Preis« im strengsten Sinne auf die Mutterschaft anzuwenden. Wenn Situps weh tun müssen, ehe sie die Bauchmuskeln straffen, dann müssen vielleicht auch die mütterlichen Opfer schmerzen, bevor die Kinder davon profitieren. Eine Frau aus Florida glaubte früher fest an diese Lebertran-

Logik: wenn es schlecht schmeckt, ist es bestimmt gesund. Deshalb versagte sie sich ihren geliebten Cappuccino, verzichtete auf Musik oder Fernsehen, und alles nur, damit es ihren Kindern bessergeht. Sie glaubte, wenn sie sich bewußt die Dinge untersagt, die sie liebt, dann müßten ihre Kinder doch gedeihen, weil sie auf so vieles verzichtet hat. Außerdem ließ ihr der Verzicht auf die eigenen Vorlieben viel mehr Zeit für die Kinder. Sie hielt es für ihre Pflicht, ihnen jede freie Minute des Tages zu widmen, die sie nicht auf der Arbeit war. Mit der Zeit wurde ihr allerdings klar, daß sie die tagtäglichen Opfer zutiefst verabscheute und daß ihre Kinder unmöglich davon profitieren konnten, wenn sie den ganzen Tag mit knirschenden Zähnen und geballten Fäusten herumlief und still vor sich hin litt.

Also stellte sie ihr Leben gründlich auf den Kopf. Heute genießt sie zwei- bis dreimal die Woche ihren Lieblingskaffee, hört die Musik, auf die sie Lust hat, und sieht sich ihre Lieblingsfernsehsendung an, sooft es geht. Sie ist nicht nur froh darüber, weniger aufopferungsvoll zu sein, sondern hat auch wesentlich entspanntere Kinder, wie sie selbst sagt.

Außerdem glauben aufopferungsvolle Mütter an die Devise »mehr ist besser«. Je mehr eine aufopferungsvolle Mutter tut, desto besser wird es ihren Kindern ergehen. Das ist der Grund, warum sie diese nicht nur im Fußballverein anmeldet, sondern auch zum Musikunterricht, Eislaufen und Ballett. Deshalb lädt sie neunzehn Spielkameraden zum Übernachten ein und nicht nur vier oder fünf. Sie hat das Gefühl, mehr Geld ausgeben zu müssen, wenn sie es hat, und manchmal auch, wenn sie es nicht hat. Und sie glaubt, mehr aufgeben zu müssen – mehr Zeit, mehr Privatsphäre, mehr von ihrem eigenen Leben.

In Wirklichkeit allerdings ist Mehr nicht immer besser. Die *New York Times* berichtete über eine Mutter von Zwillingen aus Georgia, die von Anfang an beschloß, sich nicht aufzuopfern, um das Leben ihrer Kinder zu bereichern. Und ihre

Weniger-ist-mehr-Theorie machte im ganzen Land Schlagzeilen. Sie fand, ihre Kinder sollten einfach lernen, allein zurechtzukommen, Spaß zu haben und ihre Kindheit zu genießen. Deshalb kutschierte sie sie weder zu Klavierstunden noch zu Fußballspielen, sie kaufte ihnen keine Computer und keine Videospiele. Wahrscheinlich überließ sie ihnen nicht einmal die letzte Gurke im Glas. Trotz ihrer Weigerung sich übermäßig aufzuopfern – oder gerade deshalb – waren ihre Zwillinge die ersten, denen es gelang, beim »Scholastic Aptitude Test«, der amerikanischen College-Eingangsprüfung, die volle Punktzahl von traumhaften 1600 Punkten zu erreichen.

Eine andere unausgesprochene Regel, an der aufopferungsvolle Mütter hängen, besagt, daß Angst etwas Gutes ist, weil Ängste und Sorgen bedeuten, daß einem etwas am Herzen liegt. Deshalb ist meine Freundin aus Texas stolz auf ihre zwanghafte Besorgnis über die Ausbildung ihrer Kinder. Sie wacht um drei Uhr morgens in panischer Angst auf und macht sich Gedanken darüber, ob die Kinder in der Schule auch wirklich genug lernen, ob der Lehrer die Klasse unter Kontrolle hat, ob sie zufrieden sind mit der Gegend, in der sie leben. Sie liebt es, sich mit Sorgen herumzuquälen, weil sie nur dann alles richtig zu machen glaubt, wenn sie wegen der Kinder in heller Aufregung ist. Für mich allerdings ist es ziemlich offensichtlich, daß meine Freundin ihre Kinder mit ihren Ängsten nervös und angespannt macht statt ruhig und gelassen.

Zudem scheinen viele aufopferungsvolle Mütter zu glauben, sie hätten einen Besitzanspruch auf ihre Kinder und die kleinen Wesen gehörten nur ihnen. Väter sind in ihren Augen zwar wichtig, aber nicht so wie die mütterliche Instanz. Wenn Vati bei der Kindererziehung so etwas wie eine Zirkusnebennummer ist, der tanzende Pudel sozusagen, dann ist Mutti der Star, die Raubtierdompteuse mitten im Rund. Vielleicht ist das der Grund, warum manche aufopferungsvolle Mütter ihren Mann aus der Verantwortung für die Kindererziehung drängen. Indem sie ihn an den Rand drücken, behalten sie das Heft in der Hand. Weitaus häufiger allerdings stellen aufopferungsvolle Mütter fest, daß ihr Mann die väterliche Verantwortung durchaus gern und freiwillig abgibt, weil es für ihn weniger Arbeit und weniger Sorgen bedeutet.

Da ihr Mann seinen Anteil an elterlicher Verantwortung bereits kurz nach der Geburt des Sohnes abschüttelte, fand sich eine meiner Bekannten mit der gesamten Betreuung ihres hörbehinderten Sohnes, inklusive der damit verbundenen Sorgen, alleingelassen. Statt seinen Sohn zu Arztterminen zu fahren und ihm das Sprechen beizubringen, verbringt dieser Mann jede freie Minute beim Stock-Car-Rennen. Er steuert zwei Drittel des Familieneinkommens bei, bietet jedoch keinerlei emotionale Unterstützung oder Trost. Seine Frau akzeptiert ihr aufopferungsvolles Los mit Fassung, was nicht zuletzt daran liegt, daß sie sich schuldig fühlt, ein so schwer geschädigtes Kind geboren zu haben.

Doch die alles entscheidende Grundannahme, die alle Worte und Taten einer aufopferungsvollen Mutter beeinflußt und leitet, ist die, daß ihre Aufopferung die einzig wahre ist, die einzige, die wirklich zählt. In diesem vermutlich einzigen selbsterhöhenden Gedanken spiegelt sich die Überzeugung, als Mutter die alleinige Instanz für das Glück und die Entfaltung der Kinder zu sein. Natürlich macht sie sich mit dieser Auffassung selbst zur Zielscheibe für die Vorwürfe, die zehn oder fünfzehn Jahre später kommen werden. Wenn aus ihrem Baby erst einmal ein unglücklicher Teenager geworden ist, der die Schule schwänzt oder Drogen nimmt, dann ist sie mit Sicherheit diejenige, welche ... Und sie akzeptiert die Schuld klaglos. Sobald bei ihrem Kind irgend etwas schiefgeht – vom gebrochenen Arm bis zum schlechten Zeugnis – ist ihr erster Gedanke immer: »Was habe *ich* nur falsch gemacht?«

Nach dieser Logik ist eine Mutter tatsächlich diejenige, die am meisten opfern *muß*.
Unsere Gesellschaft ermutigt Mütter nachdrücklich in ihrem Glauben, am wichtigsten zu sein. Schließlich glaubt fast jeder an den heiligen Bund zwischen Mutter und Kind, an die Bindung, die Kinder im ersten Lebensjahr zu ihren Müttern aufbauen. Die meisten von uns gehen davon aus, daß die Natur dieser Bindung, sei sie gut oder schlecht, das seelische Befinden eines Kindes für den Rest seines Lebens beeinflussen wird. Sie entscheidet darüber, wie ängstlich es in der Schule ist, wieviel Selbstvertrauen es besitzt, wie leicht es Freunde findet und sogar darüber, wie es als Erwachsener Beziehungen eingehen kann.
Forscher behaupten, ein Baby könne sich auf drei verschiedene Arten an seine Mutter binden, von denen nur eine gesund sei. Um herauszufinden, wie gut ein Baby an seine Mutter gebunden ist, verwenden sie eine etwas seltsame Methode, die man mit »Test in fremder Umgebung« (Strange Situation Test) übersetzen könnte.[59] Dabei werden Mutter und Kleinkind von Psychologen in einen Raum geschickt und eine Weile lang beobachtet. Dann wird die Mutter gebeten zu gehen und eine fremde Person hereingeschickt. Die Forscher beobachten dann, wie das Kind auf die fremde Person reagiert, und wie es sich verhält, wenn die Mutter zurückkehrt. Ist das Kind froh, die Mutter wiederzusehen, oder weint es, kann aber leicht von ihr getröstet werden, dann ist es »sicher gebunden«, wie die Forscher sagen. Das ist die positive Art der Bindung.
Läßt das Kind sich aber nicht trösten oder wirkt es verstört, wenn die Mutter zurückkehrt, dann hat es eine »ängstliche oder unsichere Bindung«. Bleibt das Kind der Mutter beim Wiedersehen sogar mit Absicht fern, spricht man von »Vermeidung«. Diese beiden sind die schlechten Arten von Mutter-Kind-Bindung. Niemand weiß genau, ob diese Methode ein sicheres Verfahren ist, um die Beziehung eines zweijähri-

gen Kindes zu seiner Mutter zu testen, aber fast alle Wissenschaftler, die sich mit Bindungen beschäftigen, bevorzugen dieses Verfahren.

Kein Wunder also, daß aufopferungsvolle Mütter so sehr davon in Anspruch genommen sind, sich als Ursache sämtlicher Stärken und Schwächen ihres Kindes zu betrachten. Ihnen wurde gesagt, daß die Herstellung dieser Bindung allein ihre Verantwortung ist und daß Erfolg oder Mißerfolg ihres Kindes im Leben nur davon abhängt, ob sie in der Lage sind, während der ersten entscheidenden 9, 12 oder 18 Monate liebevoll und zuverlässig genug zu sein. Aus diesem Grund quittieren Mütter ihren Job, um zu Hause zu bleiben, und aus dem gleichen Grund fühlen sie sich so schrecklich schuldig, wenn ihnen dies nicht möglich ist. Deshalb haben sich Hunderte von Forschern jahrzehntelang darum bemüht, die Existenz solcher Bindungen nachzuweisen und den entscheidenden Einfluß, den diese Bindung auf das generelle Wohlbefinden des Kindes hat.

Es bleibt das dreckige kleine Geheimnis der Psychologen, daß nach wie vor kein echter Beweis für die Existenz einer solchen grundlegenden Bindung vorliegt, und wenn es sie geben sollte, ob sie irgend etwas mit dem späteren Sozialverhalten und der Anpassungsfähigkeit eines Kindes zu tun hat. Da es unter Verwendung dieser Methode keine Langzeitstudien gibt, ist nach wie vor unklar, ob sich Bindungstypen langfristig überhaupt auswirken. Kann ein unsicher gebundenes Baby zu einem liebevollen und erfolgreichen Mann heranwachsen, oder ist er für alle Zeit durch die Unfähigkeit zu lieben gehandikapt? Die Antwort kennt keiner. So drehen sich die Psychologen auch nach jahrzehntelangen Forschungen beispielsweise immer noch im Kreis bei der Frage, ob eine Tagesbetreuung von Säuglingen den Bindungstyp beeinflußt. Sie haben viele Jahre und Millionen von Dollar verbraten und noch immer keine Ahnung.

In Wirklichkeit handelt es sich bei der Mutter-Kind-Bindung

um eine relativ neue Erfindung, die vielleicht nichts anderes ist als das phantasievolle Wunschbild einer Gesellschaft, die kaum noch Ideale hat, nichts mehr, was uns so fest und bedeutungsvoll erschiene wie die Bindung zwischen einer Mutter und ihrem Kind. Wir beseelen diese Beziehung mit einem geheimnisvollen Zauber, mit Macht und Verehrung, weil sie eines der letzten ungelösten menschlichen Geheimnisse ist. Wenn eine Mutter ihr Kind in Betreuung gibt oder Mann oder Großmutter in die Erziehung mit einbezieht, wirkt es auf uns, als mißachte sie die Heiligkeit dieser Bindung, als werde sie zur Verräterin an der wahren Mutterschaft.

Fast alle aufopferungsvollen Mütter leisten den Eid auf diese Bindung. Sie *müssen* glauben, daß ihre Opfer einen Unterschied machen, weil sie überzeugt sind, daß die Menschen das sind, »wozu ihre Mütter sie gemacht haben«, wie der Dichter Ralph Waldo Emerson schreibt.

Doch können die Opfer der Mutter das Leben ihrer Kinder wirklich positiv beeinflussen? Macht ihre Selbstverleugnung die Kinder zu glücklicheren Menschen und anpassungsfähigeren und erfolgreicheren Erwachsenen?

Verlassen Sie sich lieber nicht darauf.

Für die Gesamtentwicklung der Kinder ist die Aufopferung der Mutter von geringer oder gar keiner Bedeutung. Viel wahrscheinlicher ist, daß die Gene, mit denen ein Kind geboren wird, den größten Einfluß auf seine spätere Persönlichkeit haben werden. Während die mütterlichen Opfer keine große Rolle spielen müssen, können die sozialen Umstände, in die ein Kind hineingeboren wird, entscheidend sein. In Armut aufzuwachsen oder mehrere Scheidungen oder häufige Ortswechsel mitzuerleben, wirken sich auf ein Kind meist wesentlich schädlicher aus, als ein Mangel an Aufopferung von seiten der Mutter es je könnte.

Was wichtiger ist als Aufopferung

Eine Freundin gestand mir, sie sei davon ausgegangen, daß ihr Baby quasi als leeres Buch geboren werde, dessen Seiten sie füllen könne. Doch im Laufe der Jahre erkannte sie ihren Irrtum. Heute ist ihr klar, daß ein Neugeborenes bereits ein geschriebenes Buch ist und wir nicht mehr tun können, als darin zu lesen und zu versuchen, es zu verstehen.

Sie ahnt nicht, wie recht sie hat.

Beim Studium der neuesten Erkenntnisse aus der Zwillingsforschung konnte ich feststellen, daß viele dieser sehr überzeugenden Untersuchungen im Hinblick auf die kindliche Entwicklung die Bedeutung der Gene betonen. Persönlichkeit und Temperament eines Kindes haben nur wenig mit seiner Mutter oder deren Opfern zu tun, dagegen viel mit dem, was sie ihm auf genetischem Wege mitgegeben hat. Die Untersuchungen legen dar, daß jedes Kind eine gewisse Veranlagung mitbringt, die bestimmt, wie es die Welt sieht, seine Umwelt wahrnimmt, auf sie reagiert und sogar, wie es von ihr behandelt wird. Eine Mutter kann daher nur auf das reagieren, was ihr Kind bereits darstellt – sie kann es nicht zu etwas formen, was sie selbst gern aus ihm machen möchte.

Zu diesem Schluß kamen verhaltensorientierte Genetiker durch die Beobachtung eineiiger Zwillinge. Da diese der gleichen Eizelle entstammen, sind sich eineiige Zwillinge genetisch doppelt so ähnlich wie zweieiige Zwillinge. Die Wissenschaftler untersuchten die Entwicklung eineiiger Zwillinge, die in unterschiedlichen Familien aufwuchsen. Wären die Eltern und das Familienleben die entscheidenden Faktoren, beziehungsweise die Art der Fürsorge, die Kinder erfahren, dann müßten diese Zwillinge im Laufe der Zeit zu völlig unterschiedlichen Persönlichkeiten heranwachsen. Werden Kinder dagegen mit den entwicklungsbestimmenden Merkmalen geboren, dann dürfte es keine Rolle spielen, ob das eine Kind auf dem Mars und das andere auf der Venus her-

anwächst, da ihre fast identische genetische Erbmasse sich durchsetzen wird.
Und genau das geschieht tatsächlich. Unabhängig davon, wer sie aufzieht, entwickeln eineiige Zwillinge unglaubliche Ähnlichkeiten.
Lawrence Wright veröffentlichte im *New Yorker* die wahre Geschichte eines weiblichen Zwillingspaares, das nach der Geburt getrennt adoptiert und mehr als zehn Jahre lang von Wissenschaftlern beobachtet wurde. Dabei stellte man fest, daß die eine Adoptivmutter der Adoptivtochter gegenüber kühl und unnahbar war und sich von der Schönheit des Mädchens eingeschüchtert fühlte. Diese Familie zog den biologischen Sohn der adoptierten Tochter eindeutig vor, die für sie eine Enttäuschung war. Die zweite Mutter dagegen vergötterte ihre Tochter, sie färbte sich das Haar in der gleichen Farbe und opferte sich häufig für das Kind auf. Die zweite Familie verwöhnte das Mädchen mehr als das eigene, biologische Kind, ebenfalls ein Junge. Und dennoch wurden beide Mädchen schüchtern und ängstlich, mit neurotischen, unsicheren Zügen. Beide lutschten jahrelang am Daumen, kauten Fingernägel und näßten ins Bett. Jahre später wurden beide zu Hypochondern, sie fürchteten sich im Dunkeln und hatten Angst davor, allein gelassen zu werden.
Offenbar hatten die Familien, in denen die Mädchen aufwuchsen, und die Mütter, die sie zurückwiesen beziehungsweise sich für sie aufopferten, fast keine Auswirkungen auf die Entwicklung ihrer Persönlichkeit.
Als ein Team von Wissenschaftlern unter Leitung des Psychologen Robert Plomin Hunderte von 60jährigen Zwillingen nach Erinnerungen an ihr fünfzig Jahre zurückliegendes Familienleben befragte, stellten sie fest, daß die eineiigen Zwillingspaare fast identische Erinnerungen besaßen – selbst jene, die in völlig unterschiedlichen Familien aufgewachsen waren! Es ist als »singen die Gene ein prähistorisches Lied«, schreibt der Zwillingsforscher Thomas Bouchard,

eine Melodie, die uns auf einem vorbestimmten psychologischen und biologischen Pfad entlanglockt. Mindestens die Hälfte unserer Persönlichkeitsmerkmale – die Frage, wie gesellig, aggressiv, optimistisch und impulsiv ein Mensch ist, wie empfindsam, tolerant, neurotisch oder ängstlich er wirkt – hängt von den Genen ab und nicht von der Familie, stellten die Wissenschaftler fest. Die andere Hälfte der Persönlichkeit ist ein Gemisch aus normalen, tagtäglichen Stimmungsschwankungen sowie den gesammelten Einflüssen von Vater, Mutter, Brüdern, Schwestern, Lehrern und Freunden, gesellschaftlicher Schicht, Rasse und Religion, Nationalität, Stabilität der Familie und allem anderen unter der Sonne.

Da die meisten Psychologen sich nur selten die Mühe machen, mehr als ein Kind in der Familie zu untersuchen oder adoptierte mit biologischen Geschwistern beziehungsweise getrennt aufgewachsene Zwillinge zu vergleichen, können sie die komplizierte Mischung aus genetischer Veranlagung und mütterlichem Einfluß nicht entwirren. Wenn sie also beispielsweise feststellen, daß Kleinkinder von berufstätigen Müttern eher zur Hyperaktivität neigen als Kinder von nicht berufstätigen Müttern, dann wissen sie nicht zu sagen, ob dies auf das Tun der Mutter zurückzuführen ist oder vielleicht darauf, daß berufstätige Mütter mehr Vitalität ausströmen als nichtberufstätige und diese sich auf die Kinder überträgt. Zudem bemühen sich die Wissenschaftler nur selten um die Feststellung, ob die Geschwister des Kindes ebenso hyperaktiv sind, was die Unzuverlässigkeit der Ergebnisse fast garantiert.

In Wirklichkeit ist es fast immer so, daß Geschwister innerhalb einer Familie sich stark voneinander unterscheiden, eine Beobachtung, die die meisten Mütter von mehreren Kindern fast täglich machen. Die Zwillingsforscher behaupten gern, daß zwei Jungen, die in der gleichen Oberschichtfamilie aufwachsen, von der gleichen Mutter versorgt werden, die sie zu den gleichen Kursen, Veranstaltungen und Partys bringt und sich für den einen wie für den anderen aufopfert, zu ebenso unterschiedlichen Persönlichkeiten heranwachsen können wie zwei willkürlich ausgewählte Jungen aus verschiedenen Familien, die Tausende von Kilometern auseinander wohnen.

Unabhängig davon, wie viel oder wenig sich eine Mutter für sie aufopfert, werden Geschwisterkinder sich nicht besonders ähnlich, es sei denn, sie verfügen, wie eineiige Zwillinge, über ähnliches Erbgut. Dies liegt unter anderem daran, daß jedes Kind eine andere Beziehung zur Mutter aufbaut. Es erschafft sich seine eigene, subjektive Welt, in der es die Mutter auf eigene, subjektive Art und Weise wahrnimmt. Während der eine Junge das wohlige Gefühl hat, die permanente Liebe und Aufmerksamkeit der Mutter zu genießen, grollt der Bruder vielleicht genervt über ihre, wie er meint, ständige Nörgelei und Reizbarkeit. Ebenso unterschiedlich ist die Sichtweise der Kinder auf die mütterlichen Opfer. Während sich der erste Junge als etwas Besonderes fühlt, weil sie ihm jeden Abend bei den Hausaufgaben hilft, obwohl sie doch den ganzen Tag arbeitet, verübelt ihr letzterer, daß sie aufgrund ihrer Berufstätigkeit bei Klassenfahrten nicht als Aufsichtsperson mitkommen kann. Dies verdeutlicht, wie unterschiedlich Kinder, die mit den gleichen Eltern im gleichen Haushalt aufwachsen, Familienleben und mütterliche Opfer sehen können.

Hinzu kommt, daß jedes Kind seine eigene Art hat, auf die eine Mutter in spezifischer Weise reagiert. Von mir selbst weiß ich, daß ich meine Kinder vom Tage ihrer Geburt an unterschiedlich behandelt habe. Meine Tochter habe ich das erste Jahr permanent gehätschelt und geherzt, damit sie zufrieden und still war. Ich wurde für sie zum Schaukelpferd und Rüttelband. Dies lag teilweise daran, daß sie ein kräftiges Baby war und so laut schrie, daß der Pförtner unseres Apartments in Manhattan sie »Die Stimme« nannte, weil er sie bereits hören konnte, wenn wir mit dem Fahrstuhl aus dem 16. Stockwerk nach unten fuhren. Außerdem hatte ich keine anderen Kinder, die mich ablenkten. Mein Sohn, der fast zwei Jahre später zur Welt kam, war ebenfalls ein kleiner Schreihals. Doch da ich nun zwei kleine Kinder zu versorgen hatte, ging ich mit ihm nicht halb so nachsichtig und geduldig um.

Bis heute sind meine Kinder sehr verschieden, und ich behandle sie sehr unterschiedlich. Mein Sohn ist der Ansicht, sein Leben wäre viel schöner, wenn er nicht mit einer älteren Schwester gesegnet wäre. Er achtet genau darauf, wieviel Zeit ich mir nehme, um ihr Gute Nacht zu sagen, und verlangt dann die gleiche Aufmerksamkeit für sich. Außerdem beklagt er sich darüber, daß sie nicht annähernd so häufig bestraft wird wie er. Und wenn ich darüber nachdenke, wird mir klar, daß er recht hat.

Trotzdem spielt es keine Rolle, ob er mich für zu streng hält oder sie sich etwas darauf einbildet, verwöhnt zu werden. Wie meine Kinder jetzt sind oder als Erwachsene sein werden, hat, so glaube ich, wenig damit zu tun, wie ich sie als Säuglinge behandelt habe, und noch weniger damit, auf wieviel ich ihretwegen verzichte.

Ich sage das mit großer Überzeugung. Trotzdem ist das Wissen, daß meine Opfer wenig oder gar keinen Einfluß auf das Glück meiner Kinder haben werden, für mich genauso beängstigend wie für jede andere liebende Mutter. Es gibt mir das Gefühl, als müsse man als gute Mutter das Kunststück fertigbringen, mit verbundenen Augen sicher über die Autobahn nach Hause zu kommen. Es ist einfach unmöglich.

Die Vorstellung, daß das, was Mütter für ihre Kinder tun und für sie aufgeben, vielleicht überhaupt keine Rolle spielt, verstößt gegen alles, was wir glauben und uns wünschen. Wenn wir schon keinen Einfluß darauf haben, was aus unseren Kindern wird oder wie glücklich sie werden, wer dann?

Vielleicht niemand.
Das Glück eines Kindes könnte tatsächlich biologisch vorbestimmt sein. Eineiige Zwillinge zum Beispiel haben, unabhängig von der Höhe ihres Einkommens, ihrer Tätigkeit, ihrer Ausbildung oder ihres familiären Hintergrundes, fast identische Gefühle der Zufriedenheit. Wenn Menschen ein vorgeprägtes Glücksempfinden besitzen, ähnlich eines natürlichen Körpergewichts, das man von der Kindheit bis ins hohe Alter ungefähr beibehält, vermag eine Mutter kaum etwas auszurichten, um dieses Niveau zu verändern, egal wieviel sie dafür aufgibt. Ein von Natur aus zufriedener Junge mag sich ein paar Monate lang unglücklich fühlen, wenn sein bester Freund wegzieht. Er wird dennoch die meiste Zeit glücklich sein, unabhängig davon, ob seine Mutter ihm das letzte Schokoplätzchen überläßt oder nicht. Ein griesgrämiges Mädchen wird vielleicht eine Weile lang auftauen, wenn die Mutter ihr ein Paar neue Rollerskates kauft, dennoch wird sie bald darauf wieder in ihre übliche, weniger glückliche Stimmung verfallen.
Wird ein Kind von seinen Eltern mißhandelt oder vernachlässigt, beeinträchtigt das natürlich sein Glücksempfinden. Trotzdem muß selbst eine so schreckliche Erfahrung nicht in jedem Fall dauerhafte Narben hinterlassen. Wissenschaftler behaupten, daß etwa jedes dritte Kind sich als erstaunlich widerstandsfähig erweist, selbst die schlimmsten Kindheitserlebnisse verkraftet und zu einem zuversichtlichen, anteilnehmenden Erwachsenen heranwächst. Sogar ungebildete, abweisende, gewalttätige oder psychisch kranke Eltern kann ein solches Kind überstehen. Das Geheimnis liegt im Besitz eines angeborenen Gefühls der Zuversicht und Stärke. Als Babys sind diese Kinder pflegeleicht und gesellig. Später dann haben sie fast immer das Gefühl, sich behaupten und alle Schwierigkeiten meistern zu können, die sich ihnen in den Weg stellen. Wachsen sie bei einer Mutter auf, die ihnen die Unterstützung versagt, dann suchen sie sich andere Im-

pulsgeber wie Freunde, Nachbarn oder schulische Mentoren. Sie lernen es, sich Zuneigung und Aufmerksamkeit zu holen, wo immer sie sich ihnen bietet.

Das bedeutet jedoch nicht, daß Gewalt gegen Kinder akzeptabel ist oder daß es gerechtfertigt wäre, wenn Mütter ihre Kinder vernachlässigen. Viele Kinder leiden ihr Leben lang unter den Folgen von Vernachlässigung oder großer Armut. Studien zeigen, daß Kinder, die mit einem alleinerziehenden Elternteil und in sehr ärmlichen Verhältnissen aufwachsen auch als junge Erwachsene noch gravierende finanzielle Probleme haben. Sie laufen eher Gefahr, die Schule ohne Abschluß zu verlassen, unerwartet schwanger oder arbeitslos zu werden. Doch wenn alleinerziehende Eltern wieder heiraten, muß es den Kindern dadurch nicht besser gehen, vor allem wenn die Familie häufig umzieht. Kinder verlieren durch Wohnortswechsel wertvolle Beziehungen zu engen Freunden, zu Lehrern und Nachbarn, Menschen, denen am Herzen liegt, was mit ihnen geschieht.

Für sich gesehen mag eine Scheidung eher als selbstsüchtiger Akt erscheinen denn als Opfer. Schließlich hat es den Anschein, als denke eine Frau, die ihre Ehe beendet, mehr an ihr eigenes Glück als an das ihrer Kinder. In Wirklichkeit aber fordert das Leben von einer geschiedenen Mutter mehr Opfer und nicht weniger. So kann sich beispielsweise ihr Lebensstandard dramatisch verschlechtern, vor allem dann, wenn der Ex-Mann keinen Unterhalt zahlt. Und die Wahrscheinlichkeit, daß dies passiert, ist nicht gerade gering; viele Väter zahlen nach der Scheidung wenig oder gar nichts an die Familie. Deshalb muß eine alleinerziehende Mutter für weniger Geld als vorher mehr arbeiten und hat darüber hinaus mehr Alltagssorgen und finanzielle Nöte. Noch schlimmer ist die Tatsache, daß sie in den meisten Fällen mit der Kindererziehung völlig allein gelassen wird. Etwa die Hälfte aller Väter sehen ihre Kinder nach der Scheidung nur noch wenige Male im Jahr, wenn überhaupt. Und je länger ein

Paar geschieden ist, desto spärlicher ist der Kontakt eines Vaters zu seinen Kindern, vor allem nach einer Wiederverheiratung.

Auch wenn man meinen könnte, eine neue Partnerschaft müsse der Traum aller alleinerziehenden Mütter sein, ist dies nicht immer der Fall. Zwar verbessert sich mit einem neuen Mann ihre finanzielle Situation – schließlich sind zwei Einkommen besser als eines, vor allem wenn das eine von einem für die gleiche Arbeit meist besser bezahlten Mann kommt. Doch für die Kinder ist es längst nicht immer das beste, da eine Wiederverheiratung häufig Umzüge nach sich zieht, und viele Wohnortwechsel sind, unter diesen Umständen, für Kinder anstrengend und schwer zu bewältigen. Wenn eine alleinerziehende Mutter wieder heiraten möchte, ist es das beste für ihre Kinder – und wahrscheinlich auch für sie –, wenn sie ihre vertraute Umgebung nicht verläßt.

Eine Frau aus meiner Nachbarschaft wollte genau aus diesem Grund auch nach einer üblen Scheidung nicht von dort weggehen, wo sie und ihre beiden Töchter fünfzehn Jahre lang zu Hause gewesen waren. Da sie das Haus nicht halten konnte, verkaufte sie es und zog in eine Wohnung in der Nähe, so daß die Töchter weiter die gleiche Schule besuchen und ihre Freunde behalten konnten. Nach einem anfänglichen familiären Trauma geht es ihr und den beiden Mädchen heute blendend.

Einer anderen geschiedenen Freundin von mir geht es nicht annähernd so gut, was vor allem darauf zurückzuführen ist, daß sie seit ihrer Scheidung unablässig von Ort zu Ort zieht. Während der ersten fünf Jahre nach der Trennung lebten sie und ihre beiden Söhne in vier verschiedenen Wohnungen in jeweils unterschiedlichen Gegenden von New York City. Vor ein paar Jahren zog sie dann quer über den Kontinent nach San Francisco. Auf ihrer rastlosen Suche nach einem besseren Leben wechselten sie und ihre Söhne innerhalb von acht Jahren siebenmal den Wohnort. Sie haben zwar genug Geld, aber keinen Halt, kein vertrautes Umfeld oder einen Platz, der ihr Zuhause wäre. Infolgedessen zeigen sich bei den Jungen Schulprobleme, sie haben kaum Freunde und sehen ihren Vater nur sehr selten. Meine Freundin hatte gehofft, sie würde auf nichts verzichten müssen, wenn sie dahin ginge, wo es sie hinzog, statt dessen opferte sie ihren eigenen Seelenfrieden und den ihrer Kinder.

Ein Gemeinschaftsgefühl ist ungeheuer wichtig für frisch geschiedene Mütter und ihre Kinder. Wer längere Zeit am gleichen Ort lebt, kann ein funktionierendes Netzwerk aus Freunden, Nachbarn, Kollegen und Gleichgesinnten aufbauen. Häufig merkt man erst nach dem Verlust dieser Bindungen, welche unsichtbaren Fäden einen mit dieser Gemeinschaft verbinden. Erst wenn man keine Nachbarin mehr hat, die schnell einspringt, damit man mit einem blutenden Kind zum Arzt sausen kann, wird einem klar, wie allein man ist. Erst wenn ein Kind niemanden hat, der es schon kannte, als es als niedlicher Dreikäsehoch im Schultheater den Briefträger spielte, fühlt es sich einsam und verlassen.

Deshalb sollte eine frisch geschiedene Mutter lieber zweimal darüber nachdenken, ehe sie sich entschließt »klar Schiff« zu machen und den Neuanfang durch einen Wohnortwechsel zu besiegeln. Manchmal ist es besser, einen Neuanfang in der alten Gegend zu wagen und sich auf innerliche Veränderungen zu konzentrieren statt auf äußere. Sie müssen nicht erst in einer fremden Stadt in einer anderen Wohnung leben, um neue innere Stärken zu entdecken. Viele Frauen stellen nach der Scheidung fest, daß die schönsten und gravierendsten Veränderungen im Gefühlsleben stattfinden. Sie lernen Seiten an sich kennen, von denen sie nie wußten, daß sie sie besitzen. Sie fassen den spontanen, zwingenden Entschluß, stärker, schlanker oder klüger zu werden als vorher, und sie setzen ihn um. Diese Art von innerer Metamorphose läßt sich in einer Umgebung, in der sie sich wohl und entspannt fühlen, vermutlich leichter erreichen als in einer neuen

Umgebung, an einem Ort, an dem ihnen alles fremd und unbekannt vorkommt.
Da Kinder sich vor Veränderungen fürchten, kann der nach der Scheidung eintretende Wandel der Mutter ihnen Angst einjagen. Daher ist es richtig, logistische Einzelheiten während und nach der Scheidung mit den Kindern zu besprechen, wer wann wohin umzieht beispielsweise. Auch Ihre Gefühle sollten Sie ihnen erklären, sprechen Sie darüber, inwiefern Sie und auch ihre Kinder sich verändern werden. Lassen Sie sie wissen, worauf Sie in Zukunft verzichten werden und welche Opfer Sie von Ihren Kindern erwarten. Aber vergessen Sie nicht, daß zuviel Aufopferung, auch nach einer Scheidung, für Ihre Kinder keine wirkliche Hilfe bedeutet.

Wann Aufopferung Kindern schadet, und was man dagegen tun kann

Zuviel Aufopferung mag Kindern zwar nicht helfen, schaden kann sie ihnen aber auch nicht – richtig?
Falsch!
Wenn eine Mutter sich zu viel und zu häufig aufopfert, lehrt sie ihre Kinder nicht, selbständig zu werden, sondern abhängig; nicht rücksichtsvoll zu sein, sondern achtlos. Und selbst wenn sie sich die größte Mühe gibt, eine gute Mutter zu sein, könnten ihre guten Absichten sich ins Gegenteil verkehren. So als dünge sie ihren Garten nicht mit Mist und Humus, sondern mit Bleich- und Waschmitteln. Sie glaubt, ihren Kindern etwas Gutes zu tun, und erreicht genau das Gegenteil.
Susannah Fox, eine 35jährige Frau, die ich interviewte, wurde von einer sehr liebe- und aufopferungsvollen Mutter großgezogen. Als sie sieben Jahre alt war, ließen sich die Eltern scheiden und sie wurde, als einziges Kind, zum Lebens-

mittelpunkt ihrer Mutter. Tagsüber arbeitete die Mutter, also kam Susannah in ein leeres Haus, und der Fernseher war am Nachmittag ihr einziger Spielgefährte. Ihrer Mutter bereitete dieser Umstand solche Gewissensbisse, daß sie Susannah jede arbeitsfreie Minute widmete. Sie hatte keinen eigenen Bekanntenkreis und ging niemals ohne ihre Tochter weg; die beiden standen sich so nahe, daß sie genausogut an der Hüfte hätten zusammengewachsen sein können. Rückblickend findet Susannah es schrecklich, daß ihre Mutter so viel für sie aufgab. Heute glaubt sie, daß ihre Mutter die falsche Wahl getroffen hat.

Als bizarres Postskriptum dieser Geschichte heiratete Susannahs Mutter den Vater zehn Jahre nach der Scheidung ein zweites Mal. Sie sind immer noch zusammen, obwohl der Vater vor acht Jahren einen Schlaganfall erlitt und sich seitdem weder bewegen noch mit seiner Frau sprechen kann. Sie muß ihn versorgen wie ein Neugeborenes, ihn in den Rollstuhl setzen und wieder herausheben, ihn baden, füttern und zur Toilette bringen.

»Sie opfert sich wieder auf«, meint Susannah resignierend. Sie bewundert die Aufopferungsbereitschaft ihrer Mutter und findet sie gleichzeitig bedauernswert.

Durch übermäßige Aufopferung fördern Mütter die Abhängigkeit ihrer Kinder. Sie müssen niemals die Waschmaschine bedienen oder Nudeln mit Käsesoße zubereiten, weil sie wissen, daß Mama es schon machen wird. Sie müssen auch niemals auf etwas verzichten, das ihnen am Herzen liegt, weil Mama schon dafür sorgen wird, daß sie es irgendwie bekommen. Indem sie den Bedürfnissen der Kinder immer Vorrang einräumt, macht eine Mutter ihre Kinder glauben, sie hätten ein Recht darauf, über die Familie und alle, die dazugehören, zu bestimmen. Sie fühlen sich wie Prinzen, weil Mama sich wie eine Dienerin fühlt.

Von einer Freundin weiß ich, daß ihre zwölfjährige Tochter bis vor kurzem nicht in der Lage war, eine Dose Suppe zu öff-

nen und sie in der Mikrowelle warmzumachen. Das Mädchen hatte in ihrem ganzen Leben noch keinen Teller gespült und keine Socke ausgewaschen, sie konnte nicht einmal einen heißen Wasserkessel vom Herd nehmen. Meine Freundin empfand einen perversen Stolz darauf, wie wenig ihre Tochter für sie tat. Da sie voll berufstätig ist, tat sie alles, um sicherzustellen, daß ihre Tochter deswegen keine Nachteile erleidet. Obwohl viele Kinder von berufstätigen Müttern schon früh lernen selbständig zu werden, wäre die Tochter meiner Freundin verhungert, hätte man sie für ein Wochenende alleingelassen. Meine Freundin brüstete sich damit, ihr immer noch das Pausenbrot einzupacken, die Haare zu flechten und die Ballettschuhe zu besticken. Daß sie ihrer Tochter gegenüber viel zu nachsichtig war und diese dadurch völlig verzogen hat, war ihr lange Zeit nicht klar.
Einmal fragte ich die Tochter meiner Freundin, was sie zum Verhalten ihrer Mutter sage. Sie sah mich schuldbewußt an, senkte die Augen und fing an zu weinen. »Ich würde ja mehr tun, wenn ich wüßte, wie's geht«, sagte sie zu mir. Sie habe keine Ahnung, warum ihre Mutter Dinge tue, die sie selbst erledigen könne. Doch sie gestand mir auch, daß sie sich niemals gegen das überwältigende Aufopferungsbedürfnis ihrer Mutter zur Wehr setze. Das Mädchen war mit der Erwartung groß geworden, daß ihre Mutter sich aufopfert – etwas anderes hatte sie nie gelernt. Und sie würde so lange weiter nehmen, nehmen, nehmen, wie ihre Mutter bereit war zu geben, geben, geben.
Frauen wie meine Freundin glauben, ihren Kindern mit ihrer Aufopferung ein gutes Beispiel für Rücksichtnahme und Fürsorge zu geben. Sie erwarten, daß ihre seelische Großzügigkeit sich überträgt und ihre Kinder lernen, anderen Menschen gegenüber großherzig zu sein – ihnen beispielsweise Türen aufhalten oder im Bus den Sitzplatz freimachen.
Doch wenn sie nicht erklärt, was und warum sie etwas tut, zieht eine aufopferungsvolle Mutter Kinder groß, die nicht

nur *weniger* höflich und rücksichtsvoll sind als andere, sondern es oft auch für ihr gutes Recht halten, bedient zu werden. Sie lernen, Mama für einen Menschen zweiter Klasse zu halten, der scheinbar keine eigenen Wünsche oder Träume hat, sondern nur dafür da ist, um ihre Bedürfnisse zu befriedigen. Sie sind wie Dauergäste in einem noblen Café, die darauf warten, daß ihnen von der Mama Kaffee und Kuchen serviert wird.

Kinder mit aufopferungsvollen Müttern lernen mit der Zeit, diese nicht zu respektieren. Da sie es zulassen, daß man sie wie einen Badezimmervorleger behandelt, werden sie von ihren Kindern auch so angesehen: fade und schäbig, ein Ding, das man nur einmal täglich braucht, um draufzutreten, wenn man aus der Dusche steigt. Dieser mangelnde Respekt ist daran erkennbar, wie Kinder mit ihrer aufopferungsvollen Mutter sprechen: mit einer Mischung aus Geringschätzigkeit und Ungeduld, als sei sie zu dumm und zu langsam, um ihre Kinder zu begreifen. Und diese Mißachtung kann lange anhalten. Eine erwachsene Frau, deren Mutter ihren Kindern zuliebe auf alles verzichtete, gesteht, daß sie ihre Mutter zwar herzlich liebe, sie aber – bis heute – nicht wirklich respektiere. Innerlich hat sie das Gefühl, daß ihre Mutter ein Trottel war, so lange auf so vieles zu verzichten. Und diese Frau hat heute alle Mühe, sich selbst davon abzuhalten, genauso zu werden wie ihre Mutter.

Wenn Kinder sich häufig rüde, frech und undankbar aufführen, ist dies ein deutliches Anzeichen für eine aufopferungsvolle Mutter. Man hört es bei dem Sechsjährigen in der Partyabteilung, der seine Mutter für ihre Unkenntnis der Zeichentrickhelden schilt, während sie versucht, die perfekten Teller und Servietten für seine Geburtstagsparty auszusuchen. Man hört es von dem Drittkläßler, der seine Mutter dafür ausschimpft, ihn nicht pünktlich und mit dem falschen Getränk in der Flasche vom Fußballtraining abgeholt zu haben. Und man bemerkt es bei der Zehnjährigen, die jam-

mert und klagt, weil ihre Mutter nicht ihre Lieblingsdrops gekauft hat.
Wenn es nicht so absurd wäre, könnte einem diese unglaubliche Undankbarkeit schier das Herz brechen.
Um solche Szenen zu vermeiden, ist es unerläßlich, daß Mütter ihren Kindern die Gründe bzw. die Logik hinter ihren Opfern offenlegen. Wenn Kinder gar nicht wissen, daß ihre Mutter ihnen etwas Gutes tut und dafür selbst zurücksteckt, können sie ihre Mühen auch nicht anerkennen oder ihr Achtung erweisen.
Es war der offensichtliche Mangel an Dankbarkeit, der mich davon überzeugte, daß meine Opfer den Kindern nicht guttaten. Genauso wie ich meinen Mann von der Notwendigkeit des Teilens überzeugen mußte, mußte ich auch meine kleinen Lieblinge mit diesem Thema bekannt machen. Doch sie gewöhnten sich ziemlich schnell an das neue weniger aufopferungsvolle Mutterregime. Zuerst waren sie erstaunt, als ich nicht sofort alles stehen und liegen ließ, um ihnen den Nachtisch zu servieren, oder das Fernsehprogramm nicht umschaltete, um das zu sehen, was sie wollten. Aber sie begriffen ziemlich schnell, so als sei vor ihren Augen eine neue Leuchtschrift aufgeblinkt, die besagte: »Mama ist auch ein Mensch.« Heute muß mein Sohn mit mir verhandeln, wenn er das Sportprogramm sehen will, und wenn meine Tochter Lust auf die letzte Banane hat, bietet sie mir die Hälfte an.
Ich bin überzeugt davon, daß diese neue Strategie auf lange Sicht für uns alle besser ist. Und wenn mir daran Zweifel kommen, halte ich mir meine Nachbarin Sean und ihre Mutter vor Augen. Sean ist heute 32 Jahre alt, sie hat einen Mann und zwei kleine Kinder. Sie wuchs mit ihrer liebevollen alleinerziehenden Mutter in Kalifornien auf, einer Frau, die Aufopferung niemals großgeschrieben hat. Ihre Mutter ließ keinen Zweifel daran, daß ihre Bedürfnisse und Interessen für sie am wichtigsten waren. Sie war eine sehr erfolgreiche Textildesignerin und Innenausstatterin, und bis zu diesem Tage

gestaltet sie jede einzelne Wand, jeden Fußboden und jede Treppe in Seans Haus. Wenn ihre Mutter zu Besuch kommt, bleibt sie nicht für eine Woche, sondern läßt sich gleich für fünf Monate nieder! Und das erstaunlichste daran ist die Tatsache, daß Sean sich freut, ihre Mutter so lange wie möglich bei sich zu haben. »Wir kommen einfach gut miteinander aus«, meint sie, »Mutter ist meine beste Freundin.«

Wenn eine Mutter ihren Kindern wie im obigen Beispiel Respekt und Dankbarkeit beibringen möchte, muß sie ihnen erklären, was und warum sie etwas tut. Natürlich können Sie nicht erklären, warum Sie Ihre Tätigkeit als Rechtsanwältin aufgegeben haben, um zu Hause mit Ihrer Dreijährigen »Memory« zu spielen und Pudding zu kochen. Aber einem acht- bis zwölfjährigen Kind können und sollten Sie vor Augen führen, daß Sie extra früher von der Arbeit nach Hause kommen oder einen Einkaufstrip aufschieben müssen, damit Sie es zu einer Nachmittagsaktivität chauffieren können. Damit versuchen Sie weder, Ihrem Kind Schuldgefühle einzuflößen, noch ihm einzureden, wie edel und aufopferungsvoll Sie sind. Sie machen Ihrem Kind lediglich deutlich, daß Sie besondere Anstrengungen auf sich nehmen, um seine Wünsche zu erfüllen.

Lassen Sie Ihre Kinder wissen, daß Sie Belastungen auf sich nehmen, um ihnen das Leben einfacher zu machen und sie zufriedenzustellen. Solche Gespräche können fruchtbarer sein, als Sie es sich vorstellen können.

Zum einen ist Ihren Kindern womöglich gar nicht klar, daß Sie sich aufopfern. Vielleicht haben sie überhaupt keine Ahnung, daß das, was sie für selbstverständlich halten, nur möglich ist, weil Mama auf etwas verzichtet. Kinder sind großartige Ignoranten, besonders dann, wenn sie noch nie davon gehört haben, daß Mama eigene Wünsche und Träume hat, von denen manche nicht das geringste mit der Familie zu tun haben. Wenn man Kindern klarmacht, daß ihre Mutter – freiwillig – einen Preis dafür zahlt, daß es ihnen gutgeht und sie sich wohl fühlen, öffnet ihnen das nicht nur die Augen, sondern weckt vielleicht auch Liebe und Dankbarkeit. Es ist viel schöner, etwas für ein Kind zu tun, das dafür danke sagt, als für eines, das unsere Anstrengungen nicht einmal zur Kenntnis nimmt.

Zum anderen werden Sie vielleicht feststellen, daß Ihre Kinder gar nicht wollen, daß Sie sich derart für sie aufopfern, daß der Kurs, die Party oder die Sportmannschaft gar nicht so wichtig sind, wie Sie vielleicht dachten. Sie könnten also feststellen, daß manche Ihrer Opfer völlig unnötig sind. Deshalb sollten Sie lernen, sie auszuhandeln.

Genau das hat meine Freundin mit ihrer hilflosen Zwölfjährigen getan. Eines Tages war sie durch Beruf und Hausarbeit so überanstrengt, daß sie sich weigerte, die Ballettschuhe ihrer Tochter zu reparieren. Mit tausend Entschuldigungen erklärte sie ihr, daß sie schreckliche Kopfschmerzen habe und es einfach nicht mehr schaffe. Statt des erwarteten Unmuts stieß sie auf helle Freude. Ihre Tochter war entzückt, selbst nähen zu lernen. Während sie dabei zusah, wie das Mädchen sich in den Finger stach, schimpfte und dann die verkehrten Stiche und die verschobenen Plastikeinlagen korrigierte, wurde ihr klar, daß sie ihrer Tochter einen Bärendienst erwiesen hatte, indem sie sie nicht zu weiteren Hausarbeiten angehalten hatte. Inzwischen näht das Mädchen ihre gesamte Ballettausrüstung selbst und meistert auch die Dosensuppen. Die Verteilung der Opfer haben beide gerechter gestaltet. Jedesmal, wenn meine Freundin irgendwelche Mühen auf sich nimmt, um dem Mädchen etwas zu ermöglichen, erhält sie ein Dankeschön von ihrer Tochter, oder diese erklärt sich bereit, ihr ebenfalls einen Gefallen zu tun.

Aufopferungsvolle Mütter müssen sich von dem Irrglauben befreien, nur sie könnten richtig für ihr Baby sorgen. Mütter haben keinen Alleinanspruch auf ihre Kinder, und sie sind nicht die einzigen, die ihr Kleines lieben und versorgen können. Jahrtausendelang haben sich Großmütter, Tanten, ältere Schwestern und Brüder um Babys gekümmert, während die Mütter anderen wichtigen Aufgaben nachkamen, wie der Beschaffung von Nahrung. Die Mutter gebar und stillte ein Kind; anschließend aber gehörte es allen. Wenn moderne aufopferungsvolle Mütter über den Partner hinaus andere Menschen fänden, auf die sie sich bei der Kinderbetreuung verlassen könnten, würde das ihre Belastungen wesentlich reduzieren.

Auf der Suche nach einem solchen kommunalen Kindererziehungsmodell gründeten drei Frauen und zwei Männer Anfang der siebziger Jahre in Amsterdam ein Kinderkollektiv. Sie kauften eine Wohnung für ihre sechs Kinder im Alter von eins bis neun, in der diese während der Woche zusammen leben konnten. Jeden Tag zog für 24 Stunden einer der Erwachsenen ein und kümmerte sich um alle sechs Kinder, erledigte den Einkauf, das Kochen und die Hausarbeit. Den Rest der Woche hatte dieser Erwachsene dann frei. Das Wochenende verbrachten die Kinder in den nahegelegenen Wohnungen der Eltern. Diese Kooperative oder Elternschaft-im-Schichtdienst bestand sieben Jahre lang.

Da es sich hierbei nur um ein sehr kleines Experiment in Sachen Nichtaufopferungsvoller-Mutterschaft handelte, läßt sich nicht genau sagen, ob die Kinder von ihrer Kindheit im Kollektiv wirklich profitiert haben. Allerdings hat die niederländische Psychologin Ruth De Kanter festgestellt, daß die Mädchen scheinbar den größten Vorteil aus diesem Arrangement gezogen haben, was zum Teil daran liegt, daß sie mit verschiedenen Beispielen von Mutterschaft aufwuchsen, von denen keines aufopferungsvoll war.

Natürlich ist diese Lösung des Aufopferungsdilemmas für die meisten von uns nicht nur unpraktisch, sondern auch ein wenig lächerlich. Doch es gibt realistischere und einfachere Möglichkeiten, seine eigene Erziehungsgemeinschaft aufzubauen, egal wo und wie Sie leben.

In Florida interviewte ich eine Frau, in deren Nachbarschaft drei weitere Familien leben, zusammen acht Erwachsene, die sich alle abwechselnd um die insgesamt zehn Kinder kümmern. Sie leben in einer winzigen Kleinstadt in einer Sackgasse und haben ihr Leben völlig aufeinander abgestimmt. Wenn sich ein Wirbelsturm ankündigt, helfen sie sich gegenseitig dabei, Fenster und Türen zu verrammeln, und mixen Krüge mit Zitronenlimonade für die Kinder. Keiner der Erwachsenen macht Urlaubspläne, ohne die anderen mit einzubeziehen, damit sie den Fuhrpark gemeinsam nutzen können. Wenn eine der Mütter zum Friseur möchte, sind drei andere bereit, sich um die Kinder zu kümmern. Friseurtermine und alle anderen Formen von Mutterpflege gelten als wichtige Anlässe, für die man gern ein oder zwei Stunden lang die Kinder übernimmt. Mitten in einer modernen Stadt haben sie eine Art Stammesgemeinschaft gegründet, die dafür sorgt, daß jede Mutter auf weit weniger verzichten muß, als es sonst der Fall wäre.

Eine Mutter aus Kalifornien hat zur Lösung ihres Aufopferungsproblems eine andere Variante gewählt. Sie und ihr Mann kauften zusammen mit ihrer Schwester und dem Schwager ein Doppelhaus; sie leben unten, die anderen oben. Im Grunde genommen werden die fünf Kinder der beiden Familien von zwei Müttern und zwei Vätern erzogen. Wenn die eine Mutter keine Zeit hat, zum Kindergartenkonzert zu gehen, dann geht die andere mit. Wenn der eine Vater die Kinder samstags nicht zum Training fahren kann, dann springt der andere ein.

Andere Mütter treten einen Teil der Kinderbetreuung an die Verwandtschaft ab und leben in der Nähe von Mutter oder Schwiegermutter. Einige andere, die keine bereitwilligen Verwandten in der Nähe haben, bezahlen für eine eigene Großfamilie. Die Manhattan-Lösung der aufopferungsvollen Mutterschaft, wie ich es nenne, praktiziert ein sehr wohlhabendes Paar mit drei kleinen Kindern, das rund um die Uhr zwei Kinderfrauen beschäftigt, die beide im Haus wohnen. Die Tageskinderfrau fängt um neun Uhr morgens an und arbeitet bis acht oder neun Uhr abends. Danach übernimmt die andere Kinderfrau die Nachtschicht. Die junge, außerordentlich reiche Mutter muß sich für ihre Kinder so gut wie gar nicht aufopfern. Sie muß weder auf die Basketballspiele der New York Knicks verzichten, noch auf die Metropolitan Opera oder ihre zweistündigen Massage- und Friseurtermine zweimal in der Woche.

Leider stehen nur wenigen Müttern unerschöpfliche Geldmittel zur Verfügung, um sich von ihrem Drang zur Aufopferung zu kurieren. Allerdings könnten die meisten Mütter ihre Partner mehr in Anspruch nehmen, als dies der Fall ist. Seine Rolle sollte eigentlich die eines automatischen Co-Verzichters sein. In wirklich guten Beziehungen teilen sich Männer bereitwillig die Belastungen mit ihrer Frau, weil Frauen für sie keinen Alleinanspruch auf die Opferrolle haben. Diese Männer sind in Beziehungen ebenso uneigennützig wie die Frauen. Ein Mann aus Kansas erzählte mir, er und seine Frau hätten nach der Geburt ihres ersten Kind regelrecht darum gewetteifert zu zeigen, wer von ihnen mehr Verantwortung übernehmen würde und nicht weniger. Er sorgte sich sehr darum, daß sie sich überfordern könnte, und hielt es für seine Aufgabe, dies zu verhindern. Die Vaterschaft hat den einfühlsamen Mann noch zartfühlender und fürsorglicher gemacht. Er ist einer von den Männern, die ihrer Frau mit einem in einem Pizzakarton versteckten Diamantring und dem Arm voller Rosen genau an der Stelle einen Antrag machen, an der sie sich das erste Mal begegnet sind. Er ist sich völlig im klaren darüber, wie sehr seine Frau sich aufopfert, indem sie erst um neun Uhr abends zum Sport geht, beispielsweise, nach einem vollen Arbeitstag, nur damit sie nicht darauf verzichten muß, mit den Kindern zu spielen. Und er ist derjenige, dem es ein schlechtes Gewissen macht, die Kinder in die Kinderbetreuung zu geben, weil er derjenige ist, der sie jeden Tag dort abliefert.

Wenn ein Mann nicht weiß, wie man Opfer bringt, dann sollte die Frau es ihm beibringen. Und Beibringen bedeutet nicht Zwingen, sondern sanftes Überzeugen. Sprechen Sie in seiner Sprache und erklären Sie Ihrem Mann, daß eine Familie wie eine Mannschaft ist, in der alle zusammenarbeiten müssen, um zu gewinnen. Als ich meinem Mann erklärte, daß ich das Gefühl habe, mit den Kindern allein auf dem Spielfeld zu stehen, weil er immer nur von der Seitenlinie aus zusieht, wurde ihm klar, was ich meinte. Ich hätte auch daneben liegen können, aber ihm half es, meinen Standpunkt zu verstehen.

Kurz nach dieser Diskussion begann mein Mann einige meiner häuslichen Pflichten zu übernehmen. Und ohne es richtig zu merken, übernahm ich ein paar von seinen. Hier und da wechselte ich Öl und Ölfilter im Auto: Okay, ich fuhr zu einem Mann, der es gegen Bezahlung für mich erledigte. Aber immerhin ist es jetzt etwas, was mein Mann nicht mehr tun muß. Und wir beide haben daraus gelernt, daß Teilen in beide Richtungen funktionieren muß.

Eine Mutter aus Texas berichtete mir, sie und ihr Mann würden sich die Verantwortung für die Kinder teilen, seit diese auf der Welt seien, weil keiner von ihnen so tue, als sei er ein Experte für Kindererziehung. Sie hat noch nie versucht etwas daran zu ändern, wie er mit den Kindern umgeht, sondern akzeptiert seine Fehler stillschweigend, und er akzeptiert ihre. »Ich beschwere mich nicht über das, was er nicht tut«, sagt sie, »sondern liebe ihn so, wie er ist.«

Machen Sie sich dieses beruhigende Tao der Aufopferung zu eigen, und lehren Sie Ihren Mann und Ihre Kinder zu teilen. Führen Sie ihnen vor Augen, auf was Sie verzichten und wie häufig Sie es tun; dadurch können Sie genau überschauen, was alles verteilt werden muß. Gleichzeitig können Sie Ihren Töchtern und Söhnen vor Augen führen, wie wichtig es für eine Frau ist, eigene Ziele und Ideale zu haben; wie unerläßlich es ist, eine Vision, einen eigenen Lebenstraum zu entwickeln. Geben Sie ihnen ein Beispiel, indem Sie lernen, an sich selbst zu denken und Ihren eigenen Bedürfnissen Priorität einräumen. Für Ihre Kinder werden Sie damit zum Vorbild für eine Frau, die von sich glaubt, es in dieser Welt zu etwas bringen zu können, die unabhängig ist von ihrer Familie. Sie müssen lernen, Selbstinteresse zu entwickeln, sich selbst als ebenso wichtig anzusehen wie jeden anderen in Ihrer Familie. Wenn Sie dies tun, wird es Ihnen und Ihren Kindern bessergehen.

6. Kapitel
Seien Sie gut zu sich selbst

Jeder weiß, daß man Kinder nicht einfach in einen Schrank stecken, ein paar gesunde Knabberriegel und einen Fernseher dazugeben und ansonsten weiterleben kann wie bisher. Sich um Babys oder Kinder zu kümmern, wird immer ungeheure Selbstlosigkeit und Hingabe erfordern. Außerdem ist Aufopferung nichts, was man nach Belieben an- oder abstellen kann, auch wenn sie weder Müttern noch Kindern Vorteile bringt. Da Aufopferung vermutlich mit einer natürlichen weiblichen Anlage zu tun hat, kann und sollte man sie nicht auslöschen. Was jedoch nicht heißen muß, daß allein die Mütter ständig Opfer bringen und sich selbst den Kindern zuliebe aufgeben müssen.

Frauen müssen lernen, einen Teil ihrer Aufopferung aufzugeben und sich auf sich selbst zu besinnen.

Ich nenne diese Fähigkeit Selbstinteresse oder die Kunst, selbstinteressiert zu werden.[60]

Wer gut für andere sorgen will, muß zuerst lernen, sich selbst zu lieben. Wer anderen geben will, muß lernen, auch selbst zu nehmen. Wenn Mütter sich selbst auch nur einen Bruchteil der Zuneigung und Aufmerksamkeit schenken würden, die sie ihren Kindern widmen, ginge es ihnen wesentlich besser. Sie müssen einen Teil ihrer emotionalen Kräfte für sich selbst bewahren und Platz lassen für eigene Bedürfnisse, Wünsche und Träume.

Eine Frau ist erst dann richtig selbstinteressiert, wenn sie von sich sagen kann, daß sie gern etwas für sich tut und je-

den Tag ein oder zwei Stunden für sich selbst beansprucht. Gemessen an dieser Definition erwies sich in meinen Untersuchungen nur jede dritte Mutter als selbstinteressiert.[61]
Auch wenn sie auf den ersten Blick gar nicht so aussieht, ist eine Mutter von sechs Kindern, die ich in Kalifornien traf, auf stille und unauffällige Weise selbstinteressiert. Als überzeugte Katholikin, die ganz für die Familie lebt, versammelt sie ihre Lieben jeden Abend am Abendbrottisch, sorgt dafür, daß alle zusammen zur Kirche gehen, organisiert Campingausflüge und Videoabende mit der ganzen Familie. Ihr geht nichts über das familiäre Beisammensein. Aber ebenso gewissenhaft, wie sie ihre Familie pflegt, pflegt sie auch sich selbst. Fünfmal in der Woche geht sie mit einer Freundin ins Fitneß-Studio, und sie achtet darauf, sich jeden Tag »etwas Gutes« zu tun, wie sie sagt. Außerdem arrangiert sie jede Woche eine Verabredung zum Mittagessen, einen Einkaufstrip oder einen Kinoabend mit einer Freundin, und der Freitagabend gehört ihr und ihrem Mann. Sie hat festgestellt, daß sie, wenn sie vor lauter Hektik nicht mehr auf sich selbst achten kann, außerordentlich mißmutig wird und ihren Ärger schließlich an der Familie ausläßt. Also kommt es in gewisser Weise auch ihrer Familie zugute, wenn sie immer auch an sich selbst denkt.
Viele Mütter vertreten den Irrglauben, es sei besser für die Kinder, wenn sie ihr Eigenleben opfern, und leben ausschließlich für ihre Kinder. Am Anfang kann ein solches stellvertretendes Ersatzleben noch aufregend sein, eine Art Wiederholung der eigenen Kindheit, ohne die schlechten Seiten, weil man versucht, die gleichen Fehler nicht zweimal zu machen. Letztendlich aber ist es ein enorm schädliches Verhalten – weil man die Seele seines Kindes für das eigene Vergnügen ausnutzt. Der englische Schriftsteller Oscar Wilde war der Ansicht, daß diese Art der Selbstaufopferung für ungesetzlich erklärt werden sollte, weil es gerade diejenigen demoralisiere, für die die Menschen sich aufopfern. Die Kinder

von aufopferungsvollen Müttern würden ihm vermutlich zustimmen.
Mit Sicherheit haben auch die Mütter, die nur für ihre Kinder leben, nichts davon. Viele von ihnen verlieren ihr Selbstwertgefühl, weil sie von den Erfolgen und Mißerfolgen ihrer Kinder abhängig werden. Da lebt eine Mutter nur für die Ballettkarriere ihrer Tochter und gerät in Ekstase, als dem Mädchen in einer örtlichen Weihnachtsaufführung von »Nußknacker und Mausekönig« die Rolle der Clara zugesprochen wird. Den ganzen Winter über schwebt sie im siebten Himmel. Im darauffolgenden Frühjahr aber bleibt dem Mädchen bei einem nationalen Tanzwettbewerb der Sieg versagt. Der Frau bricht fast das Herz, und sie ist monatelang völlig niedergeschlagen. Es scheint, als könne sie große Freude oder auch tiefe Traurigkeit nur noch durch ihre Tochter empfinden. Was muß dies für eine Belastung für die Tochter sein? Die Frau ist wie ein verrückt gewordener Bauchredner, der nur noch durch die Puppe auf seinem Schoß sprechen kann, aber nicht mehr mit der eigenen Stimme.
Mütter wie diese brauchen zehn, zwanzig oder dreißig Jahre des Gebens und der ausschließlichen Konzentration auf die Kinder, ehe sich die unvermeidliche Wut, Trauer und Frustration über ihr nie gelebtes Leben einstellt. Eben jenes Gefühl hat eine Mutter aus Vermont, während sie dasitzt und mit ansieht, wie ihre beiden jugendlichen Töchter sich mit zuviel Alkohol, zu vielen Jungs und schlechten Zensuren die Zukunft verbauen. Nach siebzehn Jahren der Aufopferung und völliger Hingabe muß sie mit Schrecken und Trauer erkennen, daß sie ihre Töchter inzwischen als »Feinde« betrachtet. Ihre fast erwachsenen Babys, so sagt sie, haben ihr nicht nur ihr eigenes Ich gestohlen, sondern ihr auch nichts gelassen, was sie nach all den Jahren der Liebe und Fürsorge vorweisen könnte.
Weil ihre Kinder versagt haben, hat auch sie versagt.

Ich kenne viele solcher Geschichten von Müttern, die reuevoll nichts lieber täten, als die Uhr zurückzudrehen – um noch einmal neu anzufangen, aber dieses Mal mit mehr Blick auf sich selbst. Wenn sie könnten, sagen diese Mütter, würden sie darauf bestehen, ihren eigenen Neigungen nachzugehen, statt sich ausschließlich der Familie und den Kindern zu widmen. Wenn sie noch einmal von vorn anfangen könnten, würden sie sich mehr auf sich selbst konzentrieren.

Auch wenn es dafür Jahrzehnte zu spät ist, hat eine Mutter aus Kentucky, mit der ich mich unterhielt, keinen größeren Wunsch, als ihr Leben zurückzudrehen und mit mehr Selbstinteresse noch einmal ablaufen zu lassen. Sie wünscht, sie hätte ihren Beruf als Krankenschwester nie aufgegeben, um statt dessen zu Hause zu bleiben. Sie wünscht, sie wäre der örtlichen Theatergruppe beigetreten, um ihrer Liebe zur Schauspielerei nachzugehen. Sie wünscht, sie hätte gelernt, ein Flugzeug zu fliegen, ein weiterer unerfüllter Lebenstraum. Doch alle diese Wünsche sind passé, und alles, was sie nach einem Leben voller Aufopferung vorzuweisen hat, ist eine lieblose Ehe mit einem Mann, der ihr Bett scheut, und vier erwachsenen Kindern, vor deren diversen Drogen- und Scheidungsgeschichten ihr graut.

Wenn Mütter es vermeiden wollen, ein Leben voller »hätte ich doch« zu leben, dann müssen sie lernen, ihre Belastungen zu teilen und ihre Aufopferung durch eine gesunde Dosis Eigenliebe abzumildern. Sie müssen lernen, ihr Bedürfnis nach Aufopferung mit einem ebenso robusten Drang danach, auf sich selbst zu achten, ins Gleichgewicht zu bringen.

Die Fähigkeit zum Selbstinteresse hat nicht das geringste mit Selbstsucht zu tun. Eine selbstsüchtige Frau befriedigt sich selbst auf Kosten anderer. Sie kennt keine Kompromisse; sie denkt nur an sich selbst. Häufig sind drogensüchtige Mütter selbstsüchtig;[62] ebenso Filmstars, deren Kinder irgendwo von einer Reihe Kinderfrauen großgezogen werden; oder

Mütter, die heiraten, sich scheiden lassen und fünf-, sechsmal umziehen, obwohl die Kinder noch klein sind.
Eine Frau aus Nevada gibt zu, eine äußerst selbstsüchtige Mutter gewesen zu sein, und hat dies schon lange bitter bereut. Als ihre Kinder sechs und vier Jahre alt waren, hatte sie die Nase voll davon, Frau und Mutter zu spielen. Sie verließ die Familie, um ihr eigenes Leben zu leben, um »sich selbst zum Mittelpunkt ihres Lebens zu machen«, wie sie sagt. Sie war fasziniert von Abenteuern und einem jungen Argentinier, dem sie gerade erst begegnet war. Also rannte sie mit ihrem südamerikanischen Geliebten davon, ohne sich je bei ihren Kindern zu melden, weil sie unbedingt ihr eigenes Leben leben wollte. Sie fand es »cool«, daß der Vater die Kinder allein erziehen mußte. Wie eine moderne Moll Flanders verließ sie ihre Kinder, um die eigene Abenteuer- und Liebeslust auszuleben. Ihr Mann zeugte mit fünf verschiedenen Frauen sieben Kinder, und ihre Kinder fanden dabei weder Liebe noch Sicherheit, noch kamen sie je über das Gefühl hinweg, von ihrer Mutter betrogen und verlassen worden zu sein.
Heute, mit 55 Jahren, ist sie der Ansicht, in ihren – inzwischen erwachsenen – Kindern etwas zerstört zu haben, und sie schämt sich für ihr verletzendes und vorsätzliches Verhalten von früher. Sie weiß aber auch, daß die Reue über ihre Selbstsucht viel zu spät kommt.
Doch sie war eine selbstsüchtige Mutter, keine selbstinteressierte.
Eine selbstinteressierte Mutter kann sich sowohl ihren Kindern als auch sich selbst widmen; sie respektiert die Wünsche der Kinder und ihre eigenen gleichermaßen. Sie kann *zuerst* an die Kinder denken, ohne *ausschließlich* an sie zu denken. Sie kann ihre Kinder leidenschaftlich und aus ganzem Herzen lieben, sie umsorgen, wenn sie krank sind, ihnen bei den Schulaufgaben helfen und Geld sparen, um ihnen Turnschuhe und Videospiele zu kaufen. Doch als selbstinteressierte Frau weiß sie, daß sie ebenfalls ein Recht darauf hat,

glücklich zu sein. Deshalb achtet sie auf sich selbst, indem sie sich verhätschelt, wenn sie krank ist, sich Zeit nimmt für die Bücher und Zeitschriften, die sie gerne liest, und Geld spart, um zum Friseur zu gehen oder sich mit Freunden im Café zu treffen. Sie weiß, daß man als gute Gefährtin, als Mutter und als Mensch seine Batterien fast täglich neu aufladen muß.

Viele Mütter begehen den Fehler, Selbstinteresse mit Selbstsucht zu verwechseln. Sie glauben, daß alles, was man für sich selbst tut, selbstsüchtig ist. Und das erschreckt sie, denn eine gute Mutter darf nicht selbstsüchtig sein. Also ergreifen sie die Flucht, sobald es gilt, sich selbst etwas Gutes zu tun, sie werden von Panik ergriffen bei der Vorstellung, sich selbst zu verwöhnen. Im Endeffekt schaden sie sich mehr als sie ahnen.

Auch wenn es für aufopferungsvolle Mütter, die sich vor Selbstinteresse fürchten, ein schlimmer Schock sein mag: Frauen, die auf sich selbst achten können, geht es wesentlich besser als solchen, die dies nicht können. Selbstinteressierte Mütter sind glücklicher und gesünder als aufopferungsvolle und halten sich darüber hinaus für bessere Gefährtinnen, Mütter und Geliebte. Selbstinteresse bringt Frauen einen unmittelbaren Nutzen, beispielsweise durch eine gute körperliche Verfassung, weil sie sich die Zeit nehmen, Sport zu treiben; sie sind gut informiert, weil sie Zeitungen und Bücher lesen, und entspannter, weil sie Zeit haben für Meditation oder Yogaübungen. Es gibt aber auch dauerhafte, lebenslange Vorteile, weil es für selbstinteressierte Frauen leichter ist, ein erfülltes Leben zu leben.

Möglicherweise sind glückliche, zuversichtliche Frauen von Natur aus eher in der Lage, den eigenen Bedürfnissen Beachtung zu schenken. Wenn das zutrifft, ist es vielleicht nicht das Selbstinteresse selbst, das sie glücklich macht, sondern ihre angeborene Lebensfreude, die sie selbstinteressiert macht. Doch das ist sicherlich eine Henne-oder-Ei-Frage,

weil wir nicht wissen, was zuerst da ist, das Selbstvertrauen oder das Selbstinteresse. Andererseits spielt es keine große Rolle, weil beides unerläßlich und eng miteinander verwandt ist.
Innere Zufriedenheit erleichtert es Frauen, selbstinteressiert zu sein; und auf sich selbst zu achten, verbessert den weiblichen Gemütszustand.

Selbstinteresse funktioniert

Das Problem ist, daß Frauen, die sich selbst aufopfern, »immer eine Belastung, eine Verantwortung, eine Schande, ein immerwährendes, unnatürliches Ärgernis« sind, »mit dem keine wahrhaft starke Seele leben kann«.
Das sind nicht meine Worte, sondern die von George Bernard Shaw. Der berühmte englische Schriftsteller war der Ansicht: »Wenn du damit beginnst, dich denen aufzuopfern, die du liebst, wirst du damit enden, die zu hassen, denen du dich aufgeopfert hast.« Und genau aus diesem Grund gehe es Frauen, die sich selbst helfen, viel besser, meint er.
Es stimmt, selbstinteressierte Frauen haben mehr vom Leben als aufopferungsvolle. Meine Untersuchungen bestätigen, daß Mütter, die sich gern etwas Gutes tun und sich Zeit für sich selbst nehmen, sichtbar davon profitieren.
Beim Vergleich mit anderen ergeben sich dramatische und verblüffende Unterschiede. Selbstinteressierte Mütter sind mit fast allen Aspekten des Lebens zufriedener: mit ihrer Beziehung, ihrem Beruf, ihren intellektuellen Fähigkeiten, ihren Freunden, ihrem Körper, ihrem Aussehen und dem Verlauf ihres Lebens. Durch diese positive Einstellung zu sich selbst sehen sie auch alle anderen Dinge, auf die es ankommt, optimistisch. Sie haben das Gefühl, die Fäden in der Hand zu halten und fühlen sich kompetent. Selbstinteres-

sierte Mütter sind weniger anfällig gegenüber Depressionen oder Wut, sie können aber auch ihre Gefühle besser ausdrücken. Indem sie unausgesprochene Gefühle von Wut und Frustration nicht aufstauen wie viele aufopferungsvolle Mütter, vermeiden sie emotionale Blockaden.

Da ist es nicht weiter überraschend, daß selbstinteressierte Mütter das größere Selbstwertgefühl und Selbstvertrauen aufweisen. Sie halten sich für intelligenter und attraktiver als andere Mütter, haben eine positivere Einstellung zu sich selbst und achten besser auf sich. Und je mehr sie auf sich achten, desto stolzer sind sie auf sich. Es ist eine sich selbst erfüllende Prophezeiung, die es selbstinteressierten Frauen ermöglicht, das Leben auf ihre Weise zu gestalten.

Ist das Selbstinteresse erst einmal geweckt, gibt es kein Zurück. Selbstvertrauen erzeugt Selbstinteresse, und dieses wiederum erzeugt mehr Selbstsicherheit. Selbstinteressierte Mütter haben das Gefühl, ihr Leben besser im Griff zu haben, und nicht nur auf ihr Zuhause, sondern auch am Arbeitsplatz und in der Außenwelt Einfluß ausüben zu können.

Die damit einhergehende positive Lebenseinstellung erhält selbstinteressierte Mütter gesünder. Sie haben nicht annähernd so viele psychische oder physische Probleme wie aufopferungsvolle Mütter. Selbstinteresse scheint wie eine Art Zauber zu wirken, der Frauen gesund und munter erhält.

Wie werden Mütter selbstinteressiert?

Einige wenige Frauen haben das Glück, schon so zur Welt zu kommen, doch der Rest von uns muß »den Bogen erst noch rausbekommen«.

Die wenigen von uns mit einem eingebauten Talent zur Selbstbeachtung haben die angeborene Fähigkeit, in Aufmerksamkeit und Liebe zu schwelgen, vor und nach der Geburt von Kindern. Eine Frau aus Oregon liebt Flugzeuge über alles und hat diese Leidenschaft zum Beruf gemacht. Sie schätzt sich überglücklich, sich ganz und gar ihrer Vorliebe widmen zu können. Obwohl sie Mutter zweier Kinder ist, ist sie gleichzeitig auch Pilotin einer Boeing 747 und verbindet ihre Leidenschaft für das Fliegen geschickt mit der Liebe zu ihrer Familie. Das Ergebnis ist eine Frau, die vor Selbstvertrauen nur so strotzt. Da sie jeden Monat einmal in den Orient fliegt, hat sie gar keine andere Wahl als in teakholzgetäfelten Hotelzimmern mit seidenbedeckten Betten zu schlafen und eine Woche lang täglich den Zimmerservice in Anspruch zu nehmen. Danach spielt sie drei Wochen lang zu Hause die Hausfrau und Mutter, die ihre Lieben zum Sport kutschiert, schmutzige Bettwäsche wäscht und Fertigpudding anrührt. Dann ist wieder der Ferne Osten inklusive Zimmerservice an der Reihe.

Für die Mehrzahl der Frauen bedeutet es jedoch harte Arbeit, ihr Talent für Selbstinteresse am Leben zu erhalten. Und manchmal erfordert es sogar die Kräfte eines Herkules. Müttern, die mit Umständen zu kämpfen haben, die sie nicht beeinflussen können, wie einen querköpfigen, unkooperativen Mann, ein schwerkrankes Kind oder einen Streßjob, auf den sie angewiesen sind, können die Schwierigkeiten unüberwindlich vorkommen. Eine 37jährige Mutter von Zwillingen im Kindergartenalter versucht zwar, sich auf ihre Bedürfnisse zu konzentrieren, steht jedoch bei ihrem Mann auf verlorenem Posten. Obwohl sie sehr stolz darauf ist, wieder zur Schule zu gehen, um ihren Abschluß nachzuholen, erhält sie von ihrem Ehemann weder emotionale noch finanzielle Unterstützung. Der Schulbesuch ist das einzige, was sie für sich selbst tut, dennoch weigert sich ihr gutverdienender Mann, das Schulgeld zu bezahlen. Daher muß sie sich für jeden Kurs Geld leihen und ihre Ausbildung rationieren, kann also immer nur einen Kurs auf einmal absolvieren. Das kränkt sie sehr, weil der Erfolg in der Schule sie überaus befriedigt und eine Erfüllung darstellt, die ihr die häuslichen Aufgaben nie bescheren.

Doch es gibt Hoffnung für Mütter wie sie, denn fast alle von uns werden mit zunehmendem Alter besser darin, die eigenen Interessen zu verfolgen. Viele Frauen fangen erst mit 40 an, Selbstinteresse verstehen und schätzen zu lernen. Es ist genau das Gegenteil von dem, was mit unserer Sehkraft passiert: Ab 40 wird es immer schwieriger, das Kleingedruckte zu lesen, dafür fällt es uns leichter, den Vorteil von Selbstinteresse zu erkennen.

Ältere Mütter sind fast immer selbstinteressierter als jüngere, zeigen meine Umfragen. Einer der Gründe dafür ist natürlich die Tatsache, daß ältere Frauen meist auch ältere und damit weniger anspruchsvolle und bedürftige Kinder haben. Es ist wesentlich leichter, sich Zeit für sich selbst zu nehmen, wenn man einen 14jährigen und eine 12jährige hat als einen Vierjährigen und eine Zweijährige.

Noch wichtiger als das Alter der Kinder ist die Tatsache, daß Frauen im Laufe der Zeit weniger Druck verspüren, ständig die Wünsche anderer Leute erfüllen zu müssen. Langsam aber sicher lassen sie in ihrem Pflichtgefühl und ihrer Selbstverleugnung nach, fast eine Art Reflex auf ein Leben voller Selbstlosigkeit und Aufopferung. Irgend etwas in der Lebensmitte, im Alter zwischen 40 und 50, veranlaßt Frauen innezuhalten, einen Schritt zurückzutreten und ihr Leben unter die Lupe zu nehmen.

Genau dieser rätselhafte Impuls, der fast einem inneren Zwang gleichkommt, bringt Frauen dazu, sich zu öffnen und nach ihrem wahren Ich zu suchen, das so lange unter familiärer Verantwortung begraben war. An diesem Punkt im Leben entschließen sie sich, Yoga zu lernen oder regelmäßig Sport zu treiben, sich einen neuen Job zu suchen oder wieder zur Schule zu gehen, eine eintönig gewordene Ehe wieder zu beleben oder eine gescheiterte zu beenden. Es ist eine Zeit, in der Frauen für sich klarsehen wollen. Sie fangen an, sich – vielleicht zum ersten Mal im Leben – als Einzelwesen zu sehen, losgelöst von ihrer Rolle als Ehefrau, Mutter oder Tochter. Mit dieser neuen Sensibilität geht ein neuer Blick

auf das Leben einher, der Wunsch nach einer eigenen Bedeutung als fähige Frau, die weiß, was sie will und wie sie es bekommen kann.
Auch ich war über vierzig, als ich anfing, mich wieder als Individuum zu betrachten und nicht als Teil eines »Wir«. Dieses unglaubliche Gefühl erinnerte mich an meine Schulzeit, an den Zeitpunkt, als mir das erste Mal bewußt wurde, daß ich mehr war als nur eine Tochter oder Schwester. Damals mußte ich nichts weiter tun, als von Zuhause auszuziehen und aufs College zu gehen. Diesmal war die Lösung nicht ganz so einfach. Zum zweiten Mal in meinem Leben begann ich mich als eigenständige Frau zu sehen, als jemand, der Respekt verdient hat. Doch nun war ich erwachsen und mußte meine Krise auf eine Art lösen, die meine Familie mit einbezog, statt mich wie beim ersten Mal von ihr abzuwenden.
Einige Frauen mögen versuchen, ihre Identitätskrise mit Geld zu ersticken. Aber diese Methode funktioniert normalerweise nicht, weil Selbstinteresse keine Frage des Geldes ist. Meine Untersuchungen haben ergeben, daß das Einkommen einer Frau keinen Einfluß darauf hat, wie selbstinteressiert sie ist. Die Fähigkeit, auf sich selbst zu achten, hat also nichts damit zu tun, wieviel Geld eine Frau für sich ausgeben kann. Sie sind nicht automatisch selbstinteressiert, wenn Sie sich einen wöchentlichen Friseurbesuch, eigene Trainerstunden oder jede Woche ein fürstliches Abendessen leisten können. Sie sind es erst dann, wenn Sie davon überzeugt sind, Respekt, Aufmerksamkeit und liebevolle Fürsorge zu verdienen.
Vermutlich ist das der Grund, warum selbstinteressierte Frauen bessere Ehen führen – weil sie sich nicht mit einem Mann zufriedengeben, der sie weder anerkennt noch respektiert. Selbstinteressierte Partnerinnen wissen meistens genau, was sie brauchen, und sind sich auch darüber im klaren, ob diese Bedürfnisse erfüllt werden. Wenn nicht, bestehen sie, laut oder leise, darauf, daß geändert wird, was geändert wer-

den muß. Und der Umkehrschluß trifft ebenso zu. Frauen, die nicht selbstinteressiert sind, ertragen viel mehr eheliches Unglück, und das nicht zuletzt deshalb, weil sie meinen, es sei ihre Pflicht, das eigene Glück dem Wohl der Familie zu opfern. Sie rechnen damit, leiden zu müssen, und bekommen, was sie erwarten.

Nach meinen Umfragen lebt fast die Hälfte aller Mütter in Ehen, die entweder unbefriedigend oder völlig unglücklich sind. Sie geben an, daß ihre Männer ihnen kaum jemals die kleinsten Gesten der Zuneigung zeigen wie Umarmungen oder Händchenhalten, und damit sind keine Berührungen von der Art gemeint, die zu leidenschaftlichen Liebesspielen führen, sondern einfache Zärtlichkeiten. Die gleiche Anzahl Frauen gesteht, fast nie vertrauliche Gespräche mit ihrem Mann zu führen, sie können sich also nicht an ihn wenden, wenn sie sich jemandem anvertrauen oder ihre tiefsten Ängste aussprechen möchten. Kein Wunder, daß sie ihre Ehen als »schwierig« oder »schlecht« bezeichnen.[63]

Auch wenn diese Frauen nicht selbstinteressiert sind, bedeutet das noch lange nicht, daß sie kein Gespür für die eigenen Bedürfnisse haben. Sie sind sich nur allzu schmerzlich bewußt, was ihre Beziehungen ihnen vorenthalten. Eine Frau nannte mir eine ganze Liste mit dringenden Wünschen, die ihr Mann unerfüllt läßt: leidenschaftliche, mondhelle Nächte auf der Terrasse, unter dem Kopfkissen versteckte Liebesbriefe, sinnliche Fuß- und Rückenmassagen. Andere Klagen lauten: »Ein Arm um meine Schulter, ein Drücken, ein zärtlicher Kuß würde mir soviel bedeuten.«

Die Sehnsüchte und Frustrationen, die diese Frauen äußern, sind anrührend und schrecklich. Da jedoch viele von ihnen nicht in der Lage sind, Selbstinteresse zu entwickeln, unternehmen sie nicht einmal den Versuch, ihre Ehen zu verbessern. Statt dessen leben sie in einer psychologischen Scheidungssituation: Zwei Menschen bewohnen das gleiche Haus, teilen sich die Kinder, die Konten und das Sonntagsessen, aber mehr nicht. Nachdem sie Monate, Jahre oder auch Dekaden so zugebracht haben, kommt es bei einigen Frauen zum Seitensprung. Lange genug haben sie ohne Umarmungen, ohne Respekt und ohne Intimität gelebt. Wenn das passiert, ist es oft der letzte Strohhalm, der Kick, den sie brauchen, um anzufangen, an sich selbst zu denken.

Bei einer Frau, die fünfzehn Jahre lang an der Seite eines asexuellen, gleichgültigen Ehemannes still vor sich hin gelitten hatte, erwachte durch den unerwarteten Anruf eines früheren Schulfreundes von einer Sekunde auf die andere das Selbstinteresse. Der Ex-Freund hatte sie quer über den Kontinent in Seattle ausfindig gemacht. Er habe sie immer geliebt, gestand er ihr, und zwanzig Jahre lang nur von ihr geträumt. Auch sie hatte sich jahrelang nach ihm gesehnt. Die ungeheure Romantik dieses Anrufes entflammte sie wie seit Jahrzehnten nicht mehr. Sie begann nur noch für seinen Anruf jeden zweiten Tag zu leben. Sie fing an zu laufen, zu schwimmen und Gewichte zu stemmen. Nachdem sie jahrelang in trauriger, resignierter Selbstlosigkeit verharrt hatte, wachte sie endlich auf. Mit Hilfe ihres neuen Ziels und Hektolitern von Diätgetränken nahm sie 60 Kilogramm ab. Als sie endlich wieder in ihr altes Schulabschlußballkleid paßte, war sie bereit, ihrer ehemaligen und zukünftigen Liebe gegenüberzutreten. Er schickte ihr Dutzende von Rosen und buchte einen Flug, um sie für drei Tage zu besuchen. Sobald sie sich am Flughafen erblickten, begannen sie zu weinen. Ein zauberhaftes Wochenende lang lernten sie einander neu kennen.

Als es vorüber war, blondierte sie sich die Haare, schüttelte ihre Panikattacken ab und schwor, sich nie wieder zu vernachlässigen. Sie stellte ihren Ehemann zur Rede, warf ihm vor, ihr die Liebe und Zuneigung vorenthalten zu haben, die sie verdiente, und ließ sich scheiden.

In der Zwischenzeit entpuppte sich ihr wiedergefundener

Liebhaber als Strohfeuer. Er rief an und ließ sie wissen, daß es ihm sehr leid tue, aber er habe es sich anders überlegt. Sie weinte sich ordentlich aus und begann dann, sich ein völlig neues Leben aufzubauen.

Viele Affären wie diese sind nur Symptome für eine schwer angeschlagene Ehe. Doch eine Affäre kann auch ein Anzeichen für Selbstinteresse sein, der frustrierte Versuch, schöneren Sex, mehr Intimität und einen tieferen Lebenszweck zu finden. Meine Untersuchungen deuten darauf hin, daß drei von zehn Müttern eine Affäre haben. Das sind eine ganze Menge fremdgehender Mütter! Einige dieser Ehen werden geschieden, ohne daß der Versuch gemacht wurde, etwas richtigzustellen, oder zu lernen, die Opfer fair und gerecht zu verteilen. Das ist jammerschade, denn für viele unglückliche oder untreue Frauen würde selbst das kleinste bißchen Hilfe oder Aufmerksamkeit von seiten ihres Mannes einen großen Unterschied bedeuten.

Sechs Schritte zum Selbstinteresse

Es gibt eine wesentlich effektivere und weniger schmerzhafte Möglichkeit, um selbstinteressiert zu werden, als eine Affäre oder Scheidung. Sie müssen nichts weiter tun, als selbstinteressiert denken und handeln zu lernen. Wenn Sie erst einmal einen Plan haben, wird Selbstinteresse für Sie bald so normal sein wie duschen oder kämmen.

Der erste Schritt erfordert die größte Überwindung, genau wie der Schritt in den Abgrund mit einem Bungee-Seil um die Füße oder der erste Liedvortrag vor einem großen Publikum. Dennoch ist der erste Schritt für jede Frau, die die Kunst des Selbstinteresses erlernen will, von fundamentaler Bedeutung.

Aufopferungsvolle Mütter müssen Selbstinteresse täglich

üben, bis es ihnen zur Gewohnheit wird. Idealerweise sollten Mütter ebensohäufig selbstinteressiert sein, wie sie aufopferungsvoll und selbstverleugnend sind. Wenn es angebracht erscheint, tagtäglich Mann und Kinder zu verwöhnen, warum sollte eine Mutter dann nicht ebensohäufig sich selbst etwas Gutes tun?

Das hört sich in der Theorie gut an, doch die meisten aufopferungsvollen Mütter haben keine Ahnung, wie sie es anstellen sollen, selbstinteressiert aufzutreten oder zu denken. Sind sie erst einmal in den Trott gewohnheitsmäßiger Aufopferung gefallen, ist es schwierig, diese ausgefahrenen Gleise wieder zu verlassen. Außerdem ist es ein wenig beängstigend, weil es den Anschein hat, als mache Selbstinteresse es völlig unmöglich, sich jemals wieder für die Familie aufzuopfern. Doch diese Annahme ist völlig falsch. Mein Plan zur Förderung der Eigenliebe schließt Aufopferung keinesfalls aus. Kinder werden immer einen Erwachsenen brauchen, der um ihretwillen Opfer auf sich nimmt. Es muß nur nicht tagaus, tagein die gleiche Person sein.

Hier ist also ein Sechs-Stufen-Plan zum Erlernen von Selbstinteresse:

1. Tun Sie irgendeine Kleinigkeit nur für sich.
2. Erstellen Sie sich ein Verwöhnprogramm.
3. Teilen Sie die Opfer.
4. Respektieren Sie sich selbst.
5. Finden Sie Ihren eigenen Traum.
6. Machen Sie Ihr wahres Ich geltend.

Diese Vorschläge sind natürlich keine Dogmen. Auch wenn Sie ein oder zwei davon auslassen, können Sie Ihr Leben so verändern, wie Sie es für richtighalten. Der Schlüssel heißt anfangen und sich selbst überwinden, den Sprung ins kalte Wasser zu tun.

Geben Sie nicht auf, wenn sich das Ganze zunächst erzwungen oder unecht anfühlt. Darum geht es ja gerade. Sie sollen sich ein Verhalten aneignen, das für Sie völlig unnatürlich und unangenehm ist. Also wird es sich beim ersten Mal merkwürdig anfühlen. Wenn Sie sich aber zum richtigen Zeitpunkt und auf die richtige Art anspornen, werden Sie eine Mutter, die für ihre Kinder Opfer bringen kann, aber auch in der Lage ist, an sich selbst zu denken.

Der erste Schritt in Richtung Selbstinteresse lautet, **tun Sie irgendeine Kleinigkeit nur für sich.**

Denken Sie sich irgend etwas aus, was Sie gerne tun möchten, allein und nur für sich, und tun Sie es.

Vielleicht fühlen Sie sich zuerst ein bißchen unsicher, oder Ihnen fällt nichts ein. Lassen Sie sich davon nicht abhalten. Zwingen Sie sich. Tun Sie so, als müßten Sie es für Ihr Kind tun. Betrachten Sie es als Hausaufgabe, als Schularbeit, die Sie erledigen müssen.

Als ich mich entschloß, den ersten Schritt in Richtung Selbstinteresse zu wagen, war ich nervöser als vor den ersten Wehen. Ich wußte, daß ich etwas für mich tun mußte, oder meine Seele würde sich in nichts auflösen. Trotzdem fiel es mir schwer zu begreifen, daß ich ein Recht darauf hatte, vor allem wenn es darum ging, auch noch Geld für mich auszugeben.

Nach einigen Wochen Bedenkzeit und vielen Telefonaten, um die diversen Möglichkeiten abzuklopfen, entschloß ich mich, etwas Neues zu lernen. Wenn ich einen Kochkurs belegen würde, so war meine Überlegung, käme das teilweise mir selbst, aber auch meiner Familie zugute, so daß ich mir deshalb nicht so viele Gedanken machen müßte. Da ich eine schreckliche Köchin bin und nie weiß, was ich wann in welchen Topf stecken muß, würde jeder in meiner Familie davon profitieren, wenn ich kochen lernte. Ich wollte allerdings keinen Gourmetunterricht in irgendeinem noblen Kochstudio, weil mich das ein Vermögen gekostet und ich Zutaten gebraucht hätte, von denen ich noch nie gehört hatte, Geräte, die ich nicht besaß, und ich womöglich Gerichte erlernte, die meine Kinder niemals essen würden. Die berühmte Bocusesche Art der kulinarischen Selbstverwirklichung war nichts für mich. Statt dessen entdeckte ich einen Italienisch-Kochkurs, »Pizza und Pasta«, der über zwei Monate einmal wöchentlich im örtlichen College stattfand. Er war nicht teuer und bot mir einen guten Grund, aus dem Haus zu kommen. Ich war begeistert und in freudiger Erwartung meiner Emanzipation.

Am ersten Abend eilte ich, nachdem ich die Kinder schuldbewußt mit Hotdogs und Bohnen abgespeist hatte, aus dem Haus und kam glühend vor Eifer, aber halb verhungert im Unterrichtsraum an, weil ich noch nichts gegessen hatte. Drei Stunden später hatte ich gelernt, Pasta Primavera und gefüllte Pizza im Palermo-Stil zuzubereiten, und hatte meine sorgsam eingepackte Portion, die ich mit nach Hause nehmen und mit meinen Lieben teilen wollte. Kurz vor dem Verhungern und halb ohnmächtig vor Schwäche, aß ich die Hälfte davon auf dem Weg nach Hause.

Ein paar Wochen lang einen Kochkurs zu besuchen, mag keine große Sache sein. Aber für mich war diese Erfahrung eine Offenbarung. Sie öffnete mir die Augen darüber, was ich für mich tun konnte. Es reichte, mit Menschen zusammenzusein, die weder meinen Mann noch meine Kinder kannten, um mich wieder wie ein unabhängiger erwachsener Mensch zu fühlen, als Person mit einem Eigenleben.

Indem ich diese eine Kleinigkeit für mich tat, zwang ich mich dazu, mich selbstinteressiert zu verhalten, auch wenn ich noch weit davon entfernt war, zu glauben, es auch zu verdienen. Ich hatte ein merkwürdiges Gefühl dabei, Geld auszugeben und meine Familie einmal in der Woche zur Abendbrotzeit im Stich zu lassen. Doch ich merkte, daß meine Kinder den neuen Status quo fast auf Anhieb akzeptierten: Wenn es Montag abend war, mußte Mama zum Kochkurs. Sie schienen sich problemlos an den Gedanken zu gewöhnen, daß ich ein Recht darauf hatte, das zu tun, und sich in keiner Weise davon beeinträchtigt zu fühlen. Es gefiel ihnen, wenn ihr Vater das Kommando hatte, und sie genossen es jetzt mehr, wenn ich wieder da war. Außerdem freuten sie sich darauf, meine halbaufgegessenen, zerdrückten Päckchen mit italienischem Essen zu verspeisen, und wollten jedesmal wissen, was ich Neues gelernt hatte.

Wenn meine Kinder kein Problem damit hatten, daß ich das Familienleben in Unordnung brachte, um etwas für mich zu tun, warum dann also ich?

Langsam wurde mir klar, wie gut es mir tat. Hin und wieder hatte ich sogar das Gefühl, etwas Besonderes zu verdienen. Und das erfüllte mich mit Zufriedenheit. Ich begann mich wichtig zu fühlen, nicht als Mutter, sondern als Person.

Das wichtigste auf dem Weg zum Selbstinteresse ist vielleicht folgendes: Um selbstinteressiert zu werden, müssen Sie zunächst einmal so tun, als ob. Weil es für eine Frau leichter ist, irgendeine Kleinigkeit für sich zu tun, als auch wirklich das Gefühl zu entwickeln, es auch zu verdienen, beinhalten die ersten Schritte reine Handlungen. Wenn man so tut, als sei etwas wahr, dann wird es wahr, weil der Glaube meist auf Taten folgt. Wenn Sie lächeln, als seien Sie fröhlich, werden Sie sich auch fröhlicher fühlen. Wenn Sie beten, als wären Sie gläubig, werden Sie tatsächlich Glauben an eine höhere Macht entdecken. Und wenn Sie sich verhalten wie eine selbstinteressierte Frau, werden Sie bald wie eine denken.

Etwas nur für sich selbst zu tun, kann jede Menge Geld kosten oder auch umsonst sein. Wenn Sie Lust und Geld haben, um sich etwas zu leisten, dann tun Sie es. Nehmen Sie Unterricht oder gehen Sie ins Fitneß-Studio. Suchen Sie einen Therapeuten oder eine Beratung auf, oder verabreden Sie sich mit einer Freundin zum Essen. Leihen Sie sich ein Video aus oder kaufen Sie sich ein Buch. Schenken Sie sich Blumen, eine Pflanze oder ein neues Paar Schuhe. Für sich selbst Geld auszugeben, ist ein guter erster Schritt, weil es ein sichtbarer

Beweis ist – für Sie, Ihren Mann und Ihre Kinder – daß Sie glauben, es verdient zu haben. Sigmund Freud glaubte sogar, daß es Patienten schneller bessergehe, wenn sie viel Geld für ihre Psychoanalyse bezahlten. Er meinte, je mehr sie zahlten, desto motivierter seien sie, sich zu verändern.

Natürlich heißt das nicht, daß Sie, wenn Sie für Ohrringe 500 statt 50 Mark ausgeben, auch zehnmal schneller selbstinteressiert werden. Mehr Geld bedeutet nicht mehr Selbstinteresse. Die Höhe Ihrer Ausgaben sollten sich nach dem bemessen, was Sie verdienen. Wenn Sie verfügbares Geld haben, das Sie normalerweise für Ihre Kinder oder Ihren Mann ausgeben würden, dann versuchen Sie, einen Teil davon für sich zu verwenden.

Doch auch wenn Sie kein zusätzliches Geld ausgeben oder sich einfach nicht dazu durchringen können, sollten Sie sich davon nicht entmutigen lassen. Selbstinteresse funktioniert, trotz Freuds Theorie, auch ohne Körbe voller Geld. Gönnen Sie sich statt dessen etwas Schönes, das kein Geld kostet. Unternehmen Sie einen flotten Spaziergang oder eine Radtour. Aalen Sie sich in einem heißen Schaumbad, oder lesen Sie ein geliehenes Buch. Treten Sie einem Chor oder einer Frauengruppe bei. Treffen Sie sich mit einer Freundin und gehen Sie joggen. Backen Sie einen Kuchen. Zünden Sie Kerzen an, legen Sie Ihre Lieblingsmusik auf und drehen Sie die Stereoanlage richtig laut auf. Kriechen Sie ins Bett, und schauen Sie sich etwas im Fernsehen an, das Ihnen wirklich Spaß macht. Geben Sie die Fernbedienung nicht aus der Hand, und wechseln Sie alle zwei Minuten den Sender, wenn Ihnen danach ist.

Haben Sie erst einmal etwas für sich getan, werden Sie Lust auf mehr bekommen. Als nächstes sollten Sie damit beginnen, sich gezielt und bewußt zu pflegen. **Erstellen Sie einen Plan, um allein sein und sich regelmäßig verwöhnen zu können.** Gehen Sie jeden Tag spazieren, egal, was es kostet – wie die Mutter aus Hawaii, die eine Tauchfirma besitzt und jeden Nachmittag mit ihren beiden Hunden in den Bergen herumwandert. Nehmen Sie sich Zeit für sich, und wenn Sie sie stehlen müssen – wie die Mutter aus Chicago, die sich jeden Abend im Badezimmer einschließt, um für zehn Minuten in der Badewanne zu meditieren.

Wenn Sie Selbstinteresse fest einplanen, werden Sie gar nicht anders können, als sich Zeit für sich zu nehmen, und schon bald werden Sie davon überzeugt sein, daß es so sein muß.

Eine der offenherzigsten und selbstinteressiertesten Frauen, der ich je begegnet bin, ist Claire Sanders aus Long Island, New York. Sie ist eine solche Meisterin der Selbstpflege, daß sich ein wahrer Fanclub aus aufopferungsvollen Müttern gebildet hat, die sich allein an ihren Schilderungen erfreuen. Sie ist Anwältin für Steuerrecht in einer New Yorker Anwaltskanzlei und wirkt immer lässig elegant, selbst wenn sie nur ihre Kinder zum Schwimmen fährt oder an einem Mutter-und-Kind-Treffen teilnimmt. Der Grund dafür ist, daß sie sich selbst fast ebensoviel Zeit widmet wie ihren Kindern. Sie betreibt täglich fast eine Stunde lang Aerobic und Krafttraining und hat ihrer vierjährigen Tochter beigebracht, sie dabei nicht zu stören. Wenn das Kind am Samstagabend fleht, die Eltern mögen zu Hause bleiben, statt auszugehen, weigert sich Claire standhaft, weil sie der Überzeugung ist, daß Kinder ihren Eltern nicht vorschreiben sollten, wie sie zu leben haben.

Claire ist 41 und Mutter von zwei noch nicht schulpflichtigen Kindern, und das nur, weil ihr Mann sie dazu brachte, das längstvergessene Versprechen, Kinder zu bekommen, einzuhalten. Als er auf der Einlösung des Versprechens bestand, ließ sie sich zögernd und widerwillig darauf ein, es mit einem Kind zu probieren.

Zu ihrer größten Überraschung gefiel ihr die Mutterschaft außerordentlich gut. Begeistert wie sie war, entschloß sie sich, noch ein weiteres Kind zu bekommen. Trotzdem verlor sie nie den Blick für sich selbst.

Claire weiß, daß sie eine bessere Mutter ist, wenn es ihr gutgeht. Und ihre Tochter lernt, daß Mama eine wichtige Person ist, deren Bedürfnisse genausoviel Bedeutung haben wie die der anderen Familienmitglieder. Das kleine Mädchen lernt, daß ihre Mutter zählt.

Gerade weil Claire auf sich selbst achtet, hat sie eine positive Einstellung zu sich selbst. Und weil sie so zufrieden ist, kann sie gar nicht anders, als gut zu sich zu sein. Die wenigen Momente, in denen sie niedergeschlagen ist oder sie sich selbst bedauert, kann sie leicht überwinden.

»Ich bin wunschlos glücklich«, erklärt sie mir und nennt die Gründe für ihren ungebrochenen Optimismus. »Ich habe einen liebevollen Mann und zwei Kinder, nach denen ich verrückt bin. Ich muß nicht auf jeden Pfennig achten, und meine Familie ist gesund. Wenn es mir schlechtgeht, weiß ich, daß ich eigentlich gar keinen Grund dazu habe, und dann denke ich: ›Du undankbare Kuh!‹«

Claire ist der lebende Beweis dafür, warum Selbstinteresse für Mütter so wichtig ist. Sie ist eine zärtliche, hingebungsvolle Mutter und Ehefrau mit einer gesunden Portion Selbstachtung. Sie ist ein wunderbares Beispiel für den mehr als hundert Jahre alten Ausspruch von Elizabeth Cady Stanton, daß Selbstentfaltung eine höhere Pflicht ist als Selbstaufopferung.[64]

Selbstinteressiert zu werden heißt nicht, daß Mütter mit der Aufopferung aufhören müssen, um sich nur noch um sich selbst zu kümmern. Ziel ist nicht, wie die böse Stiefmutter in Schneewittchen zu werden, die nur ihr eigenes Spiegelbild im Sinn hat. Mütter müssen lernen, ihre Aufopferung mit der Liebe für sich selbst und die eigenen Interessen in Einklang zu bringen. Die gleiche Zeit, die sie anderen widmen, sollten sie auch aufbringen, um sich selbst zu pflegen.

Wenn Mütter ihre Aufopferung reduzieren müssen, um Platz für sich selbst zu schaffen, müssen sie ihre Männer dazu bewegen, sich an den Opfern zu beteiligen. Deshalb lautet

Schritt Nummer drei: **Teilen Sie die Opfer.** Es ist ein schwieriger Schritt, weil Sie die Mitarbeit Ihres Mannes in Anspruch nehmen müssen. Da Kindererziehung mehr Arbeit bedeutet, als ein Mensch allein bewältigen kann, müssen die Väter bereit sein, einen Teil der Aufgaben zu übernehmen, wenn ihre Frauen nicht darunter leiden sollen.
Sollte Ihr Mann dafür kein Verständnis haben, ist ihm vielleicht gar nicht klar, wieviel Sie für die Familie tun. Führen Sie einen Monat lang Tagebuch und notieren Sie alle Opfer, die Sie auf sich nehmen. Schreiben Sie auf, warum und für wen Sie es tun. Warten Sie einen ruhigen Moment ab, und zeigen Sie Ihrem Mann die Aufzeichnungen, ohne anzuklagen, einfach als Beweis für das, was Sie leisten. Sprechen Sie darüber, welche Ihrer Aktivitäten überflüssig erscheinen, welche Sie weiterführen und welche er übernehmen könnte. Wenn er wirklich Interesse daran hat, die Qualität Ihrer Beziehung und Ihres Familienlebens zu verbessern, und wenn ihm an Ihrem Wohlergehen liegt, wird er es zumindest auf einen Versuch ankommen lassen.
Meine Untersuchungen haben mir klargemacht, daß die besten und erfolgreichsten Beziehungen bei den Paaren zu finden sind, die sich die mit dem Familienleben verbundenen Belastungen teilen. Solche Beziehungen sind das, was ich »Zauberehen« nenne, wie wir im nächsten Kapitel noch sehen werden. In diesen Partnerschaften übernehmen Männer den Abwasch, die Babypflege und vieles andere mehr; sie nehmen einen Teil der Sorgen und Entsagungen auf sich. Vom Ehemann einer solchen »Geteilte-Lasten-Partnerschaft« weiß ich, daß er keinen Tag vergehen läßt, ohne seiner Frau zu sagen, wie sehr er sie liebt, und daß er sich bemüht, die Kinder abends selbst zu baden, damit seine Frau sich entspannen kann, wenn sie von der Arbeit nach Hause kommt. Für diese Frau ist es ein Kinderspiel, Aufopferung und Selbstinteresse unter einen Hut zu bekommen, weil sie einen anteilnehmenden Partner hat.

Leider lebt die Mehrzahl der Mütter weder in »Zauberehen« noch in Beziehungen, die auch nur entfernte Ähnlichkeit damit hätten. Ihnen mag die Vorstellung, eine Zauberehe aufzubauen, wie ein unerreichbarer Traum vorkommen. Festzustellen, daß solche Beziehungen existieren, und zu lernen, wie sie funktionieren, kann Frauen jedoch motivieren, sich für ihre eigene einzusetzen.

Sich selbst zu respektieren, ist der nächste Schritt. Da dies eine feste innere Überzeugung voraussetzt, stellt sich Selbstachtung erst dann ein, wenn Sie begonnen haben, mehr für sich zu tun. Wieder gilt: Tun Sie so, als respektierten Sie sich selbst, und es wird Ihnen helfen, wirklich daran zu glauben. Wenn Sie jeden Tag etwas für sich tun, sich auf sich selbst konzentrieren, beweisen Sie sich damit, daß Sie Achtung und Respekt verdienen, und Sie werden anfangen, daran zu glauben. Eine Mutter, die sich jeden Tag eine halbe Stunde zum Lesen, Nachrichtenschauen oder Baden schenkt, ist nach ein paar Wochen oder Monaten der Überzeugung, daß sie diese Zeit verdient. Und sie wird lernen, auf sich selbst zu achten, weil sie sich jeden Tag etwas gönnt, egal, was passiert. Wenn sie in der Lage ist, sich selbst die gleiche Zuneigung und Aufmerksamkeit zu schenken wie ihrem Mann und den Kindern, ist sie auf dem besten Weg, echte Selbstachtung zu empfinden.

Erst wenn eine Mutter sich selbst achten kann, wird sie auch echten Respekt für ihren Mann und die Kinder empfinden. Ist sie stolz auf sich selbst, wird sie auch auf ihre Familie stolz sein. Statt sich im Glanz der anderen zu sonnen, kann sie sich an ihren eigenen Erfolgen erfreuen und die ihrer Familie besser anerkennen.

Eine selbstinteressierte Mutter aus Ohio respektiert ihre eigenen Wünsche ebenso wie die ihrer vier Kinder. Alles, was sie tut, tut sie aus ganzem Herzen, erzählte sie mir, denn »alles, was wert ist, getan zu werden, sollte man gut tun«. Das ist der Grund, warum sie als Klassenbeste das College abschloß, eine ausgezeichnete Medizinisch-Technische-Assistentin wurde und ihre sexuellen Neigungen voll und ganz auslebt. Sie nimmt sich die Zeit, ihrem Mann über den Funkrufempfänger heiße Liebesbotschaften zu schicken, trägt Seidendessous und kauft Sexspielzeuge für ihre regelmäßigen Rendezvous in Hotels. Auch wenn sie bereits 15 Jahre verheiratet sind, lieben sie sich noch mindestens fünfmal pro Woche, berichtet sie, und ihr Herz hüpft immer noch, wenn er das Zimmer betritt. Da sie ihr Leben mit solcher Leidenschaft lebt und sich selbst und ihre sexuellen Wünsche voll und ganz respektiert, hat sie das größte Selbstwertgefühl, das man sich vorstellen kann.

Aus der Fähigkeit zur Selbstachtung folgt ganz selbstverständlich die **Entwicklung eines eigenen Traums**. Wenn Sie überzeugt sind, ein eigenes Leben zu verdienen, wenn Sie glauben, daß Ihr Schicksal zwar an das Ihrer Familie gebunden ist, aber auch darüber hinausgeht, dann werden Sie die Bedeutung eines eigenen Traums verstehen. Eine selbstinteressierte Mutter sollte sich als essentiellen und unersetzbaren Teil ihrer Familie begreifen, aber auch als Individuum mit Zielen und Wünschen, die nur ihr allein gehören.

Ein Traum ist eine realistische Vision oder ein Ziel, das eine Frau im Laufe ihres Lebens erreichen möchte. Es ist nicht der Wunsch, ein Supermodel zu werden, Rockstar oder Fernsehsprecherin, denn solche Phantasien sind für die meisten von uns unerreichbar. Ein Traum ist etwas Reales, etwas, daß die inneren Bedürfnisse einer Frau befriedigt und ihr das Gefühl gibt, ganz sie selbst sein zu können, wenn sie es erreicht hat. Ein Traum kann so klar definiert sein wie der Wunsch, einen Schulabschluß nachzuholen, oder so unklar wie der Wunsch, eine erfolgreiche Künstlerin, eine Veranstaltungsleiterin oder Pferdezüchterin zu werden. Um einen solchen Traum zu finden, muß eine Mutter über ihre Kinder hinausdenken. Sie muß in sich gehen und herausfinden, wer sie ist und was sie vom Leben erwartet. Das kann viel Zeit und Mühe kosten, aber auch unendlich lohnenswert sein.

Für aufopferungsvolle Mütter ist dies am schwersten, weil sie es gewöhnt sind, sich selbst zurückzunehmen. Eine Frau dagegen, die selbstinteressiert ist, fordert und akzeptiert sich selbst. Sie nimmt ihre Schwächen und Fehler ebenso an wie ihre Stärken und Talente. Sie achtet auf ihr eigenes Ich und pflegt es mit der gleichen Zärtlichkeit, die sie einem Neugeborenen entgegenbringen würde.

Daher ist das ultimative Ziel von Selbstinteresse, **dieses wahre Ich zu entdecken und zu pflegen**.

Das wahre Ich einer Frau ist ein buntes, kompliziertes Mosaik. Es ist Teil dessen, was sie ist, war und sein wird, in jedem Augenblick ihres Lebens. Es ist die Person, die sie als junges Mädchen war, als Teenager, als junge Erwachsene und als Frau. Es ist die Summe ihrer Rollen – als Tochter, Schwester, Frau und Mutter, Geliebte, Freundin, Arbeitskollegin und Nachbarin. Aber ihr wahres Ich ist größer als ihre Bindungen an geliebte Menschen; es ist die Beziehung zu ihrer Seele, dem Kern ihres Wesens.

Es ist nicht einfach, sein wahres Ich zu finden. Aufopferungsvolle Mütter mögen glauben, daß nur reiche Managerinnen, Filmstars oder Modedesignerinnen sich diesen Luxus erlauben können. Sie sind im Irrtum. Jede Mutter muß die Zeit, die Kraft und den Enthusiasmus aufbringen, sich unabhängig von ihrer Familie zu sehen. Wenn sie es tut, wird sie gleichzeitig die beste Mutter, die sie sein kann.

7. Kapitel
Selbstinteresse entwickeln

Und das ist meine Vorstellung vom Verwöhnen:
Ich schenke mir ein Glas Wein ein und mache in der Mikrowelle eine Portion Popcorn – mit Butter. Ich nehme beides mit nach oben, wo ich mir die Steppdecke umwerfe, die ich erstanden habe, als die Kinder noch klein waren. Dann mache ich es mir auf unserem alten Sofa gemütlich, dem, das bald auseinanderfällt. Ich habe mir ein Video ausgeliehen, einen Film, den niemand außer mir sehen will. Ich sehe mir das ganze Ding ohne Pause an, von Anfang bis Ende.
Nach einer langen Arbeitswoche ist das meine schönste Belohnung.
Jede Mutter sollte die Augen schließen und sich solch einen persönlichen Himmel auf Erden vorstellen. Er kann so simpel sein wie meine Videostunde oder so kompliziert wie Unterricht in Zeichensprache, Tai-Chi oder eine tägliche Stunde Vogelbeobachtung. Der Zweck dieser Übung ist klar: Sie sollen für sich selbst ebenso selbstverständlich und gut sorgen wie für Ihre Familie.
Frauen mögen ein starkes Fürsorgebedürfnis haben, egal ob es sich dabei um Kinder, Haustiere oder den eigenen Mann handelt, sie haben aber auch ein ebensogroßes Verlangen danach, selbst umsorgt zu werden. Dies trifft, dem Psychologen Henry Murray folgend, auf alle menschlichen Wesen zu. Jeder Mensch hat das Bedürfnis zu umsorgen und umsorgt zu werden, meint er. Als er vor über 50 Jahren seine Liste der 20 grundlegenden menschlichen Bedürfnisse erstellte, schloß

er das Bedürfnis nach Fürsorge ebenso ein wie das, was er das Bedürfnis nach Beistand nennt, den Wunsch, von einem liebevollen Partner getröstet, gestützt, beschützt und umsorgt zu werden.[65]

In fast allen Familien ist liebevolle Fürsorge Sache der Mutter, ob es ihr paßt oder nicht. Fast jeder scheint davon auszugehen, daß Mütter stets bereit sein sollten, immerzu zu geben. Doch auch Mütter benötigen ein gewisses Maß an Fürsorge: Im Idealfall erhalten sie diese Zuwendung von ihrem Mann. Leider aber leben die meisten Frauen in einer Realität, in der »echte« Männer keine Fürsorge bieten.

Tatsache ist, daß die Mehrzahl der Frauen nicht die Zärtlichkeit und Aufmerksamkeit von ihrem Partner erfährt, die sie verdient. Daran sind nicht immer die Männer schuld, doch manche von ihnen haben nicht die geringste Ahnung, wie man eine Frau umsorgt, oder daß diese überhaupt ein Bedürfnis danach verspürt. Eine Frau kann versuchen, ihrem Mann zu zeigen, wie sie umhegt werden möchte, oder sie kann sich nach einem anderen umsehen, der das übernimmt.

Eine Frau, die mir berichtete, daß ihr Mann sie nie in den Arm nehme, wenn sie traurig ist, oder der mit ihr lache, wenn sie glücklich ist, fühlte sich häufig verloren und allein. Sie entschloß sich, die zärtlichen Berührungen des »erstbesten Anbieters« anzunehmen, wie sie es formulierte, vom einzigen Mann, der ihr je welche anbot. Nur war er nicht ihr Ehemann. Sie hatte also eine Affäre, weil sie umarmt werden mochte.

Doch selbst Frauen mit fürsorglichen, liebevollen Partnern müssen lernen, sich selbst zu pflegen, und sei es nur, weil ihre Männer es nicht oft genug tun. Mütter müssen sich selbst ebenso verwöhnen, wie sie ein krankes Kind verwöhnen würden, eine Siebenjährige an ihrem Geburtstag oder einen Ehemann, der sich über eine verweigerte Gehaltserhöhung grämt. Sich selbst zu verwöhnen heißt nicht, zum anderen

Extrem überzugehen. Sie müssen beim Einkaufsbummel nicht Tausende von Mark für Leder und Juwelen ausgeben, nach Los Angeles verschwinden, um dort Rocksängerin zu werden, oder jede Woche stundenlang im Kosmetikstudio sitzen. Alles, was Sie tun müssen, ist, sich jeden Tag eine Kleinigkeit zu gönnen. Schenken Sie sich etwas, das sich gut anfühlt, und von dem Sie das Gefühl haben, es zu verdienen.

Außerdem müssen Mütter lernen, ohne Schuldgefühle gut zu sich zu sein. Wenn Sie beim Entspannen ein schlechtes Gewissen haben, wird die ganze Wirkung zunichte gemacht. Seien Sie nicht wie die Mutter aus Minneapolis, die ihr mühsam Erspartes für Porzellanpuppen und Silberschmuck ausgibt, die sie mit Leidenschaft sammelt, dabei aber jedesmal ein schrecklich schlechtes Gewissen hat. Diese Frau gönnt sich nichts, sie konsumiert nur, so als würde man sich den Mund vollstopfen, nur um etwas zum Kauen zu haben. Eine Mutter aus dem Süden Floridas belohnt sich ebenfalls damit, daß sie ihre Ersparnisse in ihr geliebtes Hobby steckt – die Fotografie. Sie hat kein schlechtes Gewissen, weil sie jedesmal, wenn sie auf den Auslöser drückt, einen Kick verspürt. Sie belohnt sich selbst ohne die geringsten Schuldgefühle, weil sie das Gefühl hat, es zu verdienen. Fotografieren macht ihr Spaß, es gibt ihr das Gefühl, produktiv und kompetent zu sein, und sie kann die Liebe zu ihrer Familie für alle Zeiten sichtbar festhalten – in 25 riesigen Fotoalben.

Belohnung ohne schlechtes Gewissen ist das A und O dieser Anleitung zur Selbstpflege. Wenn Sie sich selbst etwas gönnen, dürfen Sie einfach keine Schuldgefühle haben, sonst machen Sie irgend etwas falsch. In diesem Fall sollten Sie sofort damit aufhören und etwas anderes versuchen. Suchen Sie sich etwas, was sich gut anfühlt, Ihnen aber keine Schuldgefühle verursacht. Werden Sie das schlechte Gewissen los, dann sind Sie auf dem richtigen Weg.

Um erfolgreich Selbstinteresse zu entwickeln, muß sich aus dieser einen Nettigkeit ein regelmäßiges Selbstpflegeprogramm entwickeln. Haben Sie einen halbstündigen Spaziergang gemacht und dabei keine Schuldgefühle entwickelt, dann gehen Sie dazu über, mindestens zwei- bis dreimal in der Woche spazierenzugehen. Bleiben Sie dabei, Sommer wie Winter, bei Regen oder Sonnenschein. Wenn Sie abends gern im Bett lesen, planen Sie jeden Tag ihre Lesezeit mit ein. Wenn Sie gern das Kreuzworträtsel ihrer Zeitung lösen, dann tun Sie es – ehe es jemand anders tut. Wenn Sie Maniküren mögen, lassen Sie sich pflegen, wenn Sie es sich leisten können, oder tun Sie es selbst, falls nicht.

Glauben Sie nicht, eine kleine Pflegeeinheit hin und wieder sei genug, um bei Ihnen echtes Selbstinteresse zu wecken. Das reicht nicht.

Sie müssen lernen, regelmäßig auf sich zu achten, immer und immer wieder. Selbstpflege muß Ihnen zur Gewohnheit werden, damit Sie wirklich glauben, es auch zu verdienen, diese besondere Mühe wert zu sein. Erst wenn Sie selbst überzeugt sind, Achtung zu verdienen, können Sie auch Ihren Mann und die Kinder davon überzeugen.

All das mag lächerlich selbstverständlich klingen. Natürlich sollten Mütter gut zu sich sein. Natürlich verdienen Sie es, gehätschelt zu werden. Natürlich fühlen Sie sich besser, wenn Sie sich ein bißchen verwöhnen.

Die traurige Wahrheit aber ist, daß es für viel zu viele Mütter überhaupt nicht selbstverständlich ist.

Müttern fällt es überaus schwer, sich selbst zu verwöhnen. Man könnte meinen, sie müßten zuerst über glühende Kohlen laufen. Kinderlose Frauen haben damit weit weniger Probleme, und auch Müttern mit erwachsenen Kindern fällt es nicht mehr so schwer.[66] Dagegen wirken Mütter mit Kindern im Haus wie gelähmt vor Unfähigkeit, sich selbst für belohnungswürdig zu halten. Offensichtlich macht das Leben mit Kindern sie unempfänglich für die eigenen Bedürfnisse und blind gegenüber dem, was sie sich selbst schuldig sind.

Weniger als die Hälfte der Frauen mit minderjährigen Kindern, die ich interviewte, nehmen sich täglich eine Stunde Zeit für sich.[67] Es macht sie nervös, gereizt und unruhig, soviel Zeit für sich zu beanspruchen. Es verwirrt sie, sich auf sich selbst konzentrieren zu müssen, weil sie kaum noch wissen, wie das geht.

Müttern ist es schon immer schwergefallen, etwas für sich selbst zu tun, nicht zuletzt deshalb, weil sie nicht selbstsüchtig wirken möchten. Deshalb suchen sie sich Hobbys, die sich um Heim und Familie drehen. Sie verbringen ihre ganze Freizeit mit Arbeit statt mit Vergnügen. Sie nähen und strikken, züchten Gemüse, kochen ein und backen, häkeln und sticken. Keine dieser traditionellen mütterlichen Beschäftigungen sind sonderlich wohltuend; sie sind verkappte Arbeit, von der Männer und Kinder profitieren. Aufopferungsvolle Mütter, die sich mit Stricken beschäftigen, fertigen kaum je einen Pullover für sich selbst; statt dessen stricken sie Babyschuhe und Kindermützen. Das ist kein Selbstinteresse, sondern in Wolle verpackte Aufopferung.

Männer wirken in punkto Selbstpflege nicht annähernd so zurückhaltend wie Frauen, unabhängig davon, ob sie Väter sind oder nicht.[68] Offenbar hat die Tatsache, daß sie zu Hause Kinder haben, keine Auswirkung darauf, ob und was sie sich gönnen. Sie tun es einfach, mit oder ohne Kinder. einer der Gründe dafür ist, daß Männer sich keine Gedanken darüber machen, selbstsüchtig zu wirken. Es wird vorausgesetzt, daß sie an sich selbst denken, und es spielt keine Rolle, ob die Art, wie sie es tun, familienorientiert ist oder nicht. Ob sie abends zum Bowling oder zu einer Vorstandssitzung gehen möchten oder sonntags zum Golf oder Tennis verschwinden, es ist in jedem Fall in Ordnung. Es steht ihnen zu, stundenlang an Motoren oder Maschinen herumzubasteln und nach der Arbeit mit Freunden loszuziehen. Man erwartet von ihnen, daß sie nach Hause kommen, um sich den ganzen Abend Sportsendungen anzuschauen und wild von einem Sender zum nächsten zu schalten, von einem Spiel zum anderen. Scheinbar sind diese ich-bezogenen Verhaltensweisen akzeptierte männliche Rituale, so daß man Ehemännern und Vätern keinen Vorwurf dafür machen kann, daß sie sie praktizieren.

Warum kann eine Mutter nicht eher wie ein Vater sein? Warum können wir nicht versuchen, so zu denken wie Männer, und daran zu glauben, daß auch wir ein selbstverständliches Recht darauf haben, an uns selbst zu denken, gut zu uns zu sein und uns eine Pause zu gönnen?

Wir können es. Der Weg zum Selbstinteresse ist darauf angelegt, Mütter zu überzeugen, daß sie ein Recht auf Selbsterfüllung und Vergnügen jenseits von Familie und Kindern haben.

Die Kraft der Selbstpflege

Viel zu viele Mütter warten, bis ihr jüngstes Kind flügge wird, ehe sie es wagen, Tabuworte wie »ich«, »mir« und »mein« zu denken. Sie brauchen zwanzig, fünfundzwanzig Jahre, um sich selbst Priorität einzuräumen. Sind sie dann schließlich auf sich gestellt, fühlen sie sich überglücklich, endlich selbst an der Reihe zu sein.

Doch dieser völlige Mangel an Selbstinteresse über einen sehr langen Zeitraum hinweg kann Mütter schweren Schaden zufügen. Er kann ihr eigenes Ich auslöschen, Selbstachtung und Selbstvertrauen zerstören und sogar ihre Gesundheit angreifen.

Mitunter reden aufopferungsvolle Mütter sich ein, sie täten sich selbst etwas Gutes, wenn sie in Wirklichkeit ihre Kinder verwöhnen. Doch sie verwechseln Kinderverhätscheln mit Selbstpflege. Sie kaufen ihrem Kind ein neues Paar Inline-Skates oder sündhaft teure Jeans und sind ebenso begeistert, als hätten sie für sich selbst Diamantohrringe oder eine neue Uhr erstanden. Sie bestehen darauf, ihren Nachwuchs zu jeder Verabredung, jeder Geburtstagsfeier oder Kinderturnstunde in der Gegend zu fahren, und sind dabei so zufrieden, als hätten sie selbst Gymnastik getrieben oder im Chor gesungen. Doch diese guten Taten sind aufopferungsvoll, nicht selbstinteressiert, also handelt es sich dabei auch nicht um Selbstinteresse. Seine Kinder zu pflegen ist in Ordnung, aber es ist kein Ersatz für Selbstpflege.

Die meisten von uns können einen Weg finden, sich auf einer wöchentlichen Basis etwas Gutes zu tun. Dabei handelt es sich, wie ich finde, meist um recht bescheidene Gesten. Die häufigsten Arten, mit denen Mütter sich selbst belohnen, sind: Lesen, lange Dusch- oder Wannenbäder, Fernsehen, frühes Zubettgehen, eine neue Frisur oder Maniküre, ein Kinobesuch, Sport oder neues Make-up.

Es stimmt, daß es sich hierbei um relativ oberflächliche Aufmerksamkeiten handelt, die Frauen sich gönnen, aber ihr Nutzen kann viel weitergehen und die Einstellung der Frauen zu sich selbst verbessern. Wenn das geschieht, werden sie mutig genug, um Risiken einzugehen und ihr Leben drastisch zu verändern. Sie beginnen zu glauben, daß sie ein Recht auf persönliche Zufriedenheit im Leben haben, und genau das gibt ihnen den Mut, einen sicheren Job aufzugeben und sich selbständig zu machen, wieder zur Schule zu gehen oder den Beruf zu wechseln.

Eine 38jährige aus San Francisco, die ich interviewte, muß ihr heißes Bad mitunter um Mitternacht nehmen, weil ihre Tage so hektisch sind. Sie ist Geburtshelferin, hat zwei kleine Kinder und so gut wie keine Freizeit. Deshalb beschloß sie vor kurzem, wieder die Schulbank zu drücken und sich zu spezialisieren. Dadurch würde sie geregeltere Arbeitszeiten haben und müßte nicht drei- bis vier Nächte die Woche arbeiten. Sie traf diese Entscheidung, weil sie mehr Zeit für sich und für die Kinder möchte. Sie sehnt sich danach, mehr

auf sich achten zu können, auch wenn dies bedeutet, »daß mein Haus schmutziger, mein Garten ungepflegter und meine Kinder nicht so piekfein angezogen sind wie die Nachbarkinder«, wie sie sagt.
Erst in diesem Jahr brachte ich den Mut und das Geld auf, mir einen dreitägigen Aufenthalt in einem schicken Kurbad zu gönnen. Ich überließ die Kinder der Obhut meines Mannes und damit einem garantierten Fast-Food-Wochenende und fuhr mit einer alten Freundin nach Massachusetts. Sobald wir unterwegs waren, dachte keine von uns mehr an die Familie. Unser Motto war: Ein Wochenende ohne Müttersorgen! Dort angekommen wurde mir klar, daß ich mich in ein mir fremdes Universum begeben hatte, in dem Selbstpflege Pflicht war. Ich hatte nur an mich zu denken, sonst nichts. Ich bekam meine erste Massage und ruhte mich im Eukalyptusraum aus. Ich nahm an Sportkursen teil und aß Gesundheitsessen. Am zweiten Tag erwischte ich mich dabei, wie ich im flauschigen Bademantel in einem Klubsessel liegend Fred Astaire nachsang: »Heaven, I'm in Heaven ...«
Kurbadskeptikerinnen sei gesagt, daß selbst Zeichentrickfiguren wie Mrs. Simpson schon Heilbäder besucht haben, um dort zu entspannen und die Kunst der Zigarrenherstellung und des Hulatanzens zu erlernen. Es ist also nicht länger eine Domäne der Reichen und Berühmten. Auch wenn Mrs. Simpson nur eine Trickfigur ist, durfte sie ebenfalls in einem heißen Schaumbad versinken und sich der ultimativen Päppelei hingeben.
Wenn Sie sich ein Kurbad nicht leisten können oder die Vorstellung Sie in Panik versetzt, überlegen Sie doch mal, vorübergehend zu verschwinden. Manche selbstinteressierten Mütter machen sich einfach mit Freundinnen oder Nachbarinnen, Schwestern oder Müttern für ein Wochenende aus dem Staub. 363 Tage im Jahr kommen sie klaglos ihren häuslichen Pflichten nach, um sich dann, für ein oder zwei Tage,

die Freiheit zu schenken. Eine Mutter erzählte mir, sie habe sich, als ihre Kinder noch klein waren, immer nur für eineinhalb Tage aus dem Haus getraut. Doch heute, da ihre Kinder im zweistelligen Bereich sind, hat sie sich freigestrampelt und bleibt auch einmal drei Tage weg. Jetzt muß sie nur noch herausfinden, was sie sich während der restlichen 51 Wochen im Jahr gönnt.

Von Zuhause wegzukommen, kann dem Selbstinteresse großen Auftrieb geben, denn im eigenen Heim lauern Hunderte von Mahnungen an all die Aufgaben, die es noch zu bewältigen gibt: schmutzige Kinder, ein bedürftiger Ehemann, feuchte Wäsche, ein leerer Kühlschrank. Muß sie sich dagegen von zu Hause fortbegeben, fällt es einer Frau viel leichter, sich verwöhnen zu lassen. Daher kann Flucht die richtige Entscheidung sein.

Das einzige Problem dabei ist, daß einige aufopferungsvolle Mütter erst wieder lernen müssen, wie man sich allein in der Öffentlichkeit bewegt. Ohne Kinder fühlen sie sich, als hätte man ihnen ein Gliedmaß amputiert. Es macht sie schrecklich nervös, weil sie vergessen haben, wie es ist, wenn keine Kinder lachen und an einem herumzerren, Fragen stellen und dieses oder jenes haben wollen. Die Vorstellung, nur dann nach einer Toilette zu suchen, wenn man sie selbst braucht, sich nur das anzusehen, was einen selbst interessiert, die einzige zu sein, die entscheidet, wo man hingeht und wann man wieder aufbricht, kann unglaublich berauschend sein. Genau aus diesem Grund war mein Kurbadbesuch so wunderbar – ich habe tagelang nur das getan, was *ich* wollte.

Ein simpler Einkaufsbummel kann für aufopferungsvolle Mütter eine verlockende Aufgabe sein. Es genügt, aus dem Haus zu gehen, sich mit einer Freundin zu treffen und zusammen herumzuspazieren. Es geht gar nicht darum, etwas zu kaufen, sondern darum, zu lernen, wieder allein zu sein, und nicht ständig an Dinge zu denken wie »Mama muß tan-

ken« oder »Mama muß das Kind aufs Töpfchen bringen«. Sie müssen lernen, sich zumindest ab und zu losgelöst von ihrer Familie zu sehen.
Wenn Sie etwas kaufen möchten, setzen Sie sich ein Limit, damit Sie hinterher nicht das schlechte Gewissen plagt, soviel Geld ausgegeben zu haben. Oder nehmen Sie sich vor, anzuprobieren, aber nichts zu kaufen. Probieren Sie an, was immer Ihnen gefällt, und hängen Sie es wieder zurück. Oder kaufen Sie in Second-Hand-Läden, wie viele andere Frauen es tun, die leicht gebrauchte Kleidung für einen Bruchteil des ursprünglichen Preises kaufen.
Eine meiner Freundinnen, die nie etwas für sich selbst kauft, sah neulich in ihren Kleiderschrank und stellte fest, daß sie zwar den Schrank voller Kleider hatte, aber nichts dabei war, was ihr wirklich gefiel. Jedes einzelne Stück, das sie besaß, war ein Geschenk von der Mutter, der Schwiegermutter, den Schwestern oder den Schwägerinnen. Während sie so in den Schrank starrte, fühlte sie sich wie der Geist vergangener Geburtstage, der die Maschen jedes einzelnen Pullovers, den sie jemals geschenkt bekommen hatte, wie Ketten hinter sich herzog. Sie schwor sich in diesem Augenblick, von nun an alle zwei Monate ein neues Kleidungsstück zu kaufen.
Eine Gefahr allerdings lauert auf aufopferungsvolle Mütter, die sich mit Einkaufstrips verwöhnen wollen: daß sie sich durch Dinge, die die Kinder brauchen oder möchten, ablenken lassen. Wenn Sie bewußt losziehen, um für die Kinder einzukaufen – in Ordnung. Ansonsten sollten Sie sich schon im Vorfeld untersagen, auch nur in die Nähe einer Kinderabteilung oder, im allerschlimmsten Falle, eines Spielwarengeschäfts zu kommen. Mit Ausnahme von Geburtstagen und großen Feiertagen sollten Sie beim Bummeln an andere Dinge denken.
Sport ist eine weitere gute, wenn auch mitunter anstrengende Möglichkeit, sich selbst etwas Gutes zu tun. Wenn Sie sich für einen Aerobic-Kurs anmelden, sind Sie gezwungen,

regelmäßig mitzumachen. Wie Müsli oder Sellerie ist es gut für Sie, selbst wenn es nicht immer großartig schmeckt. Fast jede sporttreibende Mutter sagt, wenn sie mit ihrem Sport auch nur für wenige Tage aussetzt, leide sie – und mit ihr die ganze Familie.

Etwas, was ich mir immer gegönnt habe, selbst als meine Kinder noch winzig waren, ist joggen. Sobald meine Stiche verheilt waren, stand ich in aller Frühe auf und lief. Wenig später brachte ich die Kinder in die Kinderkrippe und lief, bis es Zeit war, sie wieder abzuholen – mit einer kleinen Pause für Kaffee und Muffins. Und als ich schließlich mein Jüngstes in den Bus zur Grundschule setzte, lief ich immer noch, nur daß ich sie jetzt für den ganzen Tag verabschiede. Nachdem ich jahrelang allein gelaufen war, traf ich auf ein Müttertrio, das genau in die entgegengesetzte Richtung lief. Wir blieben stehen, um uns ein bißchen zu unterhalten, und schon bald joggten wir jedes Wochenende gemeinsam. Inzwischen gönne ich mir dieses Vergnügen jeden Samstag und jeden Sonntag, egal, was passiert. Wir laufen bei Regen und Schnee; auf eisglatten und auf sonnenheißen Straßen.

Weil ich weiß, daß sie auf mich warten, bin ich gezwungen, mitzulaufen. Setze ich aus, wollen sie wissen, warum, und meine Kinder fragen, was mit mir los ist.

Manche Frauen mit Säuglingen oder Kleinkindern finden es zu kompliziert, aus dem Haus zu gehen, um Sport zu treiben. Deshalb betätigen sie sich lieber an einem Heimtrainer, turnen zu Kassette oder Fitneßübungen im Fernsehen. Das Problem dabei ist, daß Sie schon sehr, sehr motiviert sein müssen, wenn der Sport nicht genauso schnell von Ihrer Erledigungsliste verschwinden soll wie die Einträge »Küchenschränke auswaschen« oder »Schubladen aufräumen«. Wenn Sie der Versuchung nicht wiederstehen können, eine halbe Stunde länger im Bett zu bleiben, statt Sport zu treiben, verabreden Sie sich mit einer Freundin zum Joggen oder gehen Sie zusammen ins Fitneß-Studio. Wenn Sie wissen, daß sich jemand anderes auf Sie verläßt, wird es Ihnen viel leichter fallen, dabeizubleiben. Wenn Sie andere Mütter kennen, die Sport treiben wollen, wechseln Sie sich beim Babysitten ab, so daß immer eine bei den Kindern bleibt, während die anderen spazieren- oder joggen gehen.

Vielleicht überlegen Sie sich, einen Kurs zu besuchen. Etwas Neues zu lernen, wie Yoga, Gedichteschreiben oder Autoreparieren, wird Ihr Ich-Gefühl enorm stärken. Großen Spaß macht es auch, sich in etwas, was man gern tut, zu verbessern. Es kommt jedoch weniger darauf an, welchen Kurs Sie belegen, als darauf, daß Sie es tun. Fassen Sie einen Entschluß und führen Sie ihn aus. Geben Sie nicht auf. Zahlen Sie im voraus, damit Sie gezwungen sind, jede Woche hinzugehen, oder das Geld ist zum Fenster hinausgeworfen.

Eine meiner Freundinnen bezahlt am Anfang jedes Semesters ihren Tanzkurs, den sie sich dann dreimal pro Woche gönnt. Nichts außer einem Schneesturm kann sie davon abhalten hinzugehen, weil er das einzige ist, was sie nur für sich tut, und nicht für jemand anderen aus ihrer fünfköpfigen Familie.

Es gibt wesentlich mehr Kursangebote für Erwachsene als Sie glauben, und viele davon sind gar nicht so teuer. Erkundigen Sie sich nach den Angeboten der örtlichen Volkshochschule, bei Vereinen und kirchlichen Bildungswerken. Schulen, Tanzschulen und Gemeindezentren bieten ebenfalls Morgen- und Abendkurse an. Fragen Sie Freunde und Nachbarn nach interessanten Veranstaltungen, die ihnen gefallen haben. Sehen Sie im Telefonbuch nach. Führen Sie ein paar Telefonate, um Kursangebote einzuholen, und wählen Sie etwas aus, was zu Ihrem Stundenplan und Geldbeutel paßt.

Wenn Ihr Kurs zu Ende ist, bestehen Sie weiter auf Ihrem freien Abend. Warum sollten Sie nicht ausnutzen, daß Ihre Familie sich an Ihre allwöchentliche Abwesenheit gewöhnt hat? Laden Sie eine Freundin ein, mit Ihnen Kaffeetrinken, einkaufen oder ins Kino zu gehen. Besuchen Sie die Bücherei, bummeln Sie durch ein Einkaufszentrum, bieten Sie im Krankenhaus Ihre Hilfe an. Suchen Sie sich etwas, mit dem Sie diese Zeit ausfüllen können, und »Mamas freier Abend« gehört alsbald zur Familientradition.

Oder belegen Sie einen neuen Kurs.

Wenn Sie nicht in der Lage sind, eine Entscheidung zu treffen, oder Sie das Gefühl haben, etwas Schönes nicht zu verdienen, dann wäre eine Therapie vielleicht das beste. Einen Psychotherapeuten zu bezahlen, ist so, als heuere man einen persönlichen Cheerleader an, jemanden, der bereit ist, einem bedingungslos zur Seite zu stehen. Falls Ihre Krankenkasse die Kosten nicht übernimmt, versuchen Sie mit dem Therapeuten oder der Therapeutin über die Kosten zu verhandeln. Die meisten sind bei der Festsetzung ihrer Honorare flexibel und interessiert daran, neue Patienten zu finden. Sie könnten auch einen vierzehntägigen Rhythmus vereinbaren und so die Kosten halbieren. Ein Therapeut sollte Ihnen zumindest klarmachen, wie wichtig es ist, gut zu sich selbst zu sein. Falls dies nicht der Fall ist, suchen Sie sich einen anderen Therapeuten.

Mitunter gibt es Umstände, die uns zwingen, zu Hause zu bleiben. In diesem Fall sollten Sie lernen, sich in der Behaglichkeit Ihres eigenen Heims zu pflegen. Achten Sie aber darauf, daß Sie sich von nichts und niemandem ablenken lassen, wenn es Zeit ist, an sich selbst zu denken.

Wenn Sie gerne lesen, lesen Sie. Kaufen Sie sich Bücher oder entleihen Sie welche aus der Bücherei. Wenn Sie gerne baden, nehmen Sie lange, heiße Schaum- oder Ölbäder. Zünden Sie Kerzen an, und nehmen Sie einen Drink dazu. Lesen Sie eine Zeitschrift in der Wanne. Räkeln Sie sich, solange Sie wollen. Und schließen Sie notfalls die Tür ab.

Ziehen Sie sich zurück, um die Musik zu hören, die Sie mögen. Gewöhnen Sie sich an, im Auto ihren Lieblingssender anzustellen oder eine Kassette einzuschieben.

Wenn Sie gerne fernsehen, tun Sie es in Maßen. Zuviel fernsehen kann zur lauten, ständigen Ablenkung werden. Fernsehen ist viel schöner, wenn Sie es nur zu ausgewählten Anlässen tun, um sich etwas anzusehen, was Sie wirklich sehen möchten, statt aus reiner Gewohnheit. Stundenlang vor dem Kasten zu hocken, hat nichts mit Selbstinteresse zu tun, sondern ist eine passive Art, nicht über Ihre wirklichen Bedürfnisse nachdenken zu müssen. Es ist schwer, selbstinteressiert zu werden oder einen Traum zu entwickeln, wenn Sie damit beschäftigt sind, von einem Sender zum nächsten zu schalten.

Wenn Sie günstige Unterhaltung suchen, leihen Sie in der Videothek oder der Bücherei ein Video aus. Meine Schwester und ihre Freundin haben jede Woche einen festen Videoabend, an dem sie sich zusammen einen Film ansehen. Die Gastgeberin sucht den Streifen aus, und beide freuen sich schon Tage im voraus auf diesen Abend.

Dies sind die naheliegendsten Möglichkeiten, wie Frauen sich selbst pflegen können. Doch die Liste ließe sich unbegrenzt fortsetzen. Frauen können sich mit allem erfreuen, was ihnen Spaß macht und nichts mit der Familie zu tun hat. Eine Mutter aus Ontario, in Kanada, gönnt sich das Mitwirken in einem Chor namens Sweet Adelines. Eine andere aus Ohio ergötzt sich an der Stammbaumforschung und besucht für ihr Leben gern ungewöhnliche Friedhöfe. Eine Mutter aus Texas schreibt Hunderte von Briefen an Gefangene in Todeszellen.

Wichtig ist, daß diese Frauen eine Leidenschaft entwickeln können, die nichts mit der leidenschaftlichen Liebe zu ihren Kindern zu tun hat. Und genau darum geht es beim Selbstinteresse.

Natürlich gibt es Mütter, die das Selbstinteresse auf die Spitze treiben. Sie kümmern sich täglich stundenlang nur um sich selbst, haben aber das Gefühl, nie genug Zeit zu haben. Wer seine Kinder nur noch als Plage empfindet, als Hindernis, das einen davon abhält, das zu tun, was man will und wann man es will, hat die Grenze zur Selbstsucht überschritten. Eine geschiedene Frau aus meiner Nachbarschaft zum Beispiel ist weit über Selbstinteresse hinaus. Sie behandelt ihren neunjährigen Sohn wie eine lästige Störung und nimmt seine Gegenwart kaum zur Kenntnis, weil sie der Meinung ist, es sei Sache der Haushälterin, sich um ihn zu kümmern. Sie macht sich mehr Gedanken um ihren Job, ihr Tennis und ihre Verabredungen als um ihren Sohn. Mutterschaft ist für sie etwas, das sie eine Weile lang ausprobiert hat, so wie Tauchen oder Kickboxen, aber jetzt ist sie unterwegs zu neuen Ufern.

Auch alleinerziehende Mütter mit jungen Kindern, die ihrem Liebesleben vor allem anderen Vorrang einräumen, können auf der Kippe zur Selbstsucht stehen. Eine Mutter aus Idaho erzählte mir, sie habe im Laufe von neun Jahren drei Scheidungen hinter sich gebracht und mit drei weiteren Männern zusammengelebt, von denen einige sie sogar schlugen. Während dieser Zeit, so sagt sie selbst, habe sie sich mehr um die Männer und die Pferde gekümmert als um ihre beiden Kinder.

Frauen, die sich einer politischen oder persönlichen Sache verschrieben haben, treiben ihre Hingabe mitunter bis zur Besessenheit. Von einer Sechzigjährigen aus New Jersey weiß ich, daß sie, als ihre Kinder noch klein waren, stark in der Frauenrechtsbewegung engagiert war. Sie besuchte mehrere Zusammenkünfte die Woche, nahm an Streiks teil, fuhr in die Hauptstadt und unterhielt von ihrem Haus aus eine Hotline. Zurückblickend meint sie, zugunsten ihrer Sache die Bedürfnisse ihrer Kinder aus den Augen verloren zu haben. Es schmerzte sie, feststellen zu müssen, daß diese nie das Gefühl gehabt hatten, in ihrem Herzen an erster Stelle zu stehen, obwohl sie immer geglaubt hatte, daß sie es täten.

All diese Frauen treiben ihr Selbstinteresse gefährlich auf die Spitze. Und obwohl ich Selbstpflege von ganzem Herzen befürworte, ist dies nicht die Art, die ich meine. Mütter müssen lernen, ihre Aufopferung mit der Sorge für sich selbst in Einklang zu bringen, sie sollten jedoch darauf achten, keine extremen Entscheidungen zu treffen, die auf Kosten der Kinder gehen.

Einige wenige Glückliche müssen sich über Selbstpflege keine Gedanken machen, weil sie einen Partner haben, der ihnen dies abnimmt. Männer, die ihre Partnerinnen darin bestärken, an sich selbst zu denken, und die sich ebensostark und ebensohäufig aufopfern wie ihre Frauen, sind Partner in »Zauberehen«.

Zauberehen

In einer Zauberehe ist der Mann für die Frau eine Art integriertes Pflegesystem. Er teilt sich die familiären Belastungen mit ihr, weil er schlicht und einfach nicht erwartet, daß sie alles allein macht. Er möchte, daß sie an sich selbst denkt, also drängt er sie dazu, Selbstinteresse zu entwickeln. Wenn sie sich nach freier Zeit sehnt, sorgt er dafür, daß sie sie bekommt. Während alle anderen erwarten, daß eine Frau für ihren Mann zu sorgen hat, hält er es für seine Pflicht, auch für seine Frau zu sorgen.

Klingt das nach einem Märchenhelden? Viel zu schön, um wahr zu sein?

Für die meisten Frauen ist er das.

Die meisten Ehen haben *keinen* solchen Traumprinzen aufzuweisen, sondern eher Männer wie der meiner Freundin, ein Kerl, der ständig umsorgt werden will, aber kaum einmal daran denkt, etwas für sie zu tun. Meine Freundin wäre entzückt, wenn er sie ab und zu verwöhnen würde, doch das kommt so gut wie nie vor. Als sie kurz vor der Geburt des dritten Kindes stand, bat sie ihren Mann, die beiden Kleinen zu baden, weil ihr das Bücken so schwer fiel. Doch er weigerte sich und blieb abends so lange aus, daß er nicht mehr rechtzeitig nach Hause kam. Obwohl sie ebenfalls berufstätig ist, kocht er nie das Abendessen, noch bietet er ihr an, auf dem Heimweg einmal Pizza mit nach Hause zu bringen. In seinen Augen sind Mahlzeiten, Wäsche und Kinder ihre Sache. Jedesmal, wenn sie daran denkt, wird sie von ohnmächtiger Wut gepackt. Ihr Zorn kocht auch im Schlafzimmer hoch. Sobald ihr Mann: »Mein Liebling« sagt und sie berührt, als Zeichen dafür, daß er mit ihr schlafen möchte, verschließt sie sich wie ein Banksafe am Sonntag. Der Zorn und die Enttäuschung über ihre Ehe manifestieren sich in sexueller Unlust. Sie fühlte sich in keiner Weise mehr zu ihm hingezogen, erklärt sie mir, und möchte nur von ihm in Ruhe gelassen werden.

Ihre Reaktion ist nicht weiter überraschend. Wie bereits an früherer Stelle gesagt wurde, ist es relativ normal, daß wütende, frustrierte Partnerinnen mit sexueller Zurückhaltung reagieren. Frauen, die ihrem Mann grollen, malen sich eher böse Racheszenarien aus als Szenen voller Romantik und Verführung. Vielen Männern fällt es schwer, das zu verstehen, weil sie auf eheliche Probleme anders reagieren. Ihre Sexualität spielt sich auf einem völlig anderen Kanal ab als Gefühle wie Schmerz oder Wut. Viele können sich mitten in einem deftigen Streit befinden und dennoch beschließen, daß es an der Zeit ist, miteinander zu schlafen. Warum *sie* keine Lust dazu hat, ist ihnen dann völlig unbegreiflich.

Diese Gedankenlosigkeit wiederum kann Frauen noch wütender und sexuell noch abweisender machen als vorher. Daher ist es mehr als unwahrscheinlich, daß aufopferungsvolle, grollende Frauen Zauberehen führen können, noch wird ihr Liebesleben Anlaß zum Prahlen geben.

Wie bereits im dritten Kapitel besprochen wurde, ist bei Paaren mit einem guten Liebesleben der männliche Partner bereit, die Opfer zu teilen. Weil er mehr Kinderpflege und mehr Haushaltsaufgaben übernimmt, muß seine Frau weniger tun.

Und weil sie nicht für alles verantwortlich ist, hat sie keinen Grund sich aufzuopfern. Wenn sie sich also neben ihren Mann setzt, möchte sie sich höchstwahrscheinlich lieber an ihn kuscheln, als ihm kräftig eins über den Schädel zu geben.[69]

Wenn Sie herausfinden möchten, ob Sie eine solche Beziehung haben oder nicht, sollten Sie überprüfen, wie zufrieden Sie im Moment mit Ihrer Partnerschaft sind. Geben Sie Ihrer Beziehung eine Note von 1 für »sehr glücklich« bis 6 für »absolut unbefriedigend«. Wenn Sie ehrlich sagen können, daß Ihre Beziehung eine 1 oder eine 1+ verdient, und Ihr Partner würde Ihnen darin zustimmen, dann führen Sie wahrscheinlich eine »Zauberehe«. Nach meinen Untersuchungen beschreiben weniger als ein Fünftel aller Paare ihre Beziehung so. Etwa zwei von fünf Paaren bewerten ihre Beziehung als nicht ganz perfekt, aber immer noch mit einer guten 2.

Wer sind die wenigen Glücklichen, die solche Zauberehen führen?[70]

Diese Paare sind weder wohlhabender als der Durchschnitt, noch sind sie jünger und damit dichter am Verliebtheitsstadium. Einkommen und Alter haben also keinen Einfluß auf das Zustandekommen einer Zauberehe, noch vermögen dies das Alter oder die Anzahl der Kinder eines Paares. Es sind also nicht die äußerlichen und von uns kaum beeinflußbaren sozialen Faktoren, die bestimmen, wer eine wunderbare Ehe führt und wer nicht.

Die Lösung ist ganz einfach: Es liegt am *Mann*, ob eine Partnerschaft zauberhaft wird oder nicht. Zu einer Zauberehe gehört fast immer ein toller Mann.

Er ist bereit, sich die Opfer mit seiner Frau zu teilen, ohne daß sie ihn darum bittet. Er übernimmt mehr Haushaltsaufgaben als andere Männer – und zwar freiwillig. Ist der Teppich dreckig, holt er den Staubsauger; ist die Wäsche schmutzig, wäscht er sie; ist der Kühlschrank leer, geht er einkaufen. Auf diese Weise zeigt er seiner Frau, daß ihm an ihr liegt, und zwar auf eine Art, die sie anerkennen kann.

Eine Frau aus einer Zauberehe erzählte mir, daß es in ihrem Haushalt nichts gibt, was ihr Mann nicht tut. Es ist ihm weder zu unmännlich, einem Kind das Hinterteil abzuwischen, noch stellt er sich absichtlich ungeschickt, um die Toilettenschüssel nicht säubern zu müssen. (Viele Männer kommen mit ihrem Gesicht nur dann in die Nähe einer Kloschüssel, wenn sie sich übergeben.) Er kann sich daran erinnern, was jedes seiner drei Kinder als erstes festes Essen zu sich genommen hat, und weiß, wer morgens was aufs Brötchen möchte. Er kennt sogar die Schuhgrößen jedes einzelnen Familienmitgliedes, ihre inbegriffen.

Außerdem geben Zauberehemänner ihren Frauen unsichtbare Beweise ihrer Liebe und Zuneigung. Sie sind aufmerksamer und rücksichtsvoller als andere Ehemänner. Und dafür verlasse ich mich nicht auf ihr Wort – sondern auf das, was mir ihre *Frauen* sagen. Diese Männer teilen ihre Gefühle häufiger mit und kommunizieren besser. Sie behandeln ihre Frauen respektvoller und haben ein besseres Gespür für ihre Sorgen. Wenn ihre Liebste bedrückt ist, sind sie ernsthaft besorgt; sie wollen wissen, was los ist und wie sie helfen können.

Einem solchen Mann würde es niemals in den Sinn kommen, seiner Frau nichts zu Weihnachten zu schenken, selbst wenn er gerade seinen letzten Pfennig ausgegeben hätte und auf der Straße nach einem neuen suchen müßte.

Nach Aussage ihrer Frauen sind diese Männer auch hervorragende Väter, die besonders liebevoll und sanft mit den Kindern umgehen. Eine andere Mutter aus einer Zauberehe meint, ihre Kinder wendeten sich ebenso häufig vertrauensvoll an den Vater wie an sie. Sie hätte keine Bedenken, ihn mit den Kindern alleinzulassen, egal ob für einen Abend oder einen Monat, weil sie ihm bedenkenlos vertrauen kann. Es würde ihr niemals einfallen, die Kinder vor ihm beschützen zu müssen, wie eine meiner aufopferungsvollen Freundinnen. Deren Mann kommt jeden Abend so wütend und

ungehalten nach Hause, daß sie die Kinder still- und von ihm fernhalten muß, bis er sich beruhigt hat.
Für ein überglückliches Paar in meinem Bekanntenkreis ist das kein Thema. Die beiden Spätstarter Lou und Jodi, die erst Mitte Dreißig heirateten, landeten geradewegs in einer wunderbaren Zauberehe. Lou Ratner lebte als bescheidener Briefträger bei seinen Eltern, bis er als 35jähriger mit seiner frischgebackenen Ehefrau zusammenzog. Er ist ein wunderbarer Ehemann, der nur darauf gewartet hatte, von seiner zukünftigen Frau aus dem vermeintlich ewigen Junggesellendasein erlöst zu werden. Nach nur wenigen Ehemonaten wußte sie, daß er immer »tausendprozentig« für sie da sein würde. Sie ist überzeugt, daß Lou sie nie verlassen wird, selbst wenn sie eine schwere Behinderung erleiden würde. Er ist ein Vater, der die Kindergartenlieder seiner Tochter mitsingen kann. Er wäscht die Wäsche häufiger als notwendig, nur damit sein kleines Mädchen jeden Tag ihre Lieblingsshorts anziehen kann. Jodi erzählt stolz, daß ihre Freundinnen hofften, im nächsten Leben Lou heiraten zu können.
Und selbst wenn man keine Zauberehe führt, tut es gut zu wissen, daß es sie gibt. Wenn andere Paare so miteinander leben können, kann der Rest von uns zumindest Hoffnung schöpfen.
Doch eine Zauberehe kann man sich nicht einfach herbeiwünschen, schließlich gehören zu einer funktionierenden Beziehung immer zwei. Und die erste Regel jeder Partnerschaft lautet, daß man niemanden verändern kann, der sich nicht verändern will. Eine Frau, die die meisten Opfer auf sich nimmt, wird vermutlich entzückt sein, einen Teil der Belastungen abzugeben. Ihr Mann aber, der so lange ohne Pflichten davongekommen ist, hat vielleicht gar kein Interesse. Warum sollte er etwas verändern wollen, was ihm ein so gemütliches Leben beschert?
Es gibt mehrere Gründe, warum ein Mann sich eine Zauberehe ebenso wünschen sollte wie seine Frau. Zum einen wird

es ihn ebenfalls glücklicher machen, wenn seine Frau glücklicher ist, zum anderen wird sich ihr Liebesleben vermutlich drastisch verbessern. Und drittens werden seine Kinder davon profitieren, und er wird ein besserer Vater werden. All dies zusammen wird ihn mit ziemlicher Sicherheit zu einem besseren, zufriedeneren Menschen machen.

Leider läßt sich nicht mit Sicherheit sagen, ob es einer Frau gelingt, ihren Partner davon zu überzeugen. Vielleicht hält er Aufopferung für lächerlich, für einen subversiven Schwindel, der Frauen ein gutes und Männern ein schlechtes Gewissen einflößen soll. Wenn das der Fall ist, läßt sich nicht viel dagegen tun. Ich habe weder Zauberworte noch eine Hokus-Pokus-Strategie, die einen Verweigerer in einen partnerschaftlichen Mann verwandeln können. Wenn er kein Interesse an einer Zauberehe hat, kann man ihn schlecht dazu zwingen.

Doch Sie können Ihre Erwartungen an die Ehe bzw. Partnerschaft verändern und Ihre Hoffnung darauf, was sie darstellen kann. Schließen Sie die Augen und stellen Sie sich den Mann Ihrer Träume vor. Ich rede nicht vom Aussehen, also vergessen Sie Bizeps und strahlend blaue Augen. Versuchen Sie sich sein Herz und seine Seele vorzustellen.

Was würde Ihr Traummann im Haushalt tun? Wie würde er Sie und die Kinder behandeln? Was würden Sie für ihn empfinden, wenn er sich so verhält? Wie würden Sie sich selbst fühlen, wenn Sie einen solchen Mann an Ihrer Seite hätten?

Jetzt öffnen Sie die Augen. Denken Sie an den wirklichen Mann und vergleichen Sie ihn mit Ihren Träumen. Wie nahe kommt Ihre Beziehung diesem Ideal? Vielleicht ist es nur ein kurzer Weg bis zu Ihrem Eheideal, oder Sie entdecken eine riesige Kluft zwischen dem Mann, der Ihr Partner oder Ehemann ist, und dem Mann, wie Sie ihn sich wünschen. Wenn das der Fall ist, tun Sie etwas dagegen. Sagen Sie ihm, warum Sie möchten, daß er sich verändert, und wie er dies erreichen

kann. Machen Sie ihm realistische Vorschläge. Kritisieren und attackieren Sie ihn nicht, sondern seien Sie konstruktiv und unterstützend. Er hat womöglich keine Ahnung davon, wie sehr Sie sich aufopfern. Wenn Sie es ihm ruhig und respektvoll mitteilen und ihn bitten, einen Teil der Aufgaben zu übernehmen, ist er vielleicht gern bereit dazu.
Listen Sie Ihre Belastungen auf und bitten Sie ihn, sich einige auszusuchen und zu übernehmen. Männer führen konkrete Anweisungen normalerweise besser aus als abstrakte, also sollten Sie ihn lieber bitten, die Kinder am Wochenende zum ärztlichen Notdienst zu fahren oder dem Jüngsten ein neues Pflaster aufzukleben, statt ihn aufzufordern, sich mehr Gedanken um die Gesundheit der Kinder zu machen. Gebrauchen Sie Ihren gesunden Menschenverstand bei der Frage, welche Aufgaben für ihn geeignet sind und welche nicht. Wenn er Ihre Belastungen nachvollziehen kann, ist er vielleicht eher bereit, sie zu teilen.
Gewähren Sie sich einige Wochen Probezeit, und berufen Sie dann einen Familienrat ein, um zu besprechen, wie erfolgreich das Ganze war. Loben Sie Ihren Partner für die kleinste Veränderung in seiner Haltung oder seinem Verhalten. Fragen Sie ihn, ob er sich durch die Veränderungen besser fühlt, und erzählen Sie ihm, wie Sie die Situation empfinden und warum. (Wenn Sie keinen Unterschied feststellen können, fangen Sie von vorn an und versuchen Sie es noch einmal.) Fragen Sie ihn, ob sich Ihr Liebesleben seiner Meinung nach verbessert hat. Lassen Sie ihn wissen, daß Sie sich sexuell viel empfänglicher fühlen, und zeigen Sie ihm diese Gefühle ganz offen. Wenn Sie sexuell interessierter sind, leben sie es auch.
Überprüfen Sie Ihre Arbeitsbelastungen nach einigen Wochen erneut, um sicherzugehen, daß die neue Verteilungsform noch funktioniert. Wenn Sie sich nicht mehr als Märtyrerin der Familie fühlen und begonnen haben, regelmäßig Zeit für sich selbst in Anspruch zu nehmen, sind Sie auf dem richtigen Weg.

Wenn Gespräche allein nicht ausreichen, müssen Sie sich mit Ihrem Mann vielleicht auf einen Kompromiß einigen. Eine Mutter aus Indiana mußte sich zunächst sogar mehr aufopfern, ehe sie Belastungen abgeben konnte. Sie hatte ursprünglich in einer Zauberehe gelebt, doch der Zauber war mit der Zeit entwichen wie Kohlensäure aus einer Mineralwasserflasche. Ihr früher so zärtlicher und sanfter Mann wurde an seinem Arbeitsplatz so unglücklich, daß er nicht länger bereit war, ihre Belastungen mitzutragen. Er wurde böse und gehässig, schrie die Kinder an und verbrachte Stunden vor dem Fernseher. Sie drängte ihn, seinen Job als Lehrer aufzugeben, und bot an, die Versorgung der Familie zu übernehmen, indem sie ihre Teilzeitstelle als Bibliothekarin zu einer Vollzeitstelle aufstockte. Das war für sie ein großes Opfer, weil sie nie beabsichtigt hatte, ihre beiden kleinen Kinder »allein zu lassen«. Es war schrecklich für sie, als letzte zu erfahren, was ihr Sohn im Kindergarten erlebt und welches neue Wort ihre kleine Tochter gelernt hatte. Doch ihr war klar, daß sie, wenn sie den Zauber in ihre Ehe zurückholen wollte, keine andere Wahl hatte.

Der Kompromiß funktionierte. Sie bekam ihren unbekümmerten, rücksichtsvollen Mann zurück und hat darüber hinaus festgestellt, daß sie sich jetzt besser auf sich selbst konzentrieren kann. Zum ersten Mal seit sechs Jahren hat sie angefangen, sich über ihr Aussehen Gedanken zu machen und sich selbst Priorität einzuräumen, genauso wie sonst ihrem Mann und den Kindern.

Doch lassen Sie sich davon nicht täuschen. Es wird nicht leicht sein, Ihren Mann zu bewegen, die Belastungen zu teilen. Zauberehen sind nicht ohne Grund so selten. Es ist gut möglich, daß keiner dieser Vorschläge funktioniert, daß Ihr Mann sich schlicht weigert, Ihnen unter die Arme zu greifen. Als letzten Schritt müssen Sie vielleicht auf Drohungen und Einschüchterungen zurückgreifen. Doch das ist nur dann an-

gebracht, wenn Sie die Belastungen wirklich nicht länger ertragen können und befürchten, bald den Verstand zu verlieren. In diesem Fall müssen Sie ihm vielleicht ein Ultimatum stellen: teilen oder ausziehen.
Eine gute Freundin von mir hat diesen Schritt, völlig verzweifelt, vor einiger Zeit getan. Sie war eine aufopferungsvolle Mutter, deren Mann ihre Existenz kaum noch wahrnahm, geschweige denn das Ausmaß ihrer Arbeit für Haushalt und Familie. Nach zehn Jahren der Aufopferung für ihre drei Kinder, ohne sonstige Hilfe, hatte sie die Nase voll. Sie war aggressiv und verbittert, doch ihr Mann konnte sich nicht erklären, warum. Er fühlte sich verletzt, weil sie ihn nicht mehr zu lieben schien; sie fühlte sich betrogen, weil er sich weigerte, Arbeit und Verantwortung zu teilen.
Erst als sie ihm drohte, ihn zu verlassen, war er bereit, ihr zuzuhören. Mit Hilfe einer Beratung lernten sie, als Team zusammenzuarbeiten, sich die familiären Aufgaben und die Verantwortung zu teilen. Nur ein Jahr später ist ihr Mann auf wundersame Weise verändert. Statt jeden Abend in stummer Verärgerung nach Hause zu kommen, macht er Hausaufgaben mit den Kindern. Er hilft den Tisch zu dekken, schenkt den Kindern Milch ein und schneidet ihr Fleisch. Er geht mit ihnen ins Kino oder in den Videoladen, ohne daß man ihn darum bitten muß. Er ist zärtlich zu meiner Freundin, gibt ihr Küsse und macht ihr Überraschungsgeschenke. Er ermutigt sie, sich mit einer Freundin zum Essen zu verabreden oder sich eine neue Jacke zu kaufen. Und er macht sich Sorgen, wenn sie unglücklich wirkt.
Meine Freundin kann gar nicht fassen, daß dies der gleiche Mann ist, den sie verlassen wollte, weil es nun scheint, als seien ihre kühnsten Wunschträume in bezug auf einen idealen Ehemann wahr geworden. Wenn dies keine überraschende Zauberehe ist, meint sie, dann wisse sie nicht, welche.

Aufopferungsvolle Mütter, die ihren Mann überzeugen können, sich die Arbeit mit ihnen zu teilen, gewinnen mehr Selbstachtung und Optimismus. Der nächste und noch anspruchsvollere Schritt für sie ist, ihren eigenen Traum zu finden.

8. Kapitel
Neue Horizonte: Finden Sie Ihren Traum

Als ich dreißig wurde, wünschte ich mir nichts sehnlicher als ein Kind. Schwanger zu werden, war mein einziges Ziel. Doch verschiedene Ärzte erklärten mir, daß ich körperlich nicht in der Lage wäre, ein Kind zu empfangen. »Wie wär's mit einer Adoption?« rieten sie mir. Doch das verstärkte meinen Kinderwunsch nur.

Schließlich fand ich einen Chirurgen, der mich nicht als hoffnungslosen Fall abschrieb. Nach endlosen Tests und Untersuchungen kam ich ins Krankenhaus, wurde in Narkose versetzt und einer dreistündigen mikrochirurgischen Operation unterzogen. Als ich wieder aufwachte, stand eine Horde Medizinstudenten um mein Bett, die wissen wollten, wie viele Situps ich machen könne, weil es die Ärzte einigen Schweiß gekostet hatte, meine Bauchmuskel zu durchtrennen. (Seien Sie nicht neidisch, das wäre heute kein Problem mehr.) Eine Woche lang lag ich im Krankenhaus flach auf dem Rücken, dann humpelte ich am Arm meines Mannes nach Hause. Von da an hielt ich die Luft an und schickte immer wieder mein stilles Gebet zum Himmel. »Bitte, laß mich Mutter werden«, wurde zu meinem Mantra.

Sechs Monate später war ich schwanger und über alle Maßen glücklich. Mein quasi unmöglicher Traum war wahr geworden: Ich wurde Mutter! Das Wunder der Geburt meiner Tochter überzeugte mich, daß mein Leben nun absolut perfekt sei; meine Tochter war alles, was ich brauchte, um Sinn und Bedeutung zu finden. Ich war so nahe daran gewesen,

für den Rest meines Lebens über meine Kinderlosigkeit zu trauern, daß ich mir nichts mehr wünschte, als mich nun für alle Zeiten um mein Kind kümmern zu können.
Und das tat ich, abgesehen von ein wenig Teilzeitarbeit. Ich hatte keinen anderen Wunsch, als eine wunderbare Mutter zu sein. Die meiste Zeit konnte ich dieses Ideal nicht erfüllen, aber das Leben flog sowieso in einem Nebel vorbei, die Geburt meines Sohnes mit eingeschlossen. Jeder Tag schien 100 Stunden zu haben, so unerträglich langsam verging die Zeit, gleichzeitig aber verflogen die Jahre im Nu. Irgendwann hob ich den Kopf und bemerkte, daß meine beiden Kinder gar nicht mehr da waren, weil sie den ganzen Tag in der Schule verbrachten. Und in diesem Moment wurde mir klar, daß ich mein Leben wieder für mich in Besitz nehmen mußte.
Es war zermürbend für mich, feststellen zu müssen, daß ich mehr sein wollte als nur Mutter, weil es mit so viel Mühen und Bangen verbunden gewesen war, Mutter zu werden. Trotzdem mußte ich zugeben, daß ich noch zu jung war, um mit dem Träumen aufzuhören, und darüber hinaus war ich nicht bereit, meinen Kindern zuliebe auch die zweite Hälfte meines Lebens zu opfern. Ich war in die ganz normale Falle getappt, anzunehmen, ich müsse mit der Mutterschaft alle eigenen Wünsche und Träume aufgeben, und ich befreite mich daraus, ehe es zu spät war. Ich war wie viele andere Mütter auch, denen die Mutterschaft als Entschuldigung, als edler Grund dafür dient, nur noch Mutter und nichts anderes mehr sein oder wünschen zu wollen. Doch ohne einen eigenen Traum, ohne einen kinderunabhängigen Lebenszweck können Frauen sich leer und richtungslos fühlen. Das führt mitunter nicht nur zu seelischen Problemen, sondern auch zu körperlichen Krankheiten. Mütter ohne eigenes Ziel berichten mir, daß sie sich unsichtbar fühlen oder einfach immer weitermachen, als würden sie auf der Stelle Wasser treten. Sie sind haltlos, haben kein Selbstvertrauen und fühlen sich häufig ängstlich oder deprimiert. Mit Wehmut, Be-

dauern oder auch leichter Bitterkeit in der Stimme versuchen Mütter, die ihre eigenen Träume für die Kinder geopfert haben, mich – und sich selbst – davon zu überzeugen, daß es die richtige Entscheidung war. Im Grunde genommen sagen sie nichts anderes, als daß sie gern vergessen möchten, jemals etwas anderes für sich erstrebt zu haben, weil die Mutterschaft für sie zum allumfassenden Ersatz für einen Lebensentwurf geworden ist.

Auch wenn es der ehrenvollste und bewundernswerteste Weg zu sein scheint – er ist es nicht.

In Wirklichkeit handelt es sich dabei nur um eine gesellschaftlich akzeptierte Möglichkeit, um eine bequeme Alternative für aufopferungsvolle Mütter, sich vor einer Pflicht gegenüber sich selbst zu drücken.

Es ist ziemlich leicht für eine Frau, sich auf ihren Mutterschafts-Lorbeeren auszuruhen. Mit Stolz kann sie sagen: »Ich habe ein Kind, also brauche ich sonst nichts weiter zu leisten.« Die Mutterschaft wird zum letzten Wunschtraum, den sie hat, zum einzigen, der zählt. Er bestätigt ihre Weiblichkeit und gibt ihr das Gefühl, eine richtige Frau zu sein, was in mancher Hinsicht auch erklärt, warum sogar Superstars wie Madonna, eine Berühmtheit mit großen eigenen Zielen, das Bedürfnis verspürt, Mutter zu werden. Da jedoch viele Frauen glauben, als Mutter nicht gut genug zu sein, verfolgt sie eine bohrende Unruhe, das Gefühl, sie erfüllten ihre Aufgabe nicht gut genug. Der Traum von der Mutterschaft ist also von vornherein unvollkommen, weil es von Anfang an wahrscheinlich ist, daß eine Frau das Gefühl haben wird, versagt zu haben, daß sie den bohrenden Zweifel verspüren wird, nicht ihr Bestes getan zu haben. Auf diese Weise kann sich das Selbstvertrauen und die Selbstachtung einer Mutter im Laufe der Jahre in nichts auflösen. Winzige Tröpfchen mütterlicher Zweifel unterhöhlen Stück für Stück ihre Kompetenz als Mutter. Tropfen für Tropfen!

Und doch ist es nicht ihre Schuld, sondern die natürliche

Folge mütterlicher Aufopferung sowie ihrer Weigerung, anzuerkennen, daß sie ein Recht auf eigene Träume hat. Eine Mutter, die darauf beharrt, nichts anderes zu brauchen als ihre Kinder, wird am Ende mit ziemlicher Sicherheit leiden. Und sie wird vielleicht nie die Selbstachtung erlangen, die sie verdient.

Eine meiner Bekannten ist genau so. Nach der Schule hatte sie das Glück, eine Stelle als Sekretärin zu finden, die viele Reisen nach ganz Europa mit sich brachte. Als sie heiraten wollte, gab sie ihren Job auf – nicht um Kinder zu bekommen, sondern um ihren Mann dabei zu unterstützen, seine Ziele zu verwirklichen. Sie zogen überall hin, wohin sein Beruf sie führte. Als sie schließlich ein Kind bekam, war sie überzeugt, daß ihr Berufsleben zu Ende sei. Jahrelang versuchte sie ein weiteres Kind zu bekommen, doch mehrere künstliche Befruchtungen schlugen fehl, ebenso einige private Adoptionsversuche. Inzwischen ist ihr Sohn ein Teenager und sie seine Taxifahrerin. Sie fährt ihn überallhin, egal wie weit oder zu welchem Zweck; und selbst wenn ihr Sohn nicht weg muß, fährt sie die Kinder anderer Leute durch die Gegend. Sie behauptet, glücklich zu sein, dabei ist sie schon lange überzeugt, nicht klug genug zu sein, um eine neue Stelle zu finden, nicht schlank genug, um attraktiv zu sein, und nicht gut genug, um in ihrem Chor ein Solo zu singen.

Sie ist eine Mutter ohne eine Vision für sich selbst, eine Frau, die nicht einmal erkennt, was sie versäumt.

Anders als diese Freundin brauchte ich nur wenige Jahre, um zu erkennen, daß etwas nicht stimmt. Ich kam zu der Einsicht, daß Kinder nicht genug sind – nicht einmal meine kostbaren beiden Wunderkinder. Doch auch wenn ich für ihre Existenz mehr als dankbar bin, weiß ich, daß ich mehr brauche. Ich brauche etwas, das mein Leben abrundet, sonst würde ich enden wie diese Frau – als mütterliches Nichts.

Ich kämpfe häufig gegen dieses Gefühl an, diesen Widerstand gegen die Mutterschaft, weil es mich ein wenig beschämt. So als beginge ich Verrat an meinen Kindern. Ich fange an, mich wie ein selbstsüchtiger Schuft zu fühlen, wie jemand, der daran erinnert werden sollte, für seine Kinder ewig dankbar zu sein. Ist mir denn nicht klar, daß Kinder das erfüllendste, schönste und wundervollste Geschenk sind, das eine Frau sich wünschen kann?

Natürlich weiß ich das. Aber mir ist auch klar, daß *Kinder nicht genug sind.*

Auch wenn sie es nicht offen zugeben, wissen viele Mütter tief in ihrem Herzen, daß das die Wahrheit ist. Wie meine Untersuchungen zeigen, begreifen fast alle Mütter, daß Kinder zu gleichen Teilen Glück und Erfüllung, aber auch Schmerz und Enttäuschung bedeuten. Mehr als nur ein paar Frauen geben zu, daß es zwar befriedigend ist, ein Kind großzuziehen, aber nicht ausreicht, um eine Frau ganz auszufüllen.[71] Die Botschaft dahinter ist eindeutig: Einige clevere Mütter verstehen, daß ein Teil von ihnen nur ihnen allein gehört. Und nur dieser von den Bedürfnissen und Anforderungen der Kinder losgelöste Teil ist in der Lage, einen eigenen Traum zu entwickeln.

Eine Mutter mit Selbstachtung wird immer einen Weg finden, diesen über ihre Rolle als Mutter hinausgehenden Teil ihres Selbst auszumachen. Die Mutterschaft wird immer ein wesentlicher Teil dessen sein, was sie ist – vielleicht sogar der wesentlichste – aber sie ist *nicht* alles. Jede Mutter kann und sollte mehr sein als nur eine Frau mit Kindern. Um sich und anderen das zu beweisen, muß sie eine Möglichkeit suchen, sich mit etwas zu identifizieren, das nur ihr allein gehört. Sie muß ein besonderes Interesse entwickeln und sich ihm widmen. Ein eigener Traum bietet Frauen einen von der Mutterschaft unabhängigen Focus, einen Raum, der ihre Aufmerksamkeit beansprucht, damit sie sich nicht ganz verliert.

Eine Mutter mit einer Vision wird nicht versagen, weil ihr Traum durch die Mutterschaft weder geschmälert noch zerstört werden kann. Eine junge Mutter aus Kentucky, beispielsweise, hat einen solch mächtigen Traum, der sie durchs Leben geleitet. Sie liebt das Schreiben und ist überzeugt, daß ihre Werke eines Tages veröffentlicht werden. Obwohl sie zwei Kinder unter zwei Jahren hat und keine Unterstützung im Haushalt erhält, bringt sie es fertig, jeden Tag zu schreiben, manchmal sogar mehrere Stunden hintereinander. Sie muß sich diesen »Luxus« hart erkämpfen, aber sie tut es. Während sie das Treppenhaus putzt, überprüft sie im Kopf Dialogszenen, und sie kritzelt mit der freien Hand Ideen aufs Papier, während sie mit der anderen das sechs Monate alte Baby hält. In genau abgestimmten Mittagsschlafpausen schreibt sie wie besessen. Sie läßt sich von nichts und niemandem davon abhalten, sich auf ihr Ziel zu konzentrieren.

Und genau das sollte jede Mutter für sich entdecken: einen beständigen, leidenschaftlichen Wunschtraum, der nur ihr gehört, und den zu verfolgen sie fest gewillt ist.

Frauen brauchen einen Traum

Ein Traum verleiht dem Leben einer Frau einen Sinn, weil er ihr ein Ziel bietet, das nur ihr gehört. Ein Traum ist eine Vorstellung davon, wer sie sein wird oder sein könnte; es ist die bestmöglichste Vision von ihr selbst. Es ist etwas, wovon sie träumen, wonach sie sich sehnen und wonach sie streben kann.

Erklären Sie das Ihrem Mann, und er wird sie wahrscheinlich auslachen. Das weiß ich aus eigener Erfahrung.

»Also bitte, was soll die ganze Aufregung?« fragte mich mein Mann. »Leb doch einfach dein Leben.«

Viele Männer verstehen die Bedeutung eines Traums für eine Frau unter anderem deshalb nicht, weil sie es für selbstverständlich halten, einen zu haben. Wenn sie klein sind, träumen sie davon, Fußball- oder Basketballstars zu werden; sie stellen sich vor, reiche Computergenies zu werden oder der Präsident von Irgendwas. Wenn sie erwachsen werden, haben die meisten Männer realistischere Träume, aber sie hören nie auf zu träumen. Und vielen käme es niemals in den Sinn, ihren Traum für eine Weile beiseite zu schieben, um es ihrer Frau zu ermöglichen, einen eigenen zu entwickeln.

Für mich ist völlig klar, daß Männer wesentlich weniger Probleme als Frauen damit haben, einen Wunschtraum zu pflegen. Und meine Untersuchungen belegen, daß mehr Männer als Frauen einen persönlichen Wunschtraum haben, wahrscheinlich weil es ihnen viel leichter fällt, einen zu entwickeln.[72]

Von dieser Regel gibt es vermutlich eine einzige Ausnahme. Fast alle Frauen haben, solange sie jung sind, ein ganz bestimmtes Ziel: den Traum von der wahren Liebe. Vom Beginn der Teenagerzeit bis zur Dekade zwischen zwanzig und dreißig sind so gut wie alle Frauen auf der Suche nach der großen Liebe, nach endloser Romantik und immerwährendem Glück mit dem Mann ihrer Träume. Liebesträume wie diese sind ganz normal, weil wir vermutlich alle mit einem starken natürlichen Trieb ausgestattet sind, der uns bewegt, einen Mann zu finden und mit ihm Kinder zu zeugen. Daher sollte es uns nicht überraschen, wenn Psychologen davon ausgehen, daß die Suche nach einer intimen Bindung eine der ersten und wichtigsten Aufgaben ist, die jeder junge Erwachsene, Frauen wie Männer, zu erfüllen hat. Sie halten die Suche nach Intimität für ein menschliches Grundbedürfnis, vergleichbar mit dem Verlangen nach Nahrung und Unterkunft.

Doch in den Träumen, von denen ich spreche, geht es nicht um Intimität. Der Traum, den ich meine, ist ein Ziel für die Seele, und Sie können ihn erst entwickeln, wenn die anderen, die menschlichen Grundbedürfnisse nach Essen, Wohnung und Liebe erfüllt sind. Diese Art Traum ist ein Luxus, und er ist für jene Frauen gedacht, deren Grundbedürfnisse bereits gestillt sind.

Welche schönen Visionen entwickeln Frauen?

Es wäre aussichtslos, an dieser Stelle alle möglichen Träume von Frauen auflisten zu wollen, da jede Frau für sich den richtigen selbst herausfinden muß. Die eine träumt davon, eine Zufluchtsstätte für kranke Eulen zu leiten, eine andere möchte das Orgelspiel erlernen, und wieder eine andere möchte sich ein Boot kaufen und damit in See stechen. Doch selbst eigenwillige Träume wie diese lassen sich bestimmten Kategorien zuordnen, ebenso wie die etwas nüchterneren Wünsche wie etwa Buchhalterin zu werden oder Flöte spielen zu lernen. Bei meinen Untersuchungen stieß ich auf fast ein Dutzend unterschiedlicher Traumtypen: Familie, Liebe, Karriere, Ausbildung, religiöse, künstlerische, humanitäre, persönliche, finanzielle, geschäftliche und Luftschloß-Träume.[73]

Träume von Liebe und Familie sind wie ein Geysir: Sie kochen einfach immer wieder hoch. Hierin spiegeln sich die weiblichen Sehnsüchte danach, den Richtigen zu finden, sich zu verlieben und glückliche, gesunde Kinder großzuziehen. Leider bleiben manche Frauen an diesem Punkt stehen und entwickeln niemals einen weiteren Traum. Dabei ist diese Art von Traum nur selten ein guter Katalysator für Selbstinteresse, weil er weniger zu einem gesunden Maß an Selbstwahrnehmung beiträgt, sondern eher weitere Aufopferung unterstützt.

Religiöse Träume dagegen können dem Selbstinteresse recht zuträglich sein, weil sie Frauen ein Gefühl des inneren Friedens und der Verbindung zu einer höheren Macht geben. Mütter mit religiösen Träumen wünschen sich, ihren Glauben jeden Tag zu leben, aktives Mitglied einer Religionsgemeinschaft zu werden oder durch eine vorbildliche Lebensführung ins Paradies zu gelangen. Eine Mutter von drei Kindern aus Pennsylvania erzählte mir, sie habe sogar ihren Traum verwirklicht, eine freie chiliastische Hexenpriesterin zu werden. Sie und ihre Familie halten bei Vollmond Feiern ab und beten zur »Göttin der grünen Ebene«.

Auch wenn sie weniger dramatisch und inbrünstig sein mögen, tragen Karriereziele ebenfalls dazu bei, in einer Mutter Selbstinteresse zu wecken. In diesem Fall wünschen sich die Frauen eine Beförderung oder eine Gehaltserhöhung; sie träumen davon, Krankenschwester, Ministerin oder Zahnärztin zu werden. Andere möchten den Beruf wechseln und lieber Krankenhausseelsorgerin, Computerprogrammiererin oder Schuldirektorin werden. Egal, wie der Traum aussehen mag, den sie pflegen, Frauen mit einer solchen Vision arbeiten jahrelang auf ein großes Ziel hin, das sie schließlich zum Selbstinteresse führt.

Ausbildungsträume können verschiedenen Zwecken dienen. Für manche Frauen ist der Traum ein Selbstzweck, weil sie sich durch das Erlangen eines Abschlusses beweisen wollen, daß sie klug oder talentiert sind. Andere Frauen sehen eine Ausbildung als Mittel zum Zweck, das es ihnen ermöglicht, eine anspruchsvollere oder besser bezahlte Arbeitsstelle zu finden. Sie möchten die Wirtschaftsschule besuchen, um Revisorin zu werden, oder Medizin studieren, um als Ärztin zu arbeiten. Für diese Mütter ist die Ausbildung der Weg, über den sie ein langersehntes Ziel erreichen möchten.

Ein künstlerischer Traum bedarf großer Leidenschaft und viel harter Arbeit. Mütter mit einem solchen Ziel äußern Wünsche wie, Science-fiction-Romane zu schreiben oder Künstlerin zu werden, die in Galerien ausstellt, oder als Gitarristin in einer Rock-'n'-Roll-Band zu spielen. Diese Frauen sind häufig sehr motiviert und haben keine Schwierigkeiten damit, selbstinteressiert zu sein, weil sie von ihrem künstlerischen Talent überzeugt sind. Ihre Ziele sind unerschöpflich, weil es immer neue Geschichten zu schreiben oder immer neue Skizzen auszuführen gibt.

Humanitäre Träumerinnen möchten – meist auf politischem

oder sozialem Wege – die Welt retten. Eine dieser Frauen erzählte mir, sie wolle sich mehr für die Obdachlosen einsetzen, eine andere träumt davon, ein Erholungszentrum für Senioren aufzumachen. Eine Mutter aus Maryland möchte nichts lieber als Suchtberaterin werden, weil ihr Vater ein schlimmes Alkoholproblem hatte. Frauen, die davon träumen, anderen Menschen zu helfen, machen sich meist mit einem solchen Feuereifer ans Werk, daß sie sich am Ende wieder aufopfern. Sie stellen zwar nicht die Familie an die erste Stelle, sich selbst jedoch ebensowenig. Statt dessen hat der Rest der Welt Vorrang.

Persönliche Träume dagegen sind absolut ichbezogen. Diese Mütter möchten 30 Kilogramm abnehmen, körperlich in Form kommen oder ein besserer Mensch werden. Und wenn sie ihr Ziel erreicht haben, wissen selbstinteressierte Frauen, wie es weitergeht. Aufopferungsvolle Mütter dagegen können jahrelang versuchen, ein persönliches Ziel zu erreichen, ohne ihm auch nur nahezukommen. Sie sind ständig dabei, abzunehmen oder sich in Form zu bringen, können ihre Träume jedoch nicht verwirklichen, weil sie nicht wissen, wie man sich auf sich selbst konzentriert.

Finanzielle Träume sind oft sehr vage und grenzen mitunter an Luftschlösser. Mütter, die sich Geld wünschen, träumen davon, reich zu sein, ohne daß sie dafür unbedingt hart arbeiten wollen. Sie sehnen sich nach finanzieller Sicherheit, möchten Geld sparen und Geld einnehmen, haben jedoch keine Vorstellung davon, wie. Geldträume dieser Art sind kindlich, weil es sich dabei um die romantischen Wunschvorstellungen von Frauen handelt, die nicht wissen, wie sie ihr Ziel erreichen sollen. Realistische Gedanken darüber, mehr Geld zu verdienen, können dagegen sehr wertvoll sein. Viele Frauen träumen beispielsweise davon, Unternehmerin zu werden. Sie haben vor, für Geld zu arbeiten, indem sie ihr eigenes Geschäft aufmachen. Damit sind nicht nur Ärztinnen und Rechtsanwältinnen gemeint. Es gibt auch Frauen, die sich beispielsweise mit einem kleinen Bauernhof oder einer Pferdefarm selbständig machen wollen. Oder sie möchten einen Kartenladen eröffnen oder einen Reinigungsdienst aufbauen. Sie scheinen Selbstinteresse und Aufopferung durch den Schritt in die Selbständigkeit in den Griff bekommen und vereinbaren zu wollen. Unternehmerinnen gehen davon aus, eigene Ziele und ein eigenes Einkommen zu haben, gleichzeitig möchten sie aber auch zum Frühlingskonzert ihrer Kinder oder zu deren Klassenfesten gehen.

Und schließlich gibt es noch die Luftschlösser, Visionen, die einfach hoffnungslos unrealistisch sind. Sie sind fast immer unerreichbar und deshalb überaus frustrierend für die betroffenen Frauen. Mütter, die sich an Luftschlösser klammern, scheinen auf eine gute Fee zu hoffen, die vom Himmel kommt und ihnen immerwährende Glückseligkeit verheißt. Solche Mütter können genausogut einschlafen und weiterträumen.

Wie können Sie feststellen, ob Sie einer Illusion nachhängen oder nicht? Sehen Sie sich einige Beispiele an, die ich gesammelt habe: einen Film-Oscar gewinnen, an den Olympischen Spielen teilnehmen, beim Bowling 300 Punkte erzielen, auf eine Ölquelle stoßen.

Wenn Sie wirklich eine engagierte Schauspielerin oder eine hart trainierende Sportlerin sind, eine großartige Bowlingspielerin oder eine Ölbohrspezialistin, dann mögen solche Träume vielleicht realistisch sein.

Falls nicht, sind Ihre Ziele nichts anderes als Hirngespinste, flüchtig wie Zuckerwatte, die im Mund zergeht. Alle Träume, die völlig außerhalb des Machbaren liegen, alles, was Sie gar nicht erst versuchen müssen, sind Luftschlösser.

Solange ein Traum jedoch halbwegs umsetzbar ist, spielt es keine Rolle, welcher Art er ist. Es kommt nur darauf an, daß eine Mutter überhaupt einen Traum hat, weil er sie zwingt, auf sich selbst zu achten. Durch eine Vision findet eine Frau ihr eigenes Lied, das ihr hilft, ihren eigenen Text zu singen. Und weil dieses Lied nur ihr allein gehört, gewinnt sie durch ihre Vision das befreiende Gefühl der Selbstachtung. Außerdem ermöglicht sie ihr, sich von fremden Erwartungen freizumachen. Eine Plage, die jene Mütter quält, die so krampfhaft bemüht sind, Mann, Kinder oder Familie zufriedenzustellen, daß sie nicht den Mut haben, etwas anderes zu tun als das, was sie tun »sollten«.

Eine meiner Freundinnen hat sich vor lauter »du solltest dies, du solltest das« fast 35 Jahre lang im Kreis gedreht und wurde dabei immer frustrierter, bis sie sich schließlich aus dieser Endlosschleife ausklinkte. Als junges Mädchen hatte sie davon geträumt, Bildhauerin zu werden, und hat auch nach dem Schulabschluß eine Kunsthochschule besucht. Sie war so glücklich über ihre erste Skulptur – die Bronzestatue einer Frau auf einer Leiter –, daß ihr beim Betrachten vor Stolz jedesmal die Tränen in die Augen stiegen. Doch die Familie meiner Freundin fand, sie *sollte* Schauspielerin werden, weil alle in diesem Bereich tätig waren. Sie hörte auf das »sollte« und tauschte die Kunsthochschule gegen die Schauspielerei ein. Trotzdem hatte sie bei jedem Vorsprechen und jeder Vorstellung die Bronzestatue in der Tasche, weil diese selbst noch nach fünfzehn Jahren die einzige Leistung war, die ihr Zuversicht und Stärke gab.

Schließlich heiratete meine Freundin und bekam drei Kinder. Am Anfang verdiente sie mehr Geld als ihr Mann, doch mit den Jahren wurde es weniger. Da meinte ihr Mann, sie *sollte* die Arbeit aufgeben und zu Hause bleiben. Und dieses »sollte« brachte das Faß zum Überlaufen. Sie war so wütend über seine Forderung, daß sie einen Anwalt aufsuchte und die Scheidungspapiere aufsetzen ließ.

Eine Woche später kam es, während sie darauf wartete, für eine Fernsehkomödie vorzusprechen und ihr die Scheidungsgedanken durch den Kopf gingen, zu einem drastischen Sinneswandel. Sie hatte keine Lust mehr, länger den Traum ihrer Mutter zu leben; sie hatte es satt, Schauspielerin zu sein. Ohne vorgesprochen zu haben, verließ sie die Probe und floh zu Mann und Kindern, zerriß die Scheidungspapiere und schwor, die perfekte Frau und Mutter zu werden. Sie veranstaltete ausgedehnte Frühstücke, hing Vorhänge auf und fuhr die Kinder zu jedem Schwimmkurs, jeder Tennisstunde und jedem Basketballspiel, das sie sehen wollten. Nach einem Jahr endloser, stumpfsinniger Plackerei wurde ihr klar, daß sie einen neuen Traum brauchte.

Sie besuchte einen Kurs für Bildhauerei und belebte ihre alte Leidenschaft für die Kunst aufs neue. Sie war zu dem Ziel zurückgekehrt, das sie mit dem Festhalten an der Bronzestatue über all die Jahre am Leben erhalten hatte. Heute ist sie jeden Tag künstlerisch tätig und hat bereits einige Stücke an örtliche Galerien verkauft. Wahrscheinlich wird sie nie wieder soviel Geld verdienen wie früher, dafür aber kann sie endlich ihren persönlichen Traum vom Glück leben.

So wie meine Freundin müssen viele Frauen erst den falschen Weg einschlagen, ehe sie dem Traum folgen, der für sie der richtige ist. Andere entdecken ihn bereits sehr früh und lassen nicht mehr los, auch wenn es Jahrzehnte dauert, ihn zu verwirklichen. Eine Frau aus New Mexico erzählte mir, sie habe immer davon geträumt, ihr eigenes Haus zu bauen, doch erst mit 55 konnte sie es sich schließlich leisten, einen Zementmischer zu kaufen, Steine aus der Wüste zu holen, Sand für Mörtel zu sieben und ans Werk zu gehen. Der Bau dauerte fast zwei Jahre, aber sie schaffte es, ihre eigene »Erdburg« zu errichten, mit 40 Zentimeter dicken Wänden. Heute lebt sie darin, zusammen mit ihrem 36jährigen, zweiten Ehemann.

Der Traum einer Frau sollte veränderbar und lebendig sein, nicht rigide und starr. Wie jede Sehnsucht oder Phantasie sollte er zusammen mit der Frau, die ihn hegt, reifen und wachsen.

Wenn sie Mutter geworden sind, beispielsweise, ändern Frauen fast immer ihre Träume. Zusammen mit ihrem Bild von sich selbst lernen sie ihre Vision umzuformen und neuzuerfinden. Die Wünsche eines Mädchens mit 14 oder 21 Jahren sind normalerweise weder durchführbar, noch erscheinen sie einem länger wünschenswert, wenn man erst einmal 35 oder 45 ist. Eine meiner Bekannten träumte als junges Mädchen ständig von exotischen Klettertouren und reiste um die ganze Welt auf der Suche nach Abenteuern. Jetzt, mit Mitte Dreißig, ist sie Mutter und hat ihre Träume reduziert, aber nicht aufgegeben. Sie leitet Kletterkurse und geht mit Pfadfindergruppen auf Wandertouren. Wenn sie erst einmal 45 ist, sagt sie, wird sie einen neuen, vielleicht wieder abenteuerlicheren Lebensplan entwerfen.

Mütter können und sollten mehr als einen Lebenstraum haben. Sie können es sich auch auf halbem Wege anders überlegen, wenn ein Ziel zu schwer und ein anderes erstrebenswerter erscheint. Oder sie nutzen ein Ziel als Sprungbrett für das nächste. Eine Mutter, mit der ich sprach, und deren erstes Ziel ein Collegeabschluß war, schaffte es mit 41. Nun möchte sie Jura studieren. Eine andere Frau aus Tennessee wollte nur etwas abnehmen, war dann aber so erfolgreich, daß sie anfing an nationalen Bodybuilding-Wettbewerben teilzunehmen. Jetzt träumt sie davon, einen großen Preis zu gewinnen.

Wichtig ist, daß Frauen ihren Traum nicht aus den Augen verlieren, wenn sie Mutter werden. Kinder befriedigen ein tiefes inneres Bedürfnis, aber sie stillen nicht das ebensostarke Bedürfnis einer Frau, auf ein Zukunftsziel hinzuarbeiten. Es ist so leicht, schwach zu werden und aufzugeben, die Kinder den Traum begraben zu lassen. Natürlich ist es schwierig, ein Haus zu bauen oder einen Berg zu erklimmen, wenn Sie ein Kind versorgen müssen, aber Sie können Ihren Traum am Leben erhalten, indem Sie ihn im Kopf auf Sparflamme warm halten.

Leider ist es so, daß die meisten Mütter sich diese Mühe nicht machen. Sobald sie Kinder haben, lassen sie ihren

Traum ebenso schnell fallen wie eine Windel in den Mülleimer. Meine Untersuchungen zeigen, daß fast jede junge Frau zwischen 18 und 24 Jahren mindestens einen besonderen Traum hat, ein großes, wichtiges Ziel, auf das sie hinarbeiten möchte. Wenn diese Frauen heiraten und Kinder bekommen, also mit Ende Zwanzig, Anfang Dreißig, nimmt die Zahl derer, die einen heimlichen großen Wunsch hegen, dramatisch ab und verringert sich von Jahrzehnt zu Jahrzehnt.[74] Es scheint, als lasse mütterliche Aufopferung die Frauen austrocknen, als entziehe sie ihrem Leben alles Feuer, jede Vitalität und Hoffnung. Wenn Frauen ihre Selbstachtung verlieren, verlieren sie auch den Ansporn, einen über die Mutterschaft hinausgehenden Traum zu entwickeln.

Es mag vielleicht keine Rolle spielen, und doch ist es sehr wichtig, daß Frauen eine eigene Vision pflegen. Jene, die es tun, sind seelisch und körperlich gesünder als jene, die es nicht tun, haben meine Umfragen ergeben. Außerdem haben sie eine positivere Lebenseinstellung – und Hoffnung. Mütter mit einem Traum glauben an ihre Fähigkeit, sich verbessern, höher hinauskommen und mehr erreichen zu können. Sie halten sich für kreativ und mutig. Rückschläge machen sie nur stärker und entschlossener. Mütter ohne eigenes Ziel neigen dazu, sich zurückzunehmen und zu resignieren. Sie geben sich mit dem zufrieden, was sie haben, statt nach dem zu streben, was sie haben könnten. Sie leben nicht intensiv und ohne richtige Aufgabe; es fehlt ihnen an Leidenschaft.

Eine frühere Bekannte von mir lebte nur für die Karriere ihres Mannes und für ihr kirchliches Engagement, war jedoch verbittert und neidisch auf jene Mütter, die das Glück hatten, einen Traum zu besitzen. Sie neidete ihnen den Beruf, die kleinen Kinder, selbst die frisch renovierte Küche und die neuen Tapeten. Ihre strengen religiösen Ansichten untersagten ihr eigene Träume und ihr autoritärer, egoistischer Ehemann ebenso. Kein Wunder, daß sie verzweifelt und frustriert war.

Wäre meine frühere Freundin arm und nicht in der Lage gewesen, ihre Kinder zu versorgen, könnte man ihre Ziellosigkeit noch verstehen oder gar entschuldigen. Doch in Wirklichkeit war sie sogar recht wohlhabend, hatte also keinerlei finanzielle Ausreden. Tatsächlich ergaben meine Forschungen, daß die finanziellen Verhältnisse einer Frau nichts damit zu tun haben, ob sie einen Traum hegt oder nicht.[75] Manche reichen Frauen, denen eigentlich alles offenstehen müßte, haben nicht ein einziges persönliches Ziel, während andere, die sich mehr schlecht als recht durchs Leben schlagen, einen großen Wunschtraum verfolgen.

Nur wenige Frauen richten ihr Leben jederzeit an ihren Zielen aus, denn dies erfordert einen eisernen Durchsetzungswillen. Ich bin noch nicht vielen solcher Frauen begegnet. Doch eine von ihnen hatte ein so mächtiges Ziel, daß es die gesamte Familie involvierte – den Mann und die sechs Kinder.

Als junge Frau war es Catherine Mattisons einziger Wunsch, die im maßvollen Haushalten erfolgreichste Frau des amerikanischen Westens zu werden. Sie kochte Pfirsiche, Birnen, Bohnen und Tomaten aus dem eigenen Garten ein, überzog sämtliche Möbel selbst und setzte sie instand. Aus Ballen von Jeansstoff fertigte sie Hosen, weil sie es sich nicht leisten konnte, ihren sechs Kindern echte Levis zu kaufen.

Doch nachdem sie sich zehn Jahre lang in diesen Aufopferungstraum gestürzt hatte, beschloß Catherine, sich ein persönliches Ziel zu stecken: Sie wollte ihre geradezu unerschöpfliche Energie in ein eigenes Geschäft investieren. Sie hatte ein paar Fehlstarts, darunter eine Planung, die niemals umgesetzt wurde, und eine LKW-Waschanlage, die sie verkaufen mußte. Doch dann stürzte sie sich auf etwas, das wie geschaffen für sie schien. Da sie einen Abschluß in Ernährungswissenschaften hatte und großes Talent und Spaß am Kochen, entschloß sie sich, eine Bäckerei aufzumachen. Sie fand einen Ladenraum, der nur wenige Schritte von ihrem

Haus entfernt lag, so daß sie zu Fuß zur Arbeit gehen konnte. Die sechs Kinder halfen ihr jeden Tag; einige backten in der Frühe Doughnuts, die anderen halfen nach der Schule hinter der Verkaufstheke. Catherine machte alles selbst: Hunderte Laibe von Weißbrot, Vollkornbrot und Sauerteigbrot und genug Muffins, Kuchen, Törtchen, Doughnuts, Eclairs und Stückchen, um jeden Polizisten im Staat abzufüttern. Zunächst war das Geschäft ein Riesenerfolg, und Catherine wußte gar nicht wohin mit dem vielen Geld.

Doch es sollte sich herausstellen, daß Catherines Spezialitäten ein bißchen zu gut waren. Denn schon bald litt die gesamte Bevölkerung der kleinen Stadt in Idaho an Übergewicht, und Catherine war dafür verantwortlich. Nach kurzer Zeit waren die meisten ihrer Stammkunden auf Diät und boykottierten ihre Bäckerei, wenn auch ohne böse Absichten. Ihre Einnahmen sanken, sie mußte fast alle Angestellten entlassen und das eine Woche vor Weihnachten. Ganz auf sich gestellt und übermannt von Erschöpfung und Frustration machte sich Catherine jeden Tag weinend an die Arbeit. Sie wußte, daß sie kurz vor dem Erfolg gestanden hatte, brachte ihr Geschäft aber dennoch finanziell nicht auf die Beine. Als die Bank sie drängte, Konkurs anzumelden, wußte sie, daß sie in ernsthaften Schwierigkeiten steckte.

Doch Catherine weigerte sich, ihre Niederlage einzugestehen. Sie war so hartnäckig, daß sie beschloß, einen neuen Traum zu finden – wenn es sein mußte, aus der Asche des alten. Als sie über ihre zu erfolgreiche Bäckerei nachdachte, wurde ihr klar, daß sie, wenn die Menschen kalorienarmes und fettreduziertes Essen suchten, eine Möglichkeit finden mußte, Süßigkeiten ohne schädliche Nebenwirkungen anzubieten. Sie grübelte über der Lösung, dann probierte und tüftelte sie wochenlang, bis sie eine fettreduzierte, kalorienarme Butter erfunden hatte, die genausogut schmeckte wie die deftige »echte« Butter. Als sie mit ihrer Erfindung saftige, weiche Schokobrownies backte und sie im örtlichen Lebensmittelladen verteilte, glaubte ihr keiner, daß diese Leckereien kalorienarm seien. Und die Nachbarn staunten über das butterige Gebäck, als sie die Butter für Croissants verwendete.

Den Erfolg zum Greifen nahe, beschlossen Catherine und ihr Mann, das Produkt direkt zu verkaufen. Zunächst jedoch mußten sie es erst einmal herstellen. Die ganze Familie versammelte sich in der Bäckerei, um bis in die Nachtstunden hinein zu arbeiten, die Mixtur in riesigen Bottichen anzurühren und die Butter in Aberhunderte von Bechern abzufüllen. Halbtot vor Müdigkeit kamen sie nach Hause, das Fett fingerdick auf den Schuhen. Doch die »falsche« Butter war ein sofortiger Erfolg. Während Catherines erstem Fernsehauftritt bei einem TV-Einkaufskanal verkaufte sie innerhalb von sechs Minuten alle 5000 Becher. Außerdem gewann ihr Produkt mehrere Nahrungsmittelpreise.

Catherines zweiter Traum hat sich inzwischen in ein blühendes Geschäft verwandelt, an dem ihre ganze Familie mitarbeitet. Er ist für sie zu einer unerschöpflichen Quelle der Selbstachtung geworden. Auch wenn ihr Erfolg unvermeidlich schien, war er alles andere als das. Außerdem ist Catherine eine treue Mormonenfrau und mußte eine festverankerte Tradition weiblicher Unterwürfigkeit überwinden. Allem zum Trotz entwickelte sie Selbstinteresse, weil sie genug Biß und Mumm hat, um ihrer Überzeugung zu folgen und an sich zu glauben. Sie tat es trotz aller Rückschläge, Härten und Selbstzweifel. Sie tat es, obwohl sie einen Clan Kinder hat, den sie versorgen muß, eine Bank, die es zu überzeugen galt, und einen skeptischen Ehemann, der lernen mußte, nicht mehr pünktlich um sechs Uhr abends das Essen serviert zu bekommen.

Diese Art von lebensbestimmendem Traum war früher den Männern vorbehalten. Väter hatten das Recht, sich auf die Suche nach sich selbst zu begeben, und alle anderen in der

Familie sollten ihm dabei zujubeln. Einen Traum zu entwikkeln, in dem sie sich selbst als Helden sehen, gehört für uns zum Leben eines Mannes dazu, meint der Psychologe Daniel Levinson, der sich in den 70er Jahren mit der Veränderung von Männern während des Erwachsenenlebens beschäftigte. Männer müssen ihr Leben damit beginnen, daß sie sich – meist noch ehe sie dreißig werden – einen bedeutsamen Lebenszweck suchen. Frauen brauchen oder wollen keinen eigenen Traum, meint Levinson, da ihre Aufgabe darin besteht, den Mann auf seiner Suche zu unterstützen.
Diese Einstellung mag vor ein paar Jahrzehnten noch zugetroffen haben, scheint aber kurz vor der Jahrtausendwende kaum noch angemessen. In den 80er Jahren befaßte sich Levinson mit dem Leben von Frauen und widerrief schließlich seine alte Theorie. Da das Leben von Frauen nun dem der Männer gleiche, sagt er, sei es auch wahrscheinlich, daß sie ebenfalls einen persönlichen Traum brauchen und wollen.
Wenn heute jedoch beide Partner davon ausgehen, weitgesteckte persönliche Ziele zu verfolgen, könnten bei einem solchen Traumpaar unvorhergesehene Beziehungsprobleme auftreten. Weil jeder von ihnen die Hauptrolle spielen möchte, ist keiner mehr bereit, die Nebenrolle zu übernehmen, die Stütze im Hintergrund zu sein, was bisher traditionsgemäß die Frau war. Jeder möchte Supermann sein und keiner Lois Lane. Sie müssen sich also entweder abwechseln, um ihre Ziele zu erreichen, oder einer nimmt sich zurück und läßt den anderen dominieren, wie Catherines Mann es getan hat.
Nicht jede Frau hat das Glück, einen Mann zu finden, der bereit ist, die zweite Geige zu spielen. Wenn sie es leid sind, darauf zu warten, brechen einige von ihnen aus der Ehe aus, um endlich ihr eigenes Leben zu leben. Eine meiner Bekannten wartete, bis zwei Ehen zerbrochen und fünf Kinder groß waren, ehe sie sich auf die Suche nach sich selbst machte. Sie hatte einen ganz einfachen Wunschtraum: Von nun an

wollte sie allein und nur noch für sich leben. Um dieses Ziel zu erreichen, verkaufte sie fast ihre gesamte Habe und nahm einen Halbjahresjob als Feuerwache auf einem Berg in Arizona an. Jetzt lebt sie ihren Traum: Sie sitzt in einem winzigen Zimmer, hoch oben auf einem Turm und weit weg von jeder Stadt. Sie ist wie Rapunzel, nur besitzt sie einen solarbetriebenen Laptop und wartet bestimmt nicht darauf, von einem Prinzen gerettet zu werden. Während sie zwischen den Abertausenden von Ponderosa-Kiefern nach Rauchwölkchen Ausschau hält, schreibt sie am Computer die Geschichte ihres Berges nieder. Und wenn ihr Turm von einem Blitz getroffen wird, richten sich die Haare auf ihren Armen auf und sie fühlt sich unbesiegbar, sagt sie.

Wie man einen Traum findet

Eine Frau, die sich von einem Blitzschlag belebt fühlt, statt zu Tode erschreckt zu sein, muß ein unglaubliches Selbstbewußtsein besitzen. Sie hat keine Angst, an vorderster Stelle zu stehen und ist überzeugt davon, ein Recht auf einen eigenen Traum zu haben. Zugegeben, ihre Art der Selbstachtungsfindung – die Hälfte des Jahres als Turmeremitin zu leben – ist schon ein Grenzfall. Doch es gibt viele solche Mütter, die extreme Maßnahmen ergreifen müssen, um überhaupt an sich glauben zu können. Sie müssen regelrecht dazu geprügelt werden, sich ein Ziel außerhalb der Familie zu suchen. Das ist der Grund, warum manche Therapeuten Frauen auf Fahrradexkursionen nach China begleiten, auf Trekkingtouren durch Tansania oder Kletterexpeditionen in Utah. Sie nutzen solche Feuerproben, um diese Frauen Selbstachtung zu lehren. Sie gehen davon aus, daß eine Frau, wenn sie es schafft, die gesamte Chinesische Mauer entlangzufahren oder aus einem Abgrund nach oben zu klettern,

sich als einen einigermaßen fähigen und einzigartigen Menschen erkennt. Für die, die es sich leisten können, funktioniert das gut.
Für die meisten von uns ist es unvorstellbar, so viel Zeit und Geld zu investieren, um sich selbst auf die Probe zu stellen. Wir müssen nicht ans Ende der Welt reisen, um uns zu beweisen, daß wir Selbstachtung verdienen. Eine meine Freundinnen hebt ihr Selbstwertgefühl dadurch, daß sie ein- bis zweimal im Jahr einen Marathon läuft. Eine andere legt sich alle paar Monate eine andere exotisch blonde Haarfarbe zu. Wenn ich mich besser fühlen möchte, versuche ich auf meiner Yogamatte die Knie tiefer zu drücken.
Sich ein wenig mehr Selbstachtung einzutrichtern, erfordert weder große Planung noch viel Geld. Sie müssen nichts weiter tun, als sich mehrmals in der Woche kleinen Mut- und Kompetenzproben zu stellen. Joggen Sie ein bißchen länger, gehen Sie ein bißchen weiter, tun Sie auf der Arbeit etwas Unerwartetes oder Innovatives, beenden Sie etwas, was Sie schon lange vor sich hergeschoben haben, oder erlernen Sie eine Computersprache. Ich kann Ihnen kein Patentrezept der »zwölf todsicheren Arten, sich selbst zu beweisen« anbieten. Sie müssen schon das tun, was für *Sie* das richtige ist, was immer *Sie* davon überzeugen wird, mehr Respekt und eine Runde Applaus zu verdienen.
Begehen Sie nicht den Fehler, sich auf die Familie zu konzentrieren, wenn Sie Ihren eigenen Wert hervorheben wollen. Selbst wenn Sie wirklich mehr Zeit mit Ihrem Mann verbringen oder den Kindern öfter vorlesen müßten, tun Sie es in der Familienzeit, nicht in ihrer eigenen Freizeit. Solche guten Taten machen Sie vielleicht zu einer besseren Partnerin und Mutter, aber nicht unbedingt zu einer besseren Person. Sie müssen Ihren Wert schon an Ihren eigenen Maßstäben messen, indem Sie sich für etwas engagieren, das Sie als Individuum fordert.
Eine andere Möglichkeit, Ihr Selbstwertgefühl zu steigern,

sind ehrenamtliche Tätigkeiten in der Gemeinde. Bedürftige Menschen schlafen zwar nicht in Ihrem Haus, aber sie leben in Ihrer Umgebung, in Ihrer Nachbarschaft. Sie sind eine potentielle zweite Familie. Zeigen Sie Ihre Anteilnahme, indem Sie für eine örtliche Schule oder Kirche eine Spendenaktion durchführen, indem Sie sich bereit erklären, die Bewohner eines nahegelegenen Seniorenwohnheims zu besuchen, indem Sie sich den Problemen von Teenagern annehmen oder erwachsene Analphabeten unterrichten. Durch solches selbstloses Engagement werden Sie, so verblüffend es klingen mag, lernen, sich auf sich selbst zu konzentrieren. Herauszufinden, daß Sie in der Lage sind, einen Fremden zu trösten oder zu unterrichten, wird Ihnen ein großartiges Gefühl von Kompetenz vermitteln. Dadurch lernen Sie zu begreifen, daß Sie auch in der Welt außerhalb Ihrer Familie etwas bewirken können. Wenn Sie sich um Menschen kümmern, die nicht Ihr Mann oder Ihre Kinder sind, lernen Sie gleichzeitig, sich um sich selbst zu kümmern.

Wenn Frauen auf diese Weise den Samen der Selbstachtung säen, kann ihnen daraus ein eigener Traum erwachsen. Erst wenn sie lernen, sich selbst zu achten, wenn sie Vertrauen fassen in die eigenen Fähigkeiten und Talente, sind sie innerlich bereit und in der Lage, eine eigene Vision zu entwickeln. Denn der Besitz von innerer Stärke ist für die Entfaltung eines Traums ebenso wichtig wie das Talent oder die Fähigkeit, mit der er letztendlich verwirklicht wird. Ich kenne eine Frau, die großartig zeichnen kann, wunderbare Illustrationen von kleinen Mädchen in Blumengärten anfertigt, deren Farben und Formen so lebendig sind, daß man meinen könnte, die Gestalten würden jeden Moment aus dem Bild spazieren. Doch sie hat so wenig Vertrauen in ihre Fähigkeiten, daß sie ihrem großen Lebensziel – der Illustration von Kinderbüchern – nie auch nur einen Schritt näher gekommen ist. Offensichtlich besitzt diese Frau großes künstlerisches Talent, hat aber weder das Selbstvertrauen noch den Ehrgeiz, die für die Verwirklichung ihres Traums erforderlich sind. Es ist so, als besäße sie ein Auto, aber nicht die Schlüssel, um es anzulassen. Also wird sie nie in der Lage sein, es aus der Garage zu fahren.

Dennoch ist es bewundernswert, daß sie es geschafft hat, ihren Traum am Leben zu erhalten, auch nachdem sie Kinder bekam – was schon eine Leistung für sich ist. Vielen Müttern fehlt eine klare, eigene Vision, ein Lebenszweck, der nicht mit der Mutterschaft verblaßt oder im Laufe der Zeit ganz verschwindet. Aus diesem Grund möchte ich Mütter nicht mit der Forderung in die Irre führen, sie müßten ihren Traum unbedingt *verwirklichen.* Zuallererst müssen sie sich eine Vision erschaffen. Sie müssen sich zwingen, daran zu denken, was sie sich am allermeisten wünschen, und erst dann darüber nachdenken, wie sie es erreichen können.

Ein Traum muß über die Mutterschaft hinausgehen, eine Vorstellung, die viele aufopferungsvolle Mütter überfordert. Dabei muß dieser Traum nicht von Anfang an völlig ausgereift sein, auch Neugeborene kommen nicht auf die Welt und können laufen und sprechen. Ein Traum beginnt fast immer als vages Gefühl von etwas, das man gerne erreichen möchte, als eine undeutliche Vorstellung von dem, was man vom Leben erwartet.

Wenn Sie diesen Prozeß verwirrend finden, versuchen Sie die folgende Herangehensweise. Stellen Sie sich vor, Sie seien eine greise Dame und schauen zurück auf Ihr Leben, auf alles, was Sie getan und auf alle Menschen, die Sie gekannt haben. Was würden Sie von sich gern sagen können, war der Zweck Ihres Lebens? Abgesehen von den vielen wunderbaren Kindern, Enkeln und Urenkeln, was haben Sie in Ihrem langen Leben erreicht?

Wenn Sie diese Frage beantworten können, sind Sie bereits dabei, sich einen Traum zu erschaffen.

Wenn es Ihnen trotz mehrmaliger Versuche mißlingt, ein Ziel zu formulieren, in dem die Worte »Frau« und »Mutter«

nicht auftauchen, dann denken Sie daran zurück, wie Sie als junges Mädchen waren. Die meisten Kinder und Jugendlichen können herrliche Pläne darüber schmieden, was sie später einmal werden wollen. Meine Tochter ist erst elf, aber sie hat bereits einen eigenen Traum. Sie möchte Ballettänzerin werden und hat die lebhafteste Vorstellung davon, wie es sein wird, als Tänzerin zu arbeiten und in New York City zu leben. Kleine Mädchen wie sie haben so viele Zukunftsvorstellungen von sich im Kopf, daß oft kein Platz für ihr jetziges Selbst ist. In ihrem Alter scheint das Erwachsenwerden noch Lichtjahre entfernt zu sein. Erwachsensein, das ist eine Legende, eine Phantasiewelt, und ebenso schwierig vorzustellen wie ein Leben auf dem Mars. Junge Mädchen pflegen ihre Träume mit der gleichen Leichtigkeit und Freude wie das Spielen mit Puppen oder das Lackieren von Fingernägeln. Wenn Sie den Kontakt zu Ihrer Fähigkeit zum Träumen und Spielen verloren haben, erinnern Sie sich daran, wie Sie als kleines Mädchen waren. Denken Sie an die Zeit, als Ihnen Tagträume fast genauso selbstverständlich waren wie nächtliche Träume.

Um wieder in die aufgeweckte kindliche Gedankenwelt einzutauchen, brauchen Sie Ihre ganze Vorstellungskraft. Versuchen Sie sich auszumalen, wie Sie in zehn bis zwanzig Jahren sein werden. Vergegenwärtigen Sie sich dieses »mögliche Ich«. Haben Sie Schwierigkeiten damit, versuchen Sie es zunächst mit der Vorstellung von Katastrophen, mit schrecklichen Zukunftsvisionen; darin sind die meisten von uns leider ausgesprochene Expertinnen. Mit Leichtigkeit können wir uns als Landstreicherinnen, Alkoholikerinnen, Krüppel oder Arbeitslose enden sehen. Wenn Sie diesen schrecklichen Traum ausprobiert haben, dann denken Sie daran: Wenn Sie sich das Schreckliche vorstellen können, können Sie sich auch das Gute ausmalen. Sie müssen nur daran glauben, daß alles möglich ist. Tun Sie dann den nächsten Schritt, indem Sie sich als glücklichen, erfolgreichen Menschen vorstellen.

Schließen Sie die Augen und denken Sie Ihr Gesicht auf die Titelseite der Zeitungen. Sie haben im Lotto gewonnen! Oder wie wäre es damit: Sie studieren Medizin oder haben zwanzig Pfund abgenommen, oder Sie werden Astronautin oder Schauspielerin.

Um ein positives Selbst zu entwickeln, müssen Sie auf ganz bestimmte, realistische und bewußt optimistische Art denken. Ergänzen Sie Ihren Traum um alle Details, die ihn Stück für Stück lebendig werden lassen. Wenn Sie Kunstlehrerin sind, wie meine Schwester, könnten Sie eine Vision entwikkeln, in der Sie Privatschüler annehmen und schließlich ein eigenes Kunstinstitut eröffnen. Oder Sie machen es wie meine Freundin, die Anwältin, die für ihr Leben gern dicke, mit Puderzucker bestreute Walnußplätzchen backt, und träumen von einem Unternehmen mit Tausenden von Süßigkeitenständen in ganz New York City.

Wenn Sie sich Ihr bestmögliches eigenes Ich vorgestellt haben, müssen Sie herausfinden, wie Sie es zum Leben erwecken können. Um Ihren Traum der Realität anzunähern, müssen Sie aktiv werden. Manche Mütter werden dazu nicht in der Lage sein. Scheuen Sie sich nicht davor, Hilfe zu erbitten. Erklären Sie Ihrem Mann und Ihren Kindern, was Sie gern erreichen möchten, und bitten Sie sie um Mithilfe. Wenn Sie Zeit für sich brauchen, und sei es nur, um in Ruhe nachzudenken und zu planen, nehmen Sie sich diese Zeit. Wenn Sie das Gefühl haben, jeden Samstagnachmittag vor die Tür zu müssen, machen Sie es möglich. Das hat nichts mit Selbstpflege zu tun, denn Selbstpflege ist nur das Mittel zu diesem Zweck. Sie sollten inzwischen eine solche Expertin in Selbstpflege sein, daß Sie genug Selbstvertrauen besitzen, sich die Hilfe zu holen, die Sie zur Durchsetzung Ihrer Ziele benötigen. Wenn Ihre Familie und Freunde verstehen, wie wichtig es für Sie ist, werden sie Ihnen helfen, einen Weg zu finden.

Das schwierigste an der Selbsterkenntnis ist, sich nicht von seiner Familie abzukapseln, während man in den eigenen Traum eintaucht. Wenn Sie kurz davor sind, Ihr Ziel zu erreichen, für Ihren Mann und die Kinder jedoch nicht mehr zugänglich sind, haben Sie Ihr Selbstinteresse zu weit getrieben. Sie müssen den schwierigsten Trick von allen lernen, nämlich ihre eigenen Bedürfnisse und die Anforderungen Ihres leidenschaftlichen Traums mit den Bedürfnissen der Menschen, die Sie lieben, in Einklang zu bringen. Das ist schwer, aber nicht unmöglich.

Als Catherine, die Mutter mit der Bäckerei, um den Erhalt ihres Unternehmens kämpfte, wurde ihr klar, daß sie das Geschäft vermutlich beleben könnte, indem sie es in einen blühenden Touristenort verlagerte, der fünf Stunden von ihrem Heimatort entfernt lag. Die gutbetuchten Skifahrer und Urlauber, die das Dorf das ganze Jahr über belagerten, würden sich um ihre hausgemachten Leckereien reißen. Doch gleichzeitig wußte sie auch, daß sie dafür ununterbrochen arbeiten müßte und ihre Kinder nur am Sonntag sehen würde. Statt ihre im Scheitern begriffene Bäckerei nach Wyoming zu verlegen, machte sie den Laden dicht und suchte sich ein völlig neues Ziel. Auf diese Art brachte sie ihr Bedürfnis, zu träumen, mit dem Anspruch, für die Kinder dazusein, in Einklang.

Für Catherine ist es auch weiterhin ein nicht enden wollender Kampf, die eigenen Bedürfnisse mit denen ihrer Familie abzustimmen. Obwohl ihr Buttergeschäft ständig expandiert, arbeiten sie und ihr Mann nie länger als bis fünf Uhr nachmittags, und sie beschränkt ihre Geschäftsreisen auf zwei bis drei Tage im Monat, um den Kontakt zur Familie nicht zu verlieren. Ihr Traum war für sie nie etwas, was ihre Kinder ausschließen sollte, sondern immer auch eine Möglichkeit, ihnen aus erster Hand praktische Geschäftserfahrungen zu vermitteln. Ihre Bäckerei liefert täglich 568 Sesambrote an ein nahegelegenes Restaurant, und ihr fünfzehnjähriger Sohn ist zuständig für das Backen. Die zehnjährigen Zwillinge sind täglich mit dem Verpacken der Brote beschäftigt. Catherines Vision hat die Kinder gelehrt, was es heißt, an sich selbst zu glauben, und sie haben gelernt, wie wichtig es für eine Mutter ist, eigene Ziele zu haben.

Außerdem wurde Catherine durch ihren Traum auf den Weg zur Entdeckung ihres wahren Ichs gebracht.

9. Kapitel
Ausgewogenheit herstellen

So lautet meine Version des alten Bibelspruches: »Ein jegliches hat seine Zeit, und alles Vorhaben unter dem Himmel hat seine Stunde.« Sich aufzuopfern hat seine Zeit und sich zu pflegen hat seine Zeit. Das schwierigste daran ist natürlich die Frage: Wann ist es Zeit für was?

Meine Buttererfinderin ist Expertin in dieser Frage; sie weiß immer genau zu unterscheiden zwischen ihren eigenen Bedürfnissen und denen ihrer Familie, und sie nimmt beides gleich ernst. Sie verliert nie das Gespür für sich selbst, weil sie ihren eigenen Traum nie aus den Augen verliert. Ständig testet sie neue Ideen, wie sie ihr Geschäft erweitern oder variieren könnte. Sie hat ein Kochbuch über ihre Butter geschrieben, das sie während der allmonatlichen Fernsehauftritte bei einem Einkaufssender verkauft. Sie hat kalorienarmen Backzucker erfunden und eine fettarme Sauté-Butter, die sie gerade testet, um sie irgendwann zusammen mit den anderen Produkten auf den Markt zu bringen.

Doch selbst wenn ein Teil ihrer Gedanken immer um die Arbeit kreist, ist Catherine auch für ihre sechs Kinder da. Sie hilft den Zwillingen bei den Hausaufgaben und steht ihrer Teenager-Tochter mit Rat und Tat zur Seite, damit diese den Frotzeleien an der Highschool besser begegnen kann. Im vergangenen Jahr hat sie ihrem ältesten Sohn bei der Anmeldung zum College geholfen und seine Bemühungen um Aufnahme an einer angesehenen Militärakademie unterstützt, an der er inzwischen sein erstes Jahr absolviert hat.

Catherine ist stolz auf ihre Kinder und könnte von morgens bis abends von ihnen schwärmen, wenn man sie ließe, und doch ist sie ebenso stolz auf ihre eigenen Leistungen. Bei Tee und Krapfen (gebacken mit einem einzigen Tropfen Öl) kann sie Ihnen von ihren vielen Bäckereidesastern und -triumphen berichten oder erzählen, wie es war, den Chef des berühmten Fernsehsenders zu treffen, bei dem sie auftritt. Es interessiert sie nicht besonders, daß einige ihrer Nachbarn an ihrem Ehrgeiz Anstoß nehmen oder ein paar Mitglieder ihrer Kirchengemeinde sie um ihren finanziellen Erfolg beneiden. Sie weiß, wer sie ist und was sie vom Leben will, und solange es ihr und ihrer Familie gutgeht, ist ihr alles andere unwichtig.

Eine Mutter wie sie, eine Frau mit einem ausgeprägten Gespür für sich selbst, ist nicht auf die Zustimmung anderer angewiesen, um sich gut zu fühlen. Ihr Selbstwertgefühl kommt von innen, es ist ein Teil ihrer selbst, *egal was passiert*. Keiner kann es ihr geben, und keiner kann es ihr nehmen. Wenn jemand sie herabwürdigt oder kritisiert, ändert das nichts an ihrer Einstellung zu sich selbst. Auch Schmeicheleien haben auf ihre Selbsteinschätzung keinen Einfluß. Sie ist unabhängig, selbstbeherrscht und voller Eigeninitiative. Sie ist eine Frau mit einem festen, unerschütterlichen Glauben an sich selbst.

Mütter mit einem starken Ich-Bewußtsein vernachlässigen oder vergessen nicht automatisch ihre Kinder. Es ist keine Entweder-oder-Situation; es geht nicht um »sie oder ich«. Im Gegenteil! Viele Mütter können sich gleichzeitig um sich selbst und um die Kinder kümmern, wie die wohlhabende Mutter, die ihrem vierjährigen Sohn vorliest, während sie sich zu Hause die Beine enthaaren läßt. Das ist sicherlich ein extremes, sogar ein bizarres Beispiel, doch diese Frau strebt eindeutig nach Ausgewogenheit. Darunter versteht man die Fähigkeit von Müttern, sich um die Bedürfnisse der Familie zu kümmern, gleichzeitig aber auch die eigenen zu erkennen und zwischen beiden hin- und herzuschalten.

Die Tatsache, daß Frauen fast immer mit zwei, drei oder fünf Dingen gleichzeitig umgehen müssen, ist nicht automatisch ein Handicap. Anders als Männer haben wir nur selten die Gelegenheit, uns ganz auf eine Sache zu konzentrieren, weil zu viele Menschen in zu vielen Angelegenheiten von uns abhängig sind. Frauen waren schon immer gezwungen, »mit Ambiguität und Vielfalt« zu leben, schreibt Mary Catherine Bateson in ihrem Buch »Composing a Life«. Und das ist gut und nicht schlecht, meint sie, weil es uns befähigt, mit der Komplexität des Lebens umzugehen.

Ausgewogenheit bezeichnet ja gerade die Fähigkeit, drei Bälle auf einmal zu jonglieren – sich selbst, die Kinder und den Mann – ohne einen davon allzuhäufig fallen zu lassen. Es klappt vielleicht nicht immer, alle Bälle gleichzeitig in der Luft zu halten, aber versuchen können Sie es immerhin.

Wenn ich in meine Arbeit vertieft bin, denke ich dennoch auch an meine Kinder, selbst wenn dieser Gedanke sich im hintersten Winkel meines Kopfes verstecken mag. Ein Anruf von einem Lehrer oder einer Schulkrankenschwester genügt, um ihn ganz nach vorne zu befördern. Und wenn etwas Dringendes anliegt, lasse ich auf der Stelle alles andere stehen und liegen. Vor einiger Zeit unterbrach ich eine dringende Terminarbeit, um zur Schule zu fahren und meiner Tochter bei einem Buchstabierwettbewerb zuzusehen. Als ich sie vorne auf der Bühne stehen sah, klopfte mir das Herz bis zum Hals. Sie hielt die Hände hinter dem Rücken verkrampft und blickte ängstlich geradeaus, aber sie sprach jeden Buchstaben klar und deutlich aus. Ich biß die Zähne aufeinander, während ich sie das Wort »Landwirtschaft« buchstabieren hörte.

»L-A-N-D-W-A-R-T-S-C-H-A-F-T«, sagte sie.

Mein Herz sank. Doch nur einer der Viertkläßler buchstabierte das Wort richtig, so daß sie Zweite wurde und ich erleichtert aufatmen konnte. Als ich, von Mutterstolz erfüllt, zurückfuhr, schaltete ich um und konzentrierte mich für den Rest des Nachmittags wieder ganz auf meine Arbeit.

Die Erfolge meiner Kinder haben mich immer mit besonderem Stolz erfüllt, aber ich brauche auch eigene Erfolge, Dinge, die ich nur für mich tue, die nur mich befriedigen. Ich versuche mich fast ebenso häufig zu belohnen, wie ich meine Kinder belohne. Und genau deshalb gehe ich joggen, zum Yogaunterricht oder allein ins Kino, und deshalb arbeite ich. Ich baue mir ein eigenes Leben auf, das außerhalb der Grenzen meiner Familie existiert.

Das bedeutet in keiner Weise, daß es mir keinen Spaß macht, mich für meine Familie einzusetzen; das tue ich, denn auf diese Art zeige ich, daß sie mir am Herzen liegen. Viele Mütter handelten nach der Devise »Liebe geht durch den Magen«, meint Bateson, und gäben sich große Mühe, genau das zu kaufen, was ihre Lieben besonders mögen. Wenn ich einkaufen gehe, besorge ich die schlabberigen Puddings, die meine Kinder so lieben, und den furchtbaren Instantkaffee, den mein Mann so gerne trinkt. Für den Geburtstag meines Sohnes klapperte ich drei Geschäfte ab, ehe ich genau das richtige Geschenk fand, und ich schmiedete heiße Pläne und startete für seine Videogame-Party komplizierte Leihaktionen. Ich mußte zwei Videorekorder ausleihen, zwei neue Spiele und beim Nachbarn einen zusätzlichen Fernseher ergattern.

Um solche Dinge zu tun, muß ich mich aufopfern; doch innerhalb der großen Familie der Mütter tue ich nur, was von mir erwartet wird. Wenn ich zu den !Kung gehören würde, einem afrikanischen Nomadenstamm, der seine Nahrung immer noch durch Jagen und Sammeln beschafft, müßte ich meine Kinder den ganzen Tag *tragen*. Und das nicht nur im Säuglingsalter, sondern bis sie vier oder fünf Jahre alt sind. Ich würde sie 1500 Meilen weit auf dem Rücken befördern, das ist die Entfernung, die der Stamm im Laufe eines Jahres zurücklegt. Und außerdem müßte ich mithelfen, die Nahrung herbeizuschaffen.

Das Ausmaß der in industrialisierten Ländern von Frauen

erwarteten Aufopferung ist weniger extrem als bei den !Kungs; dennoch lastet ein enormer sozialer Druck auf Müttern, mehr und immer mehr für ihre Kinder tun zu müssen, während sie gleichzeitig auch dazu beitragen, die Familie zu ernähren. Auf gewisse Art und Weise tragen also auch wir unsere Kinder auf dem Rücken, während wir gleichzeitig für die Nahrung sorgen und sie zubereiten. Und all das tun wir neben dem Geldverdienen.

Warum sind wir inzwischen nicht weit über dieses Stadium hinaus? Warum kleben wir immer noch an diesen alten Sitten, eingekeilt zwischen gewohnheitsmäßiger Selbstverleugnung und Aufopferung, der wir so schwer entkommen können? Warum gehen Menschen auf allen Erdteilen der Welt davon aus, daß Frauen dazu geboren und bestimmt seien, sich aufzuopfern?

Gibt es für Frauen keine Möglichkeit, der Biologie und Psychologie der Aufopferung zu entkommen?

Es muß sie geben, und zwar bald.

Es ist ungerecht, unmoralisch und schlichtweg falsch, zu erwarten, daß Frauen weiterhin die größten Opfer für die Familie erbringen, gerade so, als habe sich seit Urzeiten nichts geändert. Mütter können diese enormen, zermürbenden Opfer nicht länger leisten, so als gehörten wir immer noch zu einer archaischen Gruppe von Jägern und Sammlern. Mütter müssen ihr Leben selbst in die Hand nehmen und an sich und ihre Familie höhere Erwartungen stellen. Sie müssen lernen, Selbstachtung einzufordern und sich selbst Fürsorge entgegenzubringen. Genau wie für ihre Familie müssen sie auch für sich große Zuneigung empfinden. Sie müssen einen Lebenszweck entwickeln, der außerhalb ihrer Familie liegt, und ihn verfolgen. Und schließlich müssen sie ihr wahres Ich entdecken und zu ihm stehen.

Das schwer definierbare ›Wahre Ich‹

Für viele Mütter kann die Suche nach ihrem wahren Selbst sehr frustrierend sein. Es bloßzulegen, ist genau wie die Suche nach Öl, das seit Jahrmillionen Tausende von Metern tief unter Sediment und Geröll verborgen liegt. Außerdem kann das wahre Ich einer Frau unter all ihren Verpflichtungen gegenüber anderen, ihrer Verantwortung als Frau und Mutter, Tochter und Schwester, verborgen liegen. Um dieses Ich zu bergen, muß sie ebenso hart arbeiten wie ein Geologe auf der Suche nach Rohöl.

Ich habe Jahre gebraucht, um diese Tatsache zu akzeptieren und mir darüber klarzuwerden, daß ich meine eigene Vergangenheit erforschen muß, um die Zukunft zu verstehen. Wenn ich an mich als junge Frau zurückdenke, sehe ich jemanden, der unglaublich abenteuerlustig und voller naivem Selbstvertrauen war. Ich war ungestüm, unverfroren und stolz darauf. Ich sprach aus, was ich dachte, und ließ mich von niemandem kleinmachen. Einmal fuhr ich im Sommer mit einer Freundin per Anhalter quer durch England, Wales und Spanien. Wenige Jahre später reiste ich allein durch Europa und den Mittleren Osten und lebte in Israel, während dort Krieg herrschte. Dann zog ich allein nach New York City, holte Untermieter in meine Wohnungen und deichselte Beziehungen, Teilzeitjobs und Universität.

Doch als Ehefrau und Mutter verwandelte ich mich in eine völlig andere Frau, die viel, viel vorsichtiger und nicht annähernd so selbstbewußt war. Ich wurde eine Frau, deren Vorstellung von Abenteuer sich darin erschöpfte, ohne angelegten Sicherheitsgurt durch die Gegend zu fahren, und deren Wagemut darin bestand, sich eine Pizza »mit allem« zu bestellen oder samstags bis nach Mitternacht aufzubleiben.

Wo war die unerschrockene, begeisterungsfähige und lebhafte junge Frau geblieben?

Sie war von den Wogen der mütterlichen Pflichten und Aufopferung überrollt worden. An ihrer Stelle befand sich nun eine ältere und reifere Frau, die häufig müde war. Diese neue Frau konnte den jugendlich überschäumenden und ichbezogenen Enthusiasmus nicht bewahren. Sie glaubte, wer eine gute Mutter sein will, müsse die Suche nach immer neuen Abenteuern aufgeben. Sie sah der Tatsache ins Auge, daß ihre Verantwortung für die Kinder dringlicher war als der Ruf nach Freiheit und Abenteuer. Sie war eine Frau, die nur dann glücklich war, wenn Mann und Kinder es auch waren.

Doch nach einem mehr als zehn Jahre währenden Leben als selbstgerechte, aufopferungsvolle Mutter wurde mir langsam klar, daß ich zurückgehen und einen winzigen Teil dieses früheren Ichs wiederfinden mußte, um mich daran festzuhalten. Ich brauchte dieses Verbindungsglied, um das, was mich jetzt ausmachte, mit dem zu verbinden, was ich früher war. Ich mußte die schönsten Seiten meines alten Selbst wiederfinden und ihnen einen Platz in meinem Herzen geben. Mein wahres Ich sollte diese risikobereite, spontane Seite ebenso beinhalten wie die ängstlich-besorgte aufopferungsvolle Mutter und die zu mehr Selbstinteresse entschlossene Frau. Um die Uhr zurückzudrehen und mein junges Ich wiederzufinden, mußte ich mir von ihm jedoch ein paar Lektionen erteilen lassen. Ich mußte lernen, wieder ichbezogen zu sein, Risiken einzugehen und mich selbst genauso zu genießen wie meine Kinder. Und ich mußte mein altes junges Ich vor den Gefahren der übermäßigen Aufopferung warnen.

Das klingt relativ einfach, ist es aber nicht. Ich habe selten eine schwierigere Aufgabe angehen müssen, und ich bin sehr stolz darauf, es fast geschafft zu haben.

So wie ich haben viele Mütter eine fast vergessene Seite, die zu der Frau gehört, die sie früher einmal waren. Dieses alte Selbst ist wichtig, es ist ein wertvolles Relikt aus ihrer Vergangenheit, das es zu bewahren gilt. Das wahre Ich einer Frau sollte sich zusammensetzen wie ein verzwicktes Mosaik

und die Erinnerung daran, wie sie als Teenager und als junge Frau waren, ebenso enthalten wie das, was sie als Frau, Geliebte und als Mutter ausmacht. Alle diese Bestandteile einer Persönlichkeit machen eine Frau zu dem, was sie heute ist.
Eine Frau kann ihr Leben nur dann ins Gleichgewicht bringen, wenn sie sämtliche Komponenten ihrer Persönlichkeit nimmt und sich von ihnen zu ihrem wahren Ich führen läßt. Außerdem ist es eine gute Möglichkeit, ihren Töchtern vorzuleben, daß eine Mutter nicht nur aufopferungsvoll sein kann und darf.
Die Suche nach dem wahren Ich kann Jahre dauern oder im Handumdrehen gelingen. Die Dauer richtet sich meist nach den Gründen, die eine Frau dazu bewegen, sich auf die Suche zu machen. Wird die Suche durch einen merkwürdigen Zufall oder ein einschneidendes Ereignis ausgelöst, kann sie außerordentlich schnell vonstatten gehen. Wenn die Kinder flügge werden, beispielsweise, und eine Frau nicht länger Tag und Nacht als Mutter gefragt ist, hat sie einen großen Anreiz, sich schnell zu finden. Wenn die Eltern sterben und sie nicht länger jemandes Tochter ist, kann das ein großes Verlangen danach wecken, herauszufinden, wer man wirklich ist. Wer eine Scheidung durchmacht oder Witwe wird, ist möglicherweise ebenfalls reif für eine ernsthafte Seelenreise. Auch der Tod eines Angehörigen, einer engen Freundin oder eine eigene schwere Krankheit kann uns im Nu aus der Aufopferung in die Klarheit eigener Selbstbewußtheit torpedieren.
Erst nachdem ihr Mann an Aids gestorben war, berichtet mir eine Mutter von zwei kleinen Kindern, sei ihr klargeworden, daß sie ein gesundes Ichgefühl entwickeln muß. Obwohl sie immer noch um ihren Mann trauert, hat sie durch seinen Tod gelernt, auch etwas für sich zu tun, und zwar gleich, solange sie die Möglichkeit dazu hat. Aus diesem Grund geht sie wieder zur Schule, um einen Abschluß nachzuholen; sie nimmt Tanzunterricht und gönnt sich zum

ersten Mal in ihrem Leben Tickets für das Ballett im Lincoln Center. Der tragische und vorzeitige Tod ihres Mannes zwang sie, herauszufinden, wer sie wirklich ist. Sie möchte ihre Mutterrolle wertschätzen, gleichzeitig aber muß sie sich auch auf ihren eigenen Wert besinnen, auf ihre eigenen Bedürfnisse und Wünsche.

Für Mütter, die nicht durch einen äußeren Anlaß motiviert werden, kann die Selbstfindung eine regelrechte Odyssee werden. Vielleicht leben sie mit einer unerklärlichen Sehnsucht, weil sie sich an einem inneren Scheideweg befinden und ein quälendes, rätselhaftes Verlangen sie nicht mehr losläßt. Oder sie haben vielleicht ein gewisses Alter erreicht und ihr »Baby« hat gerade angefangen, sich zu rasieren. Vielleicht haben sie auch im Spiegel eine Frau entdeckt, die sie nicht mehr kennen. Es kommt gar nicht so sehr auf die Gründe an; solange Mütter sich veranlaßt fühlen, ihr Leben und ihre Einstellung zu sich selbst neu zu bewerten, werden sie sich auf die Reise nach ihrem wahren Ich machen.

Dieser Erkenntnisprozeß kann für eine Frau mit fünfundzwanzig oder mit fünfundvierzig kommen. Trotzdem ist er vermutlich nicht die erste Erfahrung, die sie mit Selbstfindung macht. Fast alle Frauen kämpfen als Teenager mit der brennenden Frage: »Wer bin ich?« Es ist der Zeitpunkt, an dem junge Frauen nach Unabhängigkeit von der Familie streben und am häufigsten Gefahr laufen, eine erste Identitätskrise durchzumachen. Dieses psychologische Ritual der inneren Einkehr ist fast so vorhersehbar wie die Pubertät. Heranwachsende Mädchen ringen mit sich, um herauszufinden, wer sie eigentlich sind, neben der Tochter der Mutter oder der Schwester des Bruders, und sie zermartern sich den Kopf, wie sie ihren Weg wohl finden werden. Leider werden viele Teenager durch ein falsches Ich behindert, so daß ihre Auseinandersetzung ebenso schnell endet, wie sie begonnen hat. Sie wissen nicht, wer sie sind und was sie wollen, weil sie so gründlich darauf gepolt wurden, freundlich, nett und gefällig zu sein. In ihrem Bestreben, ultrafeminin zu wirken, das Ideal eines braven Mädchens zu verkörpern, streifen sie sich eine starre Maske beflissener Hilfsbereitschaft über.

Aber brave Mädchen haben kein wahres Ich; ihr Selbst spiegelt nur die Erwartungen anderer Menschen wider. Es ist keine echte Reflexion, sondern eine künstliche Projektion. Und je länger sie diese falsche Fassade aufrechterhalten, desto schwieriger wird es, sie wieder abzubauen.

Frauen, die dieses falsche Ich nicht wieder ablegen können, nehmen es mit, wenn sie Mütter werden. Sie spielen ihre Rolle gegenüber dem Partner und den Kindern und zeigen nicht einmal den Menschen, die sie lieben, ihre wahren Gedanken und Gefühle. Sie sind immer rücksichtsvoller, als sie möchten, entsagungsvoller, als sie wollen und viel aufopferungsvoller, als gut für sie ist. Frauen, die jahrzehntelang hinter einer solchen falschen Fassade leben, schaffen es womöglich nie, Aufopferung und Selbstinteresse in ein Gleichgewicht zu bringen.

Um ihr wahres Ich zu entdecken, muß eine aufopferungsvolle Mutter Selbstachtung empfinden und darüber hinaus einen eigenen Traum entwickeln. Ohne ein gewisses Maß an Selbstachtung ist das so gut wie unmöglich. Sie muß in der Lage sein, über sich selbst nachzudenken. Sie muß herausfinden, welche Werte sie besitzt und welche sie neu entdecken muß. Das ist nicht einfach, denn eine solche Selbstanalyse erfordert ein gewisses Maß an Ruhe und Frieden und die Bereitschaft, andere auszuschließen. Es ist schwer genug für eine Frau, sich mit ihren tiefsten Ängsten und Fehlern zu konfrontieren, noch anstrengender allerdings wird es, wenn man es zwischen tausend alltäglichen Ablenkungen tun muß. Wer ein lebhaftes Leben führt, angefüllt mit schreienden Kindern, murrendem Ehemann und fordernden Vorgesetzten, findet kein ruhiges Plätzchen für sich selbst. Deshalb müssen Frauen sich absondern, sich Zeit nehmen und allein sein. Nur durch den Blick nach innen kann eine Frau sich so sehen, wie sie jetzt ist, und herausfinden, wie sie eine neue, ausgewogenere Version ihrer selbst entwickeln kann. Sie muß auf eine Art innere Safari gehen, um zu diesem anderen, heimlichen Selbst vorzudringen, das im dichten Dschungel ihrer Psyche verborgen liegt.

Leider kann ich Frauen nicht genau sagen, nach was sie suchen müssen, denn dafür gibt es keine richtige Antwort. Jede Frau muß ihr wahres Ich selbst entdecken, und nur sie wird wissen, wann es soweit ist. Aber ich kann ihnen sagen, wie sie auf den richtigen Weg zur Ausgewogenheit kommen. Hier sind einige Ratschläge:

1. **Suchen Sie sich eine Gummizelle.** Das meine ich natürlich nicht wörtlich, obwohl ich schon mit Müttern gesprochen habe, die sich in Badezimmern, Toiletten und Garagen einschließen mußten, um in Ruhe nachzudenken. Was ich wirklich meine, ist, daß Sie sich ein ruhiges Plätzchen zum Zurückziehen suchen sollen. Mütter sind selten allein und ebenso selten von Ruhe umgeben, daher haben sie nie Gelegenheit, sich hinzusetzen und Gedanken über sich selbst nachzuhängen. Wenn es sein muß, zwingen Sie sich, eine halbe Stunde früher aufzustehen als der Rest Ihrer Familie oder erst ins Bett zu gehen, wenn alle anderen schon schlafen. Stellen Sie fest, wie Sie diese Zeit für sich nutzen können – um sich auf sich selbst zu konzentrieren und darüber nachzudenken, wer bzw. was Sie sind, wo Sie einmal standen und wo Sie hinwollen. Nennen Sie es Meditation, Ruhe oder Einsamkeit, aber nutzen Sie die Zeit für sich. Lernen Sie, sich zu entspannen und in sich hinein zu hören. Und selbst wenn Sie nichts hören, denken Sie darüber nach, wer bzw. was Sie jetzt sind und wer oder was Sie in der nächsten Phase Ihres Lebens sein möchten. Sehen Sie sich in Ihren Gedanken nicht als Mutter, Partnerin oder Tochter, sondern als eigenständiges Wesen, das das Leben allein meistern muß.

2. **Lassen Sie los.** Wenn Sie krank werden, geben Sie der

Krankheit nach. **Seien Sie krank.** Bleiben Sie im Bett und lassen Sie die Familie für Sie sorgen. Machen Sie sich nicht zur Märtyrerin, indem Sie mit Fieber einkaufen gehen oder mit einer Streptokokkeninfektion die Wäsche waschen. Sie graben sich nur selbst das Wasser ab. Geben Sie Ihrem Partner oder den Kindern die Chance, auszuprobieren, wie es ist, zu sorgen, statt umsorgt zu werden. Lassen Sie ihnen die Möglichkeit, sich für Sie aufzuopfern: Geben Sie ihnen einen Crashkurs in Sachen Aufopferung. Lassen Sie Ihre Familie sehen, daß auch Sie zusammenbrechen können und manchmal Aufmerksamkeit und Pflege brauchen. Zeigen Sie ihnen, daß Sie ein Mensch sind und keine Aufopferungsmaschine. Vielleicht hilft es Ihnen sogar dabei, sich zumindest für eine Weile das Verzichten abzugewöhnen.

Sie müssen aber mit dem Loslassen nicht warten, bis Sie krank werden. Eine meiner Freundinnen war eines Abends so erschöpft, daß ihr die Augen wehtaten und ihre Glieder schwer wie Blei waren. Sie fiel mit Kleidern und Schuhen ins Bett, zu müde, um sich ein Nachthemd anzuziehen. Um sechs Uhr früh am nächsten Morgen war sie wieder auf den Beinen, ohne sich erholt zu fühlen. Also beschloß sie, ihrer Müdigkeit nachzugeben. Sie erklärte ihrer Familie, sie werde sich die gesamte nächste Woche ausruhen, weder etwas vom Boden aufheben noch größere Mahlzeiten kochen oder jedesmal aufspringen, wenn eines der Kinder ein Glas Milch will. Sie sollten es als eine Art Mutterstreik betrachten, erklärte sie ihrem Mann und den Kindern, und sich darauf einstellen. Und das tat sie. Es klappte so gut, daß meine Freundin sich inzwischen fast ständig halb im Streik befindet.

3. **Sie bestehen nicht nur aus Familie.** Denken Sie immer daran. Zwingen Sie sich, sich mehrmals am Tag klarzumachen: »Ich bestehe nicht nur aus Familie.« Ihre Kinder und Ihr Partner sind ungeheuer wichtig; sie sind ein wertvoller Teil von Ihnen. Aber sie sind nicht alles, was Sie ausmacht! Sie sind mehr als nur Mutter und Partnerin.

»Die Kraft des Leibes, so wunderbar sie ist«, schreibt Anne Roiphe in ihrem Buch »Fruitful: A Real Mother in the Modern World«, »hat nicht die Wattleistung, um ein ganzes Leben zu erleuchten.« Als ganzer, im Gleichgewicht befindlicher Mensch sind Sie für Ihre Kinder um vieles wertvoller als eine Maschine, die nur auf ihr Wohlbefinden ausgerichtet ist. Auch wenn es paradox klingt, indem Sie sich mehr gönnen, gönnen Sie letztendlich auch Ihren Kindern mehr.

4. **Graben Sie Ihre Vergangenheit wieder aus.** Versuchen Sie sich darauf zu besinnen, wie Sie als junger Mensch waren und wie Ihre Träume aussahen. Wenn Sie Probleme damit haben, sich an Ihre Geschichte zu erinnern, stellen Sie Nachforschungen an. Sprechen Sie mit Ihrer Mutter, Ihren Tanten oder Schwestern. Rufen Sie eine alte Schulfreundin an und plaudern Sie über alte Zeiten. Durchsieben Sie Ihr Leben nach den Goldnuggets, die früher Ihre besten Seiten ausmachten, und fügen Sie diese Ihrer heutigen Persönlichkeit hinzu.

5. **Versinken Sie in Trägheit und Langeweile.** Das mag merkwürdig klingen, doch es kann funktionieren. Erledigen Sie ein paar monotone, gleichförmige Arbeiten, und Sie werden gezwungen, über Ihr Innenleben nachzudenken. Ein wenig Innensicht ist nötig, und sei es nur, um nicht verrückt zu werden. Machen Sie einen langen Spaziergang, joggen oder wandern Sie. Gehen Sie dabei jedesmal die gleiche Strecke und Entfernung. Strampeln Sie auf einem Hometrainer, gehen Sie schwimmen oder marschieren Sie auf einem Laufband. Wischen Sie den Küchenboden oder betätigen Sie den Staubsauger. Schalten Sie Ihren Körper auf Autopilot, damit ihr Geist freien Lauf hat. Richten Sie Ihre Gedanken auf sich selbst, um darüber nachzudenken, wer Sie sind und wer Sie gerne sein möchten. Aber begehen Sie nicht den Fehler, fernzusehen oder Radio zu hören. Das kann natürlich langweilig sein, aber es bietet viel zuviel Ablenkung. Beides lenkt Ihre Aufmerksamkeit nach außen statt nach innen. Sie müssen et-

was finden, daß Ihnen den Kopf freimacht, statt ihn zu verstopfen.

Und wie können Sie feststellen, ob etwas davon funktioniert und Sie wirklich im Begriff sind, Ihr wahres Ich zu finden? Vielleicht gar nicht. Zumindest am Anfang.
Erwarten Sie keine Wunder. Es werden weder Glocken ertönen, noch Engel um Ihren Kopf schwirren. Auch Ihre Kinder werden nicht unversehens voller Respekt und Dankbarkeit dafür sein, daß Sie sich so gütig und selbstlos für sie aufopfern. Aber vielleicht werden Sie feststellen, daß sich Ihre Sicht auf das Leben gravierend verändert hat. Natürlich werden Sie den Kindern zuliebe weiterhin geben, aber Sie werden auch wissen, wann Sie aufhören müssen, wann es genug ist. Sie werden weiterhin stolz auf die Erfolge Ihrer Kinder sein, sich aber ebenso an Ihren eigenen Leistungen erfreuen. Sie werden sich immer noch nach den Bedürfnissen Ihrer Kinder richten und trotzdem feststellen, daß Sie sich sorgfältiger überlegen, welche Opfer Sie bringen und welche nicht. Sie werden glücklich sein, wenn Ihre Kinder es sind, aber Sie werden auch eigene Freuden entdecken. Und schließlich werden Sie sich auch weiterhin besorgt fragen, ob Sie die richtige Wahl getroffen haben und ob es richtig ist, sich selbst mehr und den Kindern weniger Aufmerksamkeit zu schenken. Doch Sie haben gelernt, wie wichtig Ausgewogenheit ist und die Fähigkeit, das Ying der Aufopferung mit dem Yang des Selbstinteresses in Einklang zu bringen.

Das Gleichgewicht halten

Die Botschaft sollte inzwischen klar sein: Mütter müssen ihre Aufopferung durch ebenso starke Selbstbeachtung ausgleichen, nicht um die Aufopferung zu ersetzen, sondern um sie durch etwas Selbstwahrnehmung abzuschwächen. Ein gesundes Gleichgewicht zwischen den beiden ist die einzige Möglichkeit für Frauen mit Kindern, ihre persönliche Würde zu bewahren.

Ich will damit *nicht* sagen, daß Mütter dem gefährlichen Impuls nachgeben sollen, zu tun und zu lassen, wonach ihnen der Sinn steht. Ich sage damit *nicht*, daß es in Ordnung ist, seine Kinder zu vernachlässigen und nur für die eigenen Interessen zu leben. Meine Anleitung zum Selbstinteresse verwandelt nicht jeden Abend in eine Silvesterparty, zu der Kinder nicht zugelassen sind. Kinder werden immer ein gewisses Maß an elterlicher Aufopferung erfordern, nur spielt es keine Rolle, ob sie von der Mutter oder vom Vater erbracht wird.

Besonders wichtig ist dieses Gleichgewicht für Mütter von Töchtern, weil sie diesen vorleben können, wie wichtig es ist, ein wahres Ich zu besitzen. Weibliche Teenager müssen hart darum kämpfen, ein wahres Ich zu finden, und können jede Verbündete gebrauchen. Eine Mutter, die sich nicht scheut, ein eigenes Leben zu führen, kann der beste Schutz und das beste Vorbild sein. Auch Jungen profitieren von einer Mutter, die Selbstinteresse und Aufopferung in Einklang bringt, weil sie auf diese Weise nicht nur lernen, daß es Frauen mit einem starken Selbstwertgefühl gibt, sondern daß diese Erfolg haben. Vielleicht werden solche Jungen zu Männern, die sich Geben und Nehmen mit ihren Partnerinnen teilen, statt immer nur zu nehmen.

Eine ausgeglichene, selbstinteressierte Mutter kann zum Vorbild der nächsten Generation und zur gewissenhaften Hüterin ihres eigenen Wohlbefindens werden. Doch der Weg zu mütterlicher Ausgewogenheit ist nicht immer einfach oder gar mühelos und gerade. Mitunter kann der Versuch, seine Bedürfnisse ins Gleichgewicht zu bringen, wie ein Schuß nach hinten losgehen.

Man könnte meinen, die Anthropologin Margret Mead müsse

für ihre Tochter ein ausgezeichnetes Vorbild gewesen sein. Margret Mead war mit fünfundvierzig Jahren eine berühmte Autorin und Weltreisende und ebensohäufig hatte man sie als fürsorgliche Mutter einer kleinen Tochter abgelichtet. Doch als ihre Tochter Mary Catherine Bateson heranwuchs, zeigte sich, daß diese die Botschaft der Nichtaufopferung nie wirklich verinnerlicht hatte. Im Gegenteil: Bateson stellte ihre eigenen Bedürfnisse jahrzehntelang zurück und räumte der Karriere ihres Mannes höchste Priorität ein. Sie stellte die »gesellschaftlich transportierte Einstellung gegenüber Frauen«, wie sie es nannte, einfach nie in Frage.

Wenn nicht einmal Margret Mead eine nicht-aufopferungsvolle Tochter mit einem gesunden Ichgefühl aufziehen konnte, muß es schwieriger sein als wir denken. Aus diesem Grund bemühe ich mich inzwischen ganz bewußt darum, mit meinen Kindern darüber zu sprechen, was ich für mich und was ich für sie tue. Als ich den Wochenendausflug ins Kurbad antrat, war ich nicht zu Hause, um meiner Tochter für einen Tanzabend die Haare aufzustecken, noch konnte ich mir das sonntägliche Basketballspiel meines Sohnes ansehen. Ich entschuldigte mich bei ihnen, machte ihnen aber gleichzeitig deutlich, wie sehr ich mich auf dieses besondere Ereignis freute. Sie begriffen, wie wichtig mir das Wochenende war, auch wenn sie über die vielen Opfer jammerten, die sie für mich brachten.

Es gibt jedoch Mütter, die so aufopferungsvoll sind, daß sie niemals ein Gleichgewicht erreichen werden. Eine alleinerziehende Mutter aus Barbados verzichtete zugunsten der Versorgung ihrer Kinder auf alles andere, nur um am Ende festzustellen, daß sie ihnen dadurch niemals das geben konnte, was sie wirklich brauchten. Sie mußte die beiden Kinder verlassen und in die Vereinigten Staaten gehen, um genügend Geld zu verdienen.[76] Deshalb gab sie ihre sieben Jahre alte Tochter zur Großmutter und bezahlte eine Nachbarin dafür, daß sie den vierjährigen Sohn großzog. Zwölf

Jahre lang versorgte sie als Haushälterin und Kindermädchen fremde Kinder, sparte jeden Pfennig, der übrigblieb, um das Geld für die eigenen Kinder nach Hause zu schicken. Doch während der ganzen Zeit sah sie Tochter und Sohn nicht ein einziges Mal; sie kannte die beiden nur aus Briefen und Telefongesprächen. Erst als ihr Sohn schon fast mit der Schule fertig war, konnte sie es sich leisten, die beiden zu sich nach New York zu holen. Doch da waren ihr die Kinder längst fremd geworden. Sie hatte sie finanziell versorgt, aber dafür waren sie ohne eine Mutter aufgewachsen, die ihnen abends am Bett zuhörte oder ihnen Pflaster auf die wunden Knie klebte.

Sie hatte ihr ganzes Leben geopfert und nie darüber nachgedacht, daß ein Gleichgewicht möglich sein könnte.

Mütter mit mehr Glück und anderen finanziellen Möglichkeiten können auf verschiedene Weise nach Ausgewogenheit streben. Einige wenige, wie meine Nachbarin, die so mit sich selbst beschäftigt ist, daß sie nicht einmal den Namen des Klassenlehrers ihres Kindes weiß, müssen vielleicht ein bißchen Selbstsucht abbauen und lernen, mehr Opfer zu bringen. Die meisten Frauen aber müssen genau wie ich lernen, sich weniger aufzuopfern.

An dem Tag, als ich ohne mich umzudrehen oder irgendwelche Schuldgefühle ins Kurbad fuhr, wußte ich, daß ich es geschafft hatte, etwas Aufopferung abzulegen. Ich hatte wirklich das Gefühl, an der Reihe zu sein, und meine Familie dachte genauso. Und weil ich ein gewisses zerbrechliches Gleichgewicht erreicht habe, fühle ich mich viel weniger angespannt und wesentlich lockerer. Ich genieße auch meine Kinder mehr. Sie sind unabhängiger und selbstbewußter denn je und viel stolzer auf sich. Auch die Beziehung zu meinem Mann hat sich vertieft und verbessert. Unser Umgang ist viel zärtlicher und aufmerksamer geworden, und selbst unser Gezänk entsteht mehr aus Zuneigung denn aus Zorn. Er hat gelernt, uns sein Interesse zu zeigen, und demonstriert seine Aufmerksamkeit dadurch, daß er täglich mehrmals anruft. Vor kurzem hat er sogar eine Überraschungsparty für mich organisiert – die erste in meinem Leben – und alle meine Freunde zu einem herrlichen Essen in ein Restaurant am Hudson River eingeladen. Bevor wir mit dem Essen begannen, brachte er einen Champagnertoast auf mich aus. Meine Augen füllten sich mit Tränen, als ich daran dachte, wie recht ich gehabt hatte, meine Belastungen aufzuteilen. Es hatte funktioniert! Wir feierten diesen Tag und jeden anderen seitdem.

Wenn ich mich von meinem Aufopferungsdrang befreien konnte, können andere es auch. Wenn Sie herausfinden wollen, wie weit Sie von echter Ausgewogenheit entfernt sind, beantworten Sie sich ein paar grundlegende Fragen.

Bringen Sie Opfer für Ihre Familie und sind doch gut genug zu sich selbst? Haben Sie einen Wunschtraum? Fühlen Sie sich als Person selbstbewußt und bestätigt?

Wenn Sie diese Fragen mit einem ehrlichen »Ja« beantworten können, haben Sie ein Gleichgewicht erreicht zwischen dem, was Sie für sich und für andere tun.

Wenn Sie mit »nein« oder auch »vielleicht« geantwortet haben, müssen Sie Ihr Leben vielleicht neu organisieren. Schränken Sie Ihre häuslichen Aufgaben und Pflichten ein. Teilen Sie sich die Arbeiten mit Ihrem Mann und den älteren Kindern oder bezahlen Sie jemanden dafür. Wenn Sie es sich leisten können, engagieren Sie jemanden zum Putzen, Einkaufen oder für die Wäsche. Verbannen Sie alle unnötigen Aufgaben. Wechseln Sie die Bettwäsche nur noch alle zwei bis drei Wochen, statt jede Woche. Waschen Sie die Handtücher nur noch ein- oder zweimal im Monat. Nehmen Sie sich Zeit für Ihre Kinder, und planen Sie gleichzeitig welche für sich allein ein – und sorgen Sie dafür, daß diese Zeiten sich nicht überschneiden.

Wenn es geht, reduzieren Sie auch Ihre berufliche Tätigkeit. Statt vierzig oder fünfzig Wochenstunden zu arbeiten, versuchen Sie mit dreißig oder fünfundzwanzig auszukommen. Sie werden weniger verdienen, aber dafür mehr Zeit haben. Und wenn Sie weniger Zeit außer Haus verbringen, gewinnen Sie dadurch mehr Zeit für Ihre Familie und gleichzeitig auch für sich selbst. Doch achten Sie darauf, sie klug und zu Ihrem eigenen Besten einzusetzen, wenn Sie es erst einmal geschafft haben, diese kostbare Zeit herauszuschlagen.

Erklären Sie den Begriff »Teil-Zeit« zu Ihrem neuen Motto. Wenn Sie das Glück haben, eine gute Teilzeitstelle zu ergattern, können Sie trotzdem wesentlich zum Familienunterhalt beitragen. Teilzeitarbeit kann Ihnen das beste von zwei Welten ermöglichen, ein eigenes Leben draußen und ein Leben zu Hause, mit Ihrer Familie.

Wenn Ihnen all das undurchführbar erscheint, oder Sie es sich nicht leisten können, weniger Geld zu verdienen, dann suchen Sie nach einer einfacheren Lösung, um Ihr Leben ins Gleichgewicht zu bringen. Denken Sie zum Beispiel darüber nach, Ihr Sexualleben wieder aufleben zu lassen. Dieser einfache Schritt wird Ihnen helfen, sich mehr auf sich selbst zu konzentrieren und auf Ihre Ehe, und Sie werden dadurch lernen, sich häufiger etwas Gutes zu tun. Versetzen Sie sich zurück in die Zeit, ehe Ihr Bauch sich wölbte, ehe Sie zur Hausangestellten wurden und Ihr Leben sich nur noch um Spielsachen, Kassetten, Geburtstagspartys und Spieltermine drehte. Gehen Sie zurück in die Zeit, als Sex noch wunderbar einfach und herrlich entspannend war. Erinnern Sie sich noch daran, als Sie und Ihr Mann ein ganzes Wochenende im Bett zubringen konnten und nur aufstanden, um zur Toilette zu gehen und etwas zu essen zu holen?

Schwelgen Sie eine halbe Minute lang in diesen Erinnerungen. Und jetzt vergessen Sie sie. Diese Tage sind vorbei, genau wie Stummfilme und Telegraphen; und sie kommen nie zurück. Sie müssen nicht Ihre verlorene Jugend auferstehen lassen, um Ihre Sinnlichkeit wiederzuentdecken. Ändern Sie statt dessen Ihre Erwartungen so, daß sie der Realität Ihres gereiften, elterlichen Daseins entsprechen. Finden Sie an einem Samstagabend oder einem Sonntagnachmittag eine ruhige Stunde, und packen Sie so viel sinnliches Vergnügen in dieses kostbare Stündchen wie Sie können. Auch eine halbe Stunde kann ausreichen: Seien Sie froh über alle kleinen sexuellen Geschenke, die Sie sich gönnen können.

Und selbst wenn Ihnen ein wiederbelebtes Sexualleben nicht dabei hilft, Ihr Leben ins Gleichgewicht zu bringen, haben Sie dadurch nichts verloren.

Eine andere Möglichkeit, für Ausgewogenheit zu sorgen, besteht darin, auszugehen und Spaß zu haben. Aufopferungsvolle Mütter nehmen ihre Rolle als moralisches Vorbild der nächsten Generation manchmal so ernst, daß sie vergessen, wie wichtig es ist, lockerzulassen und Spaß zu haben. Spaß ist das, was wir empfanden, als wir noch keine Verantwortung trugen und uns über nichts Gedanken machten, außer darüber, was wir als nächstes tun würden. Spaß heißt, sich Zeit zu nehmen, um sich kleinen Vergnügen hinzugeben, kleinen Freuden und Momenten reinen Genusses. Man kann tatsächlich gleichzeitig selbstinteressiert und eine ausgeglichene Mutter sein und auch noch Spaß dabei haben; ja, eigentlich ist beides die Voraussetzung dafür, Spaß zu haben.

Wenn Sie Ihre Kinder zum Schlittschuhlaufen fahren, leihen Sie sich ebenfalls welche aus. Wenn Sie mit ihnen in den Park gehen, beteiligen Sie sich an ihrem Ballspiel. Machen Sie mit beim Drachensteigenlassen, bauen Sie auch eine Sandburg am Strand. Empfinden Sie mit Ihren Kindern, wie aufregend es ist, ein Kind zu sein.

Nehmen Sie das Leben nicht so ernst.

Lernen Sie für das Heute zu leben und jetzt Spaß zu haben. Wenn Sie diese Sicht übernehmen können, werden Sie motiviert, nach größerer Ausgewogenheit zu streben.

Doch das allerwichtigste ist vielleicht, daß Sie versuchen, Ihre instinktive Abneigung gegenüber Frauen abzulegen, die die eigenen Interessen manchmal an die Spitze stellen. Eine

Freundin von mir erinnert sich noch daran, daß ihre Mutter und ihre Großmutter immer zu sagen pflegten, »die weiß, wie sie für sich sorgen muß«, wenn sie eine Frau richtig beleidigen wollten. Mein Ziel ist es, diese Aussage in das ultimative neue Kompliment für Frauen umzuwandeln, damit Mütter stolz darauf sein können, daß sie gut zu sich sind.

Zum guten Schluß

Ich sage es noch ein letztes Mal.

Mütter können gar nicht alle Opfer aufgeben, weil Aufopferung eines der Dinge ist, welche die Mutterschaft so bittersüß machen. Sich für seine Kinder hinzugeben, ist Teil dessen, was es bedeutet, eine Mutter zu sein, egal ob Sie ein Tintenfisch, ein Elefant oder ein Mensch sind. Doch nur Menschenmütter können in der intensiven Lust an der Selbstverleugnung schwelgen, und nur sie haben die Fähigkeit, dieses Gefühl durch eine ebenso große Freude an der Selbstpflege auszugleichen.

Doch wenn der heimliche Hang zur Aufopferung Müttern ein solch großes und überschäumendes Entzücken bereitet, was ist dann so falsch daran? Schließlich sind die meisten Frauen zwanzig bis fünfundzwanzig Jahre lang damit beschäftigt, ihre Kinder aufzuziehen. Wenn sie achtzig Jahre alt werden, ist das nur ein Viertel ihres Lebens. Warum sollten sie diese Jahre also *nicht* den Kindern widmen?

Weil extreme Aufopferung sie während dieser Zeit und unter Umständen auch lange darüber hinaus krank, unglücklich und unsicher macht.

Weil ihre mütterliche Aufopferung zwar ihren Partnern ein angenehmeres Leben bereiten mag, aber ihrer Beziehung schadet und ihr Sexualleben nicht nur für ein oder zwei Jahrzehnte, sondern für alle Zeiten schädigen kann.

Und weil sie am Ende auch den Kindern nicht wirklich nutzt.
Zuviel Aufopferung ist weder gesund noch klug und ganz und gar nicht gerecht.
Auch die fast universellen gesellschaftlichen Regeln, die Frauen zu extremer und unnötiger Aufopferung zwingen, sind ungerecht. Es ist sozialer Druck, der Mütter dazu bringt, die größten Opfer für die Familie auf sich zu nehmen. Frauen geben und geben und geben immer noch mehr, weil sie wissen, daß es sonst keiner tut. Wenn Männern zuviel Verantwortung aufgeladen wird, wenn sie vor der Aufgabe stehen, ein Opfer zu bringen, stellen sich viele von ihnen einfach taub. Sie können mit dem Druck und der Bürde von Verpflichtungen nicht umgehen. Das ist der Grund, warum geschiedene Väter so häufig ihre Kinder im Stich lassen, statt sich darum zu bemühen, die ehemalige Familie in ihr neues Leben zu integrieren. Deshalb weigern sich so viele Männer, Extraarbeiten im Haushalt zu übernehmen, oder sind nicht bereit, zu lernen, wie man die Waschmaschine bedient oder eine anständige Mahlzeit zubereitet. Es liegt nicht daran, daß diese Männer gemein, unfähig oder böse sind, sondern daran, daß sie damit einfach nicht fertigwerden, es buchstäblich nicht schaffen. Es ist genau so, wie der Mann meiner Freundin müde erwidert, wenn sie ihn fragt, warum er das Wohnzimmer nicht saugt: »Ich will an *weniger* denken müssen, nicht an *mehr.*«
Also wandeln Frauen auf einem Pfad der Aufopferung, auf dem die meisten Männer straucheln und fallen würden. Das Problem ist nicht, daß einige Männer keine Opfer auf sich nehmen wollen, sondern daß sie es nicht *können*.
Doch eine Gesellschaft, die sich darauf stützt, daß Mütter durch übermäßige Opfer Familien in Gang halten, schadet den Müttern und beutet sie aus. Eine solche Kultur billigt, daß Frauen zu Dienerinnen ihrer Familien werden, und errichtet für die Selbstachtung und das Selbstvertrauen dieser

Mütter unüberwindbare Hürden. Eine Gemeinschaft, die extreme mütterliche Aufopferung begünstigt, fördert damit Familienstrukturen, in denen Mütter unterwürfig, demütig, unsicher und diffus sind. Solche Verhältnisse sind fast schon eine Garantie dafür, daß Frauen für lange Zeit unter diversen unbestimmten, aber quälenden seelischen Problemen leiden werden.

Es ist die immense Macht der Gesellschaft, mütterliche Aufopferung einzufordern und zu begünstigen, die es so schwermacht, diesen Wesenszug abzulegen. Es mag den Anschein haben, als käme der Hang zur Selbstverleugnung von innen, als sei er ein freiwilliger Akt hingebungsvoller Mütter, doch er ist nicht zuletzt das Ergebnis weitverbreiteter sozialer Erwartungen.

Obwohl viele Mütter in industrialisierten Ländern heute einen wesentlichen Teil des Familieneinkommens beisteuern, wird von ihnen immer noch erwartet, daß sie die Opfer allein erbringen, als sei die Aufopferung ihre höchste Pflicht. Es ist offensichtlich, daß sich die Lebensweisen von Frauen und Männern heute derartig gleichen, daß die Rollen fast identisch geworden sind. Väter arbeiten für Geld, und Mütter tun das gleiche. Mütter schmusen mit ihren Kindern, und Väter tun das gleiche.

Warum muß es dann so sein, daß nur die Mütter sich treu und brav aufopfern?

Es muß nicht so sein. Übermäßige mütterliche Aufopferung muß von allen Müttern abgelehnt werden, die Gefahr laufen, ihr zu verfallen und darunter zu leiden. Die Frauen selbst müssen den Schwarzen Peter abgeben.

Überall müssen aufopferungsvolle Mütter eine Revolution einleiten, einen Umbruch, der endlich das Kastensystem abschafft, das sie auf so achtlose, brutale und gefährliche Weise ausbeutet. Und diese Rebellion muß im eigenen Heim anfangen – als ginge es um ihr Leben, denn genau darum geht es. Mütter, die sich nicht auf diesen Kampf einlassen, beginnen das neue Jahrtausend mit einem Handikap, das sie mit Sicherheit an ihre Töchter und Enkelinnen weitergeben werden. Jetzt, und nicht später, ist der richtige Zeitpunkt, etwas dagegen zu tun; und wir sollten es nicht bei halben Sachen belassen.

Versuchen Sie nicht, Männern beizubringen, bessere Väter zu sein: Lehren Sie alle Eltern, gute Mütter zu sein. Beide, Männer und Frauen, müssen lernen, im richtigen Moment für ihre Kinder Opfer zu bringen; sich selbst, wenn nötig, zurückzunehmen und ihre Kinder zu lieben, zu hegen und zu unterstützen. Doch gleichzeitig müssen sie zusammen lernen, für sich zu sorgen, als Einzelpersonen und als Team im Spiel des Lebens. Sie müssen lernen, in ihrer Fürsorge zusammenzuarbeiten.

Wenn es soweit ist, müssen Mütter nicht mehr fürchten, sich zu sehr aufzuopfern, weil beide Elternteile – Mütter wie Väter gleichermaßen – danach streben werden, sich für die Familie aufzuopfern und auch auf sich selbst zu achten. Um dies zu ermöglichen, müssen Mütter ihr Verhalten ändern. Wenn sie das tun, werden auch die Männer in ihrem Leben sich ändern müssen. Und mit der Zeit wird ihr Protest den gesellschaftlichen Zwang zur Aufopferung aufweichen und zum Verschwinden bringen.

Wir werden keine andere Wahl haben.

Und wenn diese Zeit kommt, wird sie der Anfang einer neuen und besseren Ära für Frauen sein.

Danksagung

Dies sind die Menschen, die sich meine Ideen anhörten, mir Unterstützung gewährten, geduldig mit dem Kopf nickten, wenn ich mich beklagte, oder zu meiner Party kamen: Karen Adair, Penny Cassar, Laura Copland, Harriet Fier, Lenore Glickhouse, Andrea Glickhouse, Kay Brown Grala, Michael Hume, Sarah Kahn, Andrea Kott, Stephen Mantell, Mark Levine, Shelley Markowitz, Ken Neufeld, Nancy Porter, Michael Pressman, Annegret Rice, Berkeley Rice, Rick Routhier, Rebecca Scarpatti, Phillip Shaver, Laura Spitzer, Deborah Doyle Swartz, Carol Tavris, Litsa Tsitsera, Harvey Zachem, Beth Zolkind und Neil Zolkind. Besonderen Dank auch an Pamela Moora und Annette Steiner.

Außerdem möchte ich mich bei meiner eigenen aufopferungsvollen Mutter, Trudy Rubenstein, und meinem Vater, Alvin Rubenstein, für ihre unablässigen Ermutigungen und ihren Glauben an mich bedanken. Dank auch an meine Schwester Joann Neufeld, für ihre Geschichten und Witze, und an meinen Bruder, Steven Rubenstein, der alle Risiken auf sich nahm.

Dank schulde ich George Sharrard für seine schnelle und effektive Computerhilfe, meiner Superforscherin Nancy Margolin und Stacey Lutz. Ich danke meiner Agentin Barbara Lowenstein für ihre frühe Begeisterung und Unterstützung. Und gäbe es nicht meine Freundin und Kollegin Stephanie von Hirschberg von der *New Woman*, hätte ich niemals so viel ergiebiges Umfragematerial für meine Arbeit gehabt.

Außerdem muß ich Susan Ungaro, der Redakteurin des *Family Circle* danken, die es mir ermöglichte, meine Ideen auf die Probe zu stellen. Und schließlich möchte ich meiner Lektorin Leslie Wells danken, die mich sanft, aber beharrlich aufs richtige Gleis brachte und dort hielt.

Dankbar bin ich auch den Tausenden ungenannten Frauen und Männern, die im Laufe der Jahre meine Umfragen beantworteten, mir Einblicke in ihr Leben gewährten und ihr Herz öffneten, in der Hoffnung, jemand würde ihnen Aufmerksamkeit schenken.

Ich tat es.

Meinen Kindern, Rachel und Jonathan, möchte ich dafür danken, daß sie in mein Leben kamen und mich überhaupt erst zu einer aufopferungsvollen Mutter machten. Sie sind meine Wunderkinder, von denen die Ärzte sagten, daß ich sie nie bekommen würde. Und dann gibt es noch meinen Mann, David Glickhouse, der mein bester Cheerleader war. Er las jede einzelne Seite, gab eine wundervolle Party für mich und – was am schönsten ist – er lernte meine Opfer mit mir zu teilen.

Anmerkungen

1 Gesche Gottfried war eine geachtete Bremer Bürgerin, die zwischen 1813 und 1827 fünfzehn Menschen mit Arsen vergiftete, darunter ihre drei Kinder, zwei Ehemänner, Vater, Mutter und Bruder. Sie wurde im April 1831 enthauptet.

2 Meine 1996 für die Zeitschrift *Family Circle* durchgeführte Umfrage zum Thema »Aufopferung« ergab, daß 50 % der Mütter darauf verzichten, allein zu sein, sooft sie wollen; 47 % hören auf, Geld nach ihren Wünschen auszugeben; 44 % verzichten darauf zu lesen; 41 % der Mütter geben an, sich nicht mehr genügend Schlaf zu gönnen; und 40 % gehen nicht mehr aus. Diese Umfrage wurde von der Zeitschrift *Family Circle* im November 1995 nach dem Zufallsprinzip an Paare mit mindestens einem Kind verschickt. 600 Frauen und Männer antworteten; 245 von ihnen waren verheiratete Paare. Gut die Hälfte aller Frauen gab an, mindestens vier der dreiundzwanzig von mir aufgelisteten Punkte aufzugeben. Die vollständige Liste der Opfer umfaßte: Fernsehen, sooft ich mag; lesen, soviel ich will; Geld nach eigenen Wünschen ausgeben; die Kinder so erziehen, wie ich es mir vorstelle; Sport treiben, sooft ich möchte; Sport im Fernsehen verfolgen, sooft ich möchte; ausgehen, sooft ich möchte; allein sein; Intimverkehr, sooft ich möchte; Intimverkehr, wie ich ihn möchte; ins Kino oder Theater gehen; Arbeit, die mir Spaß macht; eine Karriere; Reisen können; Zeit mit Eltern oder Verwandten verbringen; mit FreundInnen oder KollegInnen in Kontakt bleiben; der Mensch bleiben, der ich war; genügend Schlaf bekommen; mich um mich selbst kümmern; Kleidung kaufen, die mir gefällt; persönliche Ziele erreichen.

3 In der 1996er Aufopferungsumfrage gaben 78 % der Mütter an, eigene Bedürfnisse und Wünsche häufig den Kindern zuliebe aufzugeben. 58 % hielten es für die Pflicht einer Mutter, zu verzichten.

4 67 % der Mütter von Kindern unter 18 Jahren haben wenig Zeit für Selbstverwirklichung, ergab meine 1993 durchgeführte Umfrage zum Thema »Beziehung«. Diese nationale Telefonumfrage wurde im Mai 1993 von der Organisation Roper für die Zeitschrift *New Woman* gestartet. Roper interviewte 764 Frauen zwischen 17 und 60 Jahren.
Außerdem stellte ich in meiner im gleichen Jahr durchgeführten Umfrage

über Untreue fest, daß 92 % aller Frauen glauben, die meisten Ehefrauen opferten ihr persönliches Vergnügen für die Familie, während nur 16 % von ihnen meinen, daß Ehemänner das gleiche tun. Diese Umfrage wurde von *New Woman* im August 1993 veröffentlicht und 7000 Frauen antworteten.

5 Während 46 % der Frauen in der 1996er Aufopferungsumfrage dieser Aussage zustimmten, beschrieben nur 15 % der Männer ihre Frauen auf die gleiche Weise.

6 Anfang 1991 leistete Wanda Holloway mit einem Paar Diamantohrringen eine Anzahlung auf den Mord an ihrer Nachbarin Varna Heath. Deren dreizehnjährige Tochter Amber hatte bereits zweimal vor Holloways eigener Tochter, Shanna Harper, einen Cheerleaderwettbewerb gewonnen. Holloway wurde verhaftet und zu fünfzehn Jahren Gefängnis verurteilt.

7 Elizabeth Morgan behauptete, ihr Mann habe ihre fünfjährige Tochter während der gerichtlich gestatteten Besuchszeiten vergewaltigt. Sie schickte das Kind zu ihren Eltern nach Neuseeland und ging lieber ins Gefängnis, als den Aufenthaltsort der Tochter preiszugeben.

8 Die Angaben von C. Sue Carter stammen aus einem persönlichen Interview vom Mai 1996.

9 Die Autorin bezieht sich hier auf Tests wie den »Bem Sex Role Inventory« und den »Personal Attributes Questionnaire«, mit beiden wird die Geschlechteridentität festgestellt. Eine Zusammenfassung davon finden Sie in: John Robinson, Phillip R. Shaver und Lawrence Wrightsman (Hrsg.): »Measures of Personality and Social Psychological Attitudes«, (New York: Academic Press 1991).

10 Etwa sieben von zehn Frauen fällt es leicht, für andere Sympathie zu entwickeln, während es bei Männern nur halb so viele sind, ergab meine für *New Woman* durchgeführte Umfrage zum Thema »Selbstachtung« von 1992. Und doch behaupten nur 16 % der Frauen, auch für sich selbst Sympathie zu empfinden.

11 Sämtliche Zitate stammen aus einem persönlichen Interview vom Mai 1996.

12 In meiner Babyumfrage für die Zeitschrift *Parenting*, 1990, gab die Hälfte der Mütter an, ihr Baby bereits vor der Geburt geliebt zu haben, für weitere 30 % begann die Liebe bei der Geburt. Außerdem meinen 57 % aller Mütter, die Intensität dieser Liebe sei überwältigend, im Vergleich zu 37 % der Väter, die diese Aussage machen. An der Umfrage beteiligten sich 9000 Mütter und Väter.

13 In meiner 1993er Beziehungsumfrage für *New Woman* gaben 81 % aller Mütter mit Kindern unter 18 Jahren an, eine gute Beziehung zu ihren Kindern sei ihnen das wichtigste. Fast jede Mutter – 93 % – ist der Ansicht, die Mutterschaft sei erfüllender, als sie es je für möglich gehalten hätte. Sogar 96 % der Mütter ziehen aus der Mutterschaft große persönliche Befriedigung und ebenso viele meinen, dadurch viel über das Leben zu lernen.

14 Drei von vier Müttern gaben diese Antwort in der 1993er Beziehungsumfrage für *New Woman*.

15 In der 1993er *New Woman*-Umfrage zum Thema »Beziehung« gaben acht von zehn Müttern an, ihren Kindern ein hohes Maß an emotionaler Kraft zu schenken, im Vergleich zu 71 % Frauen, die dies in bezug auf ihren Mann sagen, 52 % in bezug auf die eigene Mutter und 47 % in bezug auf eine Freundin oder einen Freund.

16 Dieser Test wurde aus meiner 1996er Aufopferungsumfrage für *Family Circle* übernommen.

Stellen Sie fest, wie sehr Sie den folgenden Aussagen zustimmen, und addieren Sie dann die Zahlen, die mit Ihren Antworten übereinstimmen.

Bei **starker Übereinstimmung**	4 Punkte
Bei **Zustimmung**	3 Punkte
Bei **Ablehnung**	2 Punkte
Bei **starker Ablehnung**	1 Punkt

1. Ich habe das Gefühl, meinem Partner zuliebe häufig eigene Wünsche und Bedürfnisse zurückzustellen.
2. Ich habe das Gefühl, den Kindern zuliebe häufig eigene Wünsche und Bedürfnisse zurückzustellen.
3. Es ist die Pflicht einer Mutter, für ihre Kinder Opfer zu bringen.
4. Es ist die Pflicht eines Vaters, für seine Kinder Opfer zu bringen.
5. Manchmal denke ich an meinen Partner wie an ein weiteres Kind.

Wenn Sie die Zahlen zusammenzählen, sollte ihr Ergebnis zwischen 5 und 20 liegen. Eine Frau, die 11 oder weniger Punkte erzielt, neigt nicht sehr zur Aufopferung. Ich nenne sie »leicht aufopferungsvoll«. Mit 12 Punkten liegen Sie genau im Mittel, Sie sind »mittelmäßig aufopferungsvoll«. Eine Frau, die 13 und mehr Punkte erreicht, ist »extrem aufopferungsvoll«.

Mütter schneiden in diesem Test deutlich höher ab als Männer. Die drei Grade der Aufopferung »leicht, mittel und extrem« basieren ausschließlich auf den Antworten der 303 Frauen, die diesen Test absolvierten.

17 Die Aufopferungsumfrage von 1996 ergab, daß Mütter mit Kleinkindern von meiner Opferliste (vgl. Anm. 2) etwa acht Tätigkeiten aufgeben; jene mit Kindern zwischen sieben und siebzehn circa fünf und solche mit Kindern über 18 Jahren im Durchschnitt nur noch zwei.

18 In meiner *New Woman*-Beziehungsumfrage gaben 86 % der Mütter von Kindern unter 18 Jahren an, die Beziehung zu ihren Sprößlingen sei häufig »ein Streßfaktor«, 87 % meinten, sie sei anstrengender als andere Beziehungen, und 71 % hielten sie für frustrierender, als sie es je erwartet hätten.

19 In meiner 1992er Selbstachtungsumfrage für *New Woman* fand ich heraus, daß 53 % der Frauen sich von ihrem Partner mehr Anerkennung und daß 65 % sich mehr Aufmerksamkeit wünschen. Dies gilt besonders für Mütter. Nur 77 % der Frauen haben das Gefühl, daß ihr Partner

ihnen zuhört, wenn sie etwas »wirklich Wichtiges zu sagen haben«, während es bei den Männern 91 % sind.

20 Diese Ergebnisse stammen ebenfalls aus der Babyumfrage für *Parenting* von 1990. Dabei gaben 24 % aller Mütter an, sich ständig Sorgen zu machen, und 38 % sorgten sich »die meiste Zeit«. Für eine zwei Jahre später gestartete *Parenting*-Umfrage erstellte ich einen Babybesessenheits-Test, an dem 6000 Eltern teilnahmen.

Um diesen Test zu absolvieren, müssen Sie die folgenden sieben Fragen beantworten:

Wie nervös waren, sind oder wären Sie im Hinblick auf die folgenden Umstände?

Sie sind **überhaupt nicht nervös**	1 Punkt
Sie sind **etwas nervös**	2 Punkte
Sie sind **sehr nervös**	3 Punkte

1. Ihre Fähigkeit, ein Neugeborenes zu versorgen
2. Die Gefahr, das Baby fallen zu lassen
3. Die Eßgewohnheiten Ihres Kindes
4. Den Schulbeginn Ihres Kindes
5. Eine Aids-Erkrankung Ihres Kindes
6. Alkohol- oder Drogenkonsum Ihres Kindes
7. Frühen sexuellen Verkehr Ihres Kindes

Und nun errechnen Sie Ihr Ergebnis. Es sollte zwischen 7 und 21 Punkten liegen. Erreicht Ihr Gesamtergebnis 14 oder mehr Punkte, gehören Sie zu den »sehr ängstlichen« Müttern, zusammen mit 40 % der Frauen, die die 1992er *Parenting*-Elternumfrage beantworteten. Mit 12 bis 13 Punkten befinden Sie sich im Mittelfeld. Und mit 11 Punkten und darunter gehören Sie zu den »wenig ängstlichen« Müttern.

21 Die Mütter aus der Gruppe der »sehr ängstlichen Mütter«, die babybesessenen Mütter, bezeichnen ihre Kinder am häufigsten als laut (46 %), als schlechte Schläfer (37 %) und als übelgelaunt (23 %).

22 Dr. Benjamin Spocks Erstling, »Baby and Child Care«, wurde 1946 erstmals veröffentlicht und bis heute in 43 Millionen Exemplaren verkauft.

23 In meiner *Parenting*-Babyumfrage von 1990 fand ich heraus, daß 44 % der jungen Mütter ein schlechtes Gewissen haben, weil sie zu müde sind, 33 % weil sie mehr Zeit mit dem Baby als mit ihrem Partner verbringen, 30 % meinten, nicht genug Zeit mit dem Baby zu verbringen, und 27 % meinten, nicht oft genug mit dem Baby zu spielen. Etwa neun von zehn Müttern (89 %) geben an, zumindest in einem Punkt ein schlechtes Gewissen zu haben, und etwa die Hälfte der Mütter (54 %) berichtet, ihr Baby im ersten Jahr angeschrien zu haben.

24 Diese Informationen stammen aus meiner Umfrage über die Schuldgefühle berufstätiger Mütter aus dem Jahr 1990, an der 3000 Frauen teilnahmen. Die Mehrzahl der Mütter mit schulpflichtigen Kindern gab an,

alle folgenden Punkte verursachten bei ihnen ein »starkes« oder »etwas« schlechtes Gewissen: Nicht dazusein, wenn die Kinder aus der Schule kommen; zu dick und außer Form zu sein; nicht genügend Zeit mit dem Partner zu verbringen; die Lust am Sex zu verlieren; nicht an Schulausflügen oder tagsüber stattfindenen Schulereignissen teilnehmen zu können; nicht oft genug mit dem Partner auszugehen; nicht in der Elternvertretung mitzuarbeiten; einen unordentlichen Haushalt zu haben; nicht häufig genug Gäste einzuladen; die Kinder aufzuwecken, um sie in die Betreuungseinrichtung zu bringen.
Diese Umfrage basiert auf einem von mir konzipierten Schuldgefühltest für berufstätige Mütter.
Im folgenden finden Sie eine gekürzte Fassung dieses Tests:

Wie schuldig fühlen Sie sich?

überhaupt nicht schuldig	1 Punkt
etwas schuldig	2 Punkte
sehr schuldig	3 Punkte

1. Ich verbringe nicht genügend Zeit mit meinen Kindern.
2. Die Tagesmutter verbringt mehr Zeit mit ihnen als ich.
3. Ich kann nicht zu Hause sein, wenn sie aus der Schule kommen.
4. Ich kann während der normalen Arbeitszeiten nicht so oft an Partys, Spielen oder Ausflügen teilnehmen, wie ich gerne möchte.
5. Ich habe keine Zeit, um meinen Kindern besondere Aktivitäten zu bieten oder sie zu Unterrichtsstunden zu fahren.
6. Ich muß sie so früh wecken, um sie zur Betreuung zu bringen.
7. Meine Kinder essen zuviel Ungesundes oder Fast food.

Ihr Gesamtergebnis sollte zwischen 7 und 21 Punkten liegen. Haben Sie 12 oder weniger Punkte erreicht, gehören Sie zu den Müttern, die »geringe Schuldgefühle« verspüren, etwa einem Drittel der berufstätigen Mütter, die sich an der Umfrage beteiligten. Mit 13 bis 14 Punkten verspüren Sie »mäßige Schuldgefühle«. Und mit 15 oder mehr Punkten gehören Sie zu den vier von zehn berufstätigen Müttern, die von »starken Schuldgefühlen« geplagt werden.

25 Bei einer 1990 durchgeführten Umfrage zum Thema »Geschlechterbeziehungen« für *New Woman* waren 56 % der Frauen der Ansicht, daß »im Grunde genommen Männer und Frauen gleichermaßen dafür verantwortlich sein sollten, Geld zu verdienen«. Bei vollberufstätigen Frauen vertreten sieben von zehn die Meinung, sie sollten sich die Verantwortung mit dem Mann teilen. Zudem gab die Hälfte aller Frauen, in einer 1994 durchgeführten Umfrage zum Thema Geld, an, ihre Familie sei finanziell von ihrem Einkommen abhängig. An dieser Umfrage beteiligten sich 6000 Frauen.

26 Dies ergab eine von Louis Harris für das »Families and Work Institute« durchgeführte Zufallsbefragung von 1502 Frauen im Alter zwischen 18 und 55 Jahren. Zwei Drittel von ihnen arbeiten außer Haus. Die Um-

frage belegt zudem, daß neun von zehn berufstätigen Frauen sich für den Unterhalt der Familie verantwortlich fühlen. Vergleiche dazu: »Women: The New Providers«, Whirlpool Foundation Study, May 1995.

27 Dies wurde mit nahezu jeder Umfrage zum Thema »Wer erledigt im Haushalt was?« dokumentiert. Der Begriff »Zweite Schicht« wurde von Arlie Hochschild in ihrem Werk »Der 48-Stunden-Tag. Wege aus dem Dilemma berufstätiger Eltern« (Taschenbuch bei Droemer-Knaur, 1993) geprägt.

28 Diese Angaben stammen aus meiner Umfrage von 1990 über Schuldgefühle berufstätiger Mütter bei der nur 8 % der berufstätigen Mütter berichteten, die Kindererziehung und Haushaltsaufgaben mit ihrem Mann zu teilen. Etwa sechs von zehn gaben an, er übernehme weniger als ein Viertel aller anfallenden Hausarbeiten.

29 In meiner *New Woman*-Umfrage zum Thema »Geschlechterbeziehungen« von 1990, gab der Großteil der Frauen an, für sie sei es das schönste, verheiratet zu sein, Kinder zu haben und Teilzeit zu arbeiten. Unter den Teilzeit arbeitenden Frauen waren drei Viertel der Ansicht, zu einem idealen Leben gehöre eine Teilzeitstelle. Der gleichen Meinung sind 45 % der Vollzeitbeschäftigten und sogar 41 % der nichtberufstätigen Mütter.

30 Zu diesem Ergebnis kam ich in meiner *New Woman*-Umfrage zum Thema »Geschlechterbeziehungen«, 1990.

31 In der Umfrage zu »Geschlechterbeziehungen« bezeichneten 55 % der Vollzeitbeschäftigten ihren Beruf als »Karriere«, im Vergleich von nur 33 % der Teilzeit arbeitenden Mütter.

32 Laut Amara Bachu (in: »Fertility of American Women: June 1994«, zu den Bevölkerungsstatistiken des U.S. Department of Commerce, Bureau of Census, Washington, D.C.) sind 42 % aller US-Amerikanerinnen im Alter zwischen 15 und 44 kinderlos.

33 Aus meiner *Glamour*-Umfrage zum neuen Erwachsensein von 1990. Das Durchschnittsalter der 9000 Teilnehmerinnen war 26 Jahre. 33 % von ihnen gaben an, sich noch nicht erwachsen zu fühlen.

34 Diese Aussagen gehen auf meine *Family Circle*-Aufopferungsumfrage von 1996 zurück. Jüngere Mütter haben eine geringere Selbstachtung und schließen den Selbstverachtungstest mit schlechteren Ergebnissen ab. Sie sind unzufriedener mit ihrem Leben und fühlen sich erfolgloser. Eine genauere Beschreibung der Beurteilung von Selbstachtung und Selbstverachtung finden Sie unter Anmerkung 40.

35 In meiner 1996er *Family Circle*-Aufopferungsumfrage gaben die aufopferungsvollsten Frauen an, durchschnittlich 6 von 23 möglichen Lieblingsbeschäftigungen für ihren Mann aufzugeben, während die am wenigsten aufopferungsvollen Frauen durchschnittlich 3 Dinge aufgeben.

36 Extrem aufopferungsvolle Frauen vermißten in meiner 1996er *Family Circle*-Eheumfrage deutlich mehr Intimität, Unterstützung, Respekt und Verständnis von seiten ihres Mannes als die am wenigsten aufopferungsvollen Frauen.

37 In meiner 1992er *New Woman*-Selbstachtungsumfrage stimmten 32 % der Frauen der Aussage zu: »Manchmal glaube ich, ich bin für überhaupt nichts gut«, im Vergleich zu 20 % bei den Männern (ein statistisch bedeutsamer Unterschied). Zusätzlich bejahten 48 % die Aussage: »Manchmal widere ich mich wirklich an.« Nur 36 % der Männer stimmten dem zu.
Die gleiche Umfrage ergab, daß 33 % der Frauen sich als schlampig, fett und dumm bezeichnen.

38 Bei einem aus der 1996er *Family Circle*-Aufopferungsumfrage übernommenen Selbstverachtungstest schnitten die aufopferungsvollsten Frauen deutlich schlechter ab.

Um festzustellen, wie Sie sowohl beim Selbstachtungs- als auch beim Selbstverachtungstest abschneiden würden, beantworten Sie bitte die folgenden Fragen.

Stellen Sie fest, wie sehr Sie den folgenden Aussagen zustimmen, und addieren Sie dann die Punkte, die mit Ihren Antworten übereinstimmen.

Bei **starker Ablehnung**	1 Punkt
Bei **Ablehnung**	2 Punkte
Bei **Zustimmung**	3 Punkte
Bei **starker Zustimmung**	4 Punkte

1. Ich habe eine positive Einstellung zu mir selbst.
2. Im großen und ganzen bin ich mit mir zufrieden.
3. Ich habe das Gefühl, ein wertvoller Mensch und anderen gleichgestellt zu sein.

Gesamtpunktzahl: ______

4. Manchmal glaube ich, ich bin für überhaupt nichts gut.
5. Ich habe wenig Grund, auf etwas stolz zu sein.
6. Manchmal widere ich mich wirklich an.

Gesamtpunktzahl: ______

Das erste Zwischenergebnis ist Ihr Selbstachtungs-Ergebnis, das zwischen 3 und 12 Punkten liegen sollte. Mit 8 oder weniger Punkten haben Sie eine geringe Selbstachtung. Mit 9 oder 10 Punkten weisen Sie eine durchschnittliche Selbstachtung auf. Und mit 11 oder 12 Punkten haben Sie eine hohe Selbstachtung. In der *Family Circle*-Umfrage fielen 17 % der Frauen in die untere Kategorie, 51 % gehörten zur mittleren und 31 % zur hohen Selbstachtungsgruppe.
Das zweite Ergebnis spiegelt Ihre Selbstverachtung wider. Ihre Punktzahl sollte wiederum zwischen 3 und 12 Punkten liegen. Mit einem Ergebnis von 6 oder weniger verspüren Sie nur geringe Selbstverachtung.

7 Punkte sind der Durchschnitt, und mit 8 oder mehr Punkten gehören Sie zu den Menschen mit großer Selbstverachtung. In der *Family Circle*-Umfrage gehörten 56 % der Frauen zur niedrigen Kategorie, 19 % hatten ein durchschnittliches Ergebnis, und 25 % zeigten eine hohe Selbstverachtung.

39 Eine der Fragen in meiner *New Woman*-Umfrage zum Thema »Schönheit« von 1994 lautete: »Was halten Sie für Ihr schönstes Attribut oberhalb des Halses?« Es stellte sich heraus, daß 59 % der Frauen ihre Augen mochten, 15 % ihr Haar, fünf Prozent mögen ihre Lippen am liebsten, und der Rest bevorzugt die Gesichtsform, Haut, Wangen, Nase oder Nacken.

40 Während kinderlose Frauen fast 50 Minuten mit der Körperpflege verbringen, sind es bei Müttern nur etwa 43 Minuten (ein statistisch bedeutsamer Unterschied).

41 Diese Ergebnisse stammen aus meiner 1996er *Family Circle*-Aufopferungsumfrage, bei der ich körperliche und seelische Beschwerden stark aufopferungsvoller Frauen mit denen von wenig aufopferungsvollen Frauen verglich. Die Unterschiede waren verblüffend. Einige Beispiele für psychische Probleme in Zahlen:

Welche der folgenden Beschwerden haben Sie in den vergangenen zwölf Monaten belastet?

	bei extremer Aufopferung	bei geringer Aufopferung
Häufige Müdigkeit	60 %	33 %
Gereiztheit	54 %	22 %
Niedergeschlagenheit	50 %	15 %
Schlaflosigkeit	36 %	28 %
Konzentrationsschwierigkeiten	34 %	11 %
Häufige Schuldgefühle	33 %	11 %
Häufiges Gefühl der Einsamkeit	31 %	12 %

42 Dieses Ergebnis erzielte ich mit jeder Umfrage, die ich in den letzten 15 Jahren gemacht habe. Dabei spielte es bei meinen Untersuchungen keine Rolle, wie eine Umfrage gestaltet wurde, ob sie durch Telefoninterviews oder in einer Zeitschrift gestartet wurde, ob es sich um eine landesweite Zufallsbefragung oder um Leser einer bestimmten Zeitschrift handelte. Immer stellt sich heraus, daß Frauen mehr Probleme haben als Männer. Im folgenden finden Sie eine Aufstellung von zwanzig seelischen und körperlichen Symptomen, die ich in der Mehrzahl der Umfragen verwende. Die Zusammenstellung entstammt der 1996er *Family Circle*-Aufopferungsumfrage:

Welche der folgenden Beschwerden haben Sie in den vergangenen zwölf Monaten belastet?

1. Hoher Blutdruck
2. Häufige Kopfschmerzen

3. Verstopfung oder Magenverstimmung
4. Verspannungen, Gliederschmerzen
5. Rückenprobleme
6. Das Gefühl, dick zu sein oder zuzunehmen
7. Allergien
8. Herz- oder Brustbeschwerden
9. Schwindelanfälle
10. Einschlaf- oder Schlafprobleme
11. Schnelles Ermüden
12. Konzentrationsschwierigkeiten
13. Häufige Schuldgefühle
14. Ein häufiges Gefühl der Einsamkeit
15. Unbegründete Ängste
16. Verlust des sexuellen Interesses
17. Gereiztheit oder Wutgefühle
18. Niedergeschlagenheit
19. Weinanfälle
20. Unfälle mit längerfristigen Folgen

In dieser Umfrage nannten Frauen durchschnittlich fünf Probleme, während Männer drei aufzählten.

43 Einige Experten nennen es inzwischen eine »soziale Tatsache«, daß Kinder sich auf das Wohlbefinden der Mutter negativ auswirken. In meiner *New Woman*-Umfrage zum Thema »Älterwerden« von 1993 stellte ich beispielsweise fest, daß Mütter mehr körperliche und seelische Probleme haben als kinderlose Frauen. Diese Umfrage erschien im Januar 1993 und wurde von 6000 Frauen beantwortet. Im November 1993 legte ich den Bericht zu dieser Umfrage vor, der ergab, daß Mütter auch häufiger als kinderlose Ehefrauen unter Schlafstörungen, Konzentrationsschwierigkeiten, Herzrasen und Schwindelanfällen litten. Während 49 % der Mütter angaben, sich glücklich zu fühlen, waren es bei den kinderlosen Frauen 63 %.

44 In meiner 1996er *Family Circle*-Aufopferungsumfrage stellte ich fest, daß die aufopferungsvollsten Frauen mit ihrem Sexualleben viel unzufriedener sind als weniger aufopferungsvolle Frauen und daß weit weniger von ihnen angeben, ihren Mann leidenschaftlich zu lieben (40 % im Gegensatz zu 61 % der weniger aufopferungsvollen Frauen). In einer im gleichen Jahr durchgeführten Umfrage zum Thema »Was weckt Ihre Leidenschaft?« kam ich zu dem gleichen Ergebnis: Extrem aufopferungsvolle Frauen sind wesentlich unzufriedener mit ihrem Sexualleben als die am wenigsten aufopferungsvollen.

45 Achtzig Prozent der Paare stimmen zu, daß »das Liebesleben von Paaren nach der Geburt von Kindern leidet«. Diese Aussage stammt von jungen Eltern, die meine Umfrage zum Thema »Gibt es ein Liebesleben nach dem Kinderkriegen?« in der Zeitschrift *Parenting*, vom November 1987, beantworteten. Die Hälfte dieser Paare gab an, auch ein Jahr nach der Geburt eines Kindes noch seltener Verkehr zu haben als früher. Eine be-

rufstätige Mutter sagte mir, sie betrachte Sex als eine »weitere weibliche Pflicht, wie das Putzen des Badezimmers«.

46 30 % der Teilnehmerinnen an der 1996er *Family Circle*-Aufopferungsumfrage gaben an, das Interesse am Sex verloren zu haben, ebenso wie 30 % der Frauen, die auf meine *New Woman*-Umfrage zum Thema Älterwerden, 1993, reagierten. Von den Männern gaben bei der *Family Circle*-Umfrage 13 % an, im Laufe des letzten Jahres das Interesse am Sex verloren zu haben.

47 Diese Ergebnisse stammen aus der 1996er *Family Circle*-Aufopferungsumfrage, bei der die aufopferungsvollsten Frauen im Durchschnitt etwa sechs von zwanzig möglichen körperlichen Problemen nannten, während andere Frauen weniger als vier nannten. Einige andere Unterschiede in der körperlichen Verfassung sind:

Welche der folgenden Beschwerden haben Sie in den vergangenen zwölf Monaten belastet?

	bei extremer Aufopferung	bei geringer Aufopferung
Müdigkeit	60 %	33 %
Verstopfung	35 %	19 %
Allergien	35 %	25 %
Häufige Kopfschmerzen	37 %	31 %
Verspannungen, Gliederschmerzen	32 %	25 %
Rückenschmerzen	43 %	23 %
Herz- oder Brustbeschwerden	10 %	4 %
Schwindelanfälle	10 %	5 %

48 Wenn ich Ehemänner danach befrage, wer sich um sie kümmert, wenn sie mit Fieber im Bett liegen, antwortet die Mehrheit (60 %): ihre Frauen (*Family Circle*-Umfrage, 1996). Wenn Frauen dagegen krank sind, antworten die meisten, daß sie sich selbst pflegen müssen (62 %).

49 In meiner *New Woman*-Umfrage zum Thema »Geschlechterbeziehungen« von 1990 meinten 67 % der Männer, ein Mann brauche eine Frau, um wirklich glücklich zu sein.

50 Nach den Ergebnissen der Selbstachtungsumfrage für *New Woman*, 1992, sind verheiratete Männer nicht nur generell deutlich zufriedener mit ihrem Leben, sondern auch in bezug auf ihre Arbeit, ihre Kinder, ihren Körper, ihre Freundschaften und ihre Freizeitgestaltung.

51 Nur 31 % der Frauen meinen, eine Frau brauche einen Mann, um wirklich glücklich zu sein (*New Woman*-Umfrage zu »Geschlechterbeziehungen«, 1990).

52 In der *New Woman*-Selbstachtungsumfrage von 1992 stellte ich fest, daß unverheiratete Männer wesentlich häufiger deprimiert sind als Ehemänner, während es zwischen alleinstehenden und verheirateten Frauen keine vergleichbare Differenz gibt.

53 In der 1990er *New Woman*-Umfrage zum Thema »Geschlechterbeziehungen« verglich ich eine Zufallsgruppe aus 79 verheirateten, kinderlosen Männern mit 302 verheirateten Familienvätern, die weder getrennt

leben noch geschieden oder verwitwet sind. Dabei stellte ich fest, daß 68 % der Nicht-Väter mit ihrer Ehe sehr zufrieden sind, im Vergleich zu 81 % der Vätergruppe. 62 % der Nicht-Väter sagen aus, daß beide Partner die Beziehung pflegen, im Vergleich zu 78 % der Väter; 42 % der Nicht-Väter sind mit ihrem Beruf zufrieden, im Vergleich zu 58 % der Väter; 56 % der Nicht-Väter zeigten sich mit dem Verlauf ihres Lebens zufrieden, im Vergleich zu 67 % der Väter; 23 % der Nicht-Väter waren fest davon überzeugt, daß sie von Frauen respektiert werden, im Vergleich zu 32 % der Väter; und 49 % der Nicht-Väter fühlen sich männlicher als andere Männer, im Vergleich zu 58 % der Väter.

54 Meine Analyse der unterschiedlichen Vorteile der Elternschaft für Männer und Frauen basiert vor allem auf zwei landesweiten Umfragen, der Selbstachtungsumfrage und der Befragung zu »Geschlechterbeziehungen«, beide für die Zeitschrift *New Woman*. Darin verglich ich verheiratete, kinderlose Paare mit verheirateten Eltern, ausgenommen jene, die getrennt, geschieden oder verwitwet sind. Kinderlose Ehefrauen (77 %) sind mit ihrer Ehe zufriedener als Mütter (72 %), für Männer gilt das Gegenteil (siehe Anmerkung 53). Während 78 % der kinderlosen Frauen angeben, daß beide Partner die Beziehung pflegen, gilt dies bei den Müttern nur für 71 %; wiederum gilt bei den Männern das Gegenteil. Diese Unterschiede sind, so gering sie wirken mögen, von bedeutendem statistischem Wert. Darüber hinaus finden 88 % der kinderlosen Ehefrauen, daß ihr Mann genug Zeit mit der Familie verbringt, während dem nur 76 % der Mütter zustimmen. Bei den Männern zeigen sich in diesem Punkt keine Unterschiede, 88 % beider Gruppen finden, ihre Partnerin verbringe genug Zeit mit der Familie. Während sich nur 36 % der kinderlosen Frauen von ihrem Partner mehr Anerkennung wünschen, gilt dies für 54 % der Frauen mit Kindern; 66 % der kinderlosen Ehefrauen glauben, zu Hause häufig echten Einfluß ausüben zu können, während dies nur auf 54 % der Mütter zutrifft. Und schließlich halten sich heute 47 % der kinderlosen Ehefrauen für glücklich, während es bei Frauen mit Kindern 39 % sind.

55 In dieser Studie wurden in elf Ländern mehr als 20 000 Eltern eines vierjährigen Kindes befragt: in Belgien, China, Finnland, Deutschland, Hongkong, Italien, Nigeria, Portugal, Spanien, Thailand und den Vereinigten Staaten. Die Forscher stellten fest, daß amerikanische Mütter durchschnittlich 10,7 Stunden am Tag nur mit ihrem Kind verbringen, dem höchsten Ergebnis überhaupt. Deutschland und Nigeria liegen an zweiter Stelle; dort verbringen die Mütter etwa 10 Stunden täglich mit ihrem Kind. In China, wo 98 % der Frauen aushäusig arbeiten, befragten die Wissenschaftler 12 835 Elternpaare.

56 Diese Zahlen fallen in den USA und in Deutschland sehr ähnlich aus. Vergleiche dazu: David Popenoe, 1996. (Anm. d. Übers.)

57 In der 1996er *Family Circle*-Aufopferungsumfrage nannten 66 % der Mütter als Grund für ihre Aufopferung, daß es ihre Kinder glücklicher mache. Die Hälfte von ihnen glaubt, es komme auch dem Ehemann und der Beziehung zugute.

58 Dies ist das Ergebnis einer 1996 für *New Woman* durchgeführten Umfrage zum Thema »Was weckt Ihre Leidenschaft?«, in der ich die am wenigsten aufopferungsvollen Mütter mit den aufopferungsvollsten verglich. Letztere äußerten sich wesentlich leidenschaftlicher über Mann und Kinder, doch gaben 70 % von ihnen an, eigene Leidenschaften aufzugeben, weil die Bedürfnisse anderer vorgingen. Das gleiche sagen nur 8 % der am wenigsten aufopferungsvollen Mütter aus.

59 Eine genauere Beschreibung finden Sie in: Diane Eyer, »Motherguilt: How Our Culture Blames Mothers for What's Wrong With Society«, (New York: Times Books 1996). Der Test wird derzeit vom National Institute of Child Health and Human Development für eine staatliche Untersuchung von Kinderbetreuungsmodellen eingesetzt.

60 In der Psychoanalyse wird Selbstinteresse definiert als »selbstzentrierte egoistisch-narzißtische Strebungen und Betätigungen«. Vergleiche dazu: Edith Jacobsen, Das Selbst und die Welt der Objekte, 1978, S. 90. (Anm. d. Übers.)

61 In der *New Woman*-Selbstachtungsumfrage von 1992 stellte ich Frauen die Frage: »Wie wohl ist Ihnen dabei, sich selbst glücklich zu machen und Dinge nur zum eigenen Vergnügen zu tun?« Diejenigen, die mit »sehr wohl« antworteten, bezeichnete ich als »selbstinteressiert«; jene, die mit »ziemlich« oder »nicht sehr wohl« antworteten, bezeichnete ich als »nicht selbstinteressiert«. In der 96er *Family Circle*-Aufopferungsumfrage ordnete ich die Antworten von drei Fragen einer Selbstinteresse-Skala zu. Die befragten Frauen mußten angeben, in welchem Grad sie den folgenden Aussagen zustimmen würden: »Ich denke zuerst an mich«, »Meine Bedürfnisse kommen zuerst« und »Ich sorge dafür, daß ich jeden Tag Zeit für mich habe«. Und schließlich bezeichnete ich jene Frauen als selbstinteressiert, die in der 96er Umfrage zum Thema »Leidenschaft« der Aussage zustimmten: »Ich nehme mir jeden Tag etwa eine Stunde Zeit, um etwas für mich zu tun.«

62 Soziologen untersuchten allerdings 68 crackabhängige Mütter und fanden heraus, daß diese sich nicht als selbstsüchtig ansahen. Sie waren sich über ihren Drogenkonsum im klaren und versuchten, ihre Kinder davor zu schützen, damit sie sich als gute Mütter betrachten können.

63 Diese Angaben stammen aus meiner *New Woman*-Umfrage zum Thema »Untreue« aus dem Jahr 1993, in der 50 % der Frauen angaben, ihr Ehemann sei nur wenige Male im Monat oder fast nie zärtlich zu ihnen; 47 % führen fast nie intime Gespräche mit ihrem Mann, und bei weiteren 27 % kommt es nur wenige Male im Monat dazu. 55 % beschrieben ihre Ehe als »schwierig« oder »schlecht«, obwohl nur 22 % ihr Leben so bezeichneten.
Da diese Umfrage sich auf eheliche Untreue konzentrierte, beteiligten sich möglicherweise mehr Frauen aus unglücklichen Ehen daran, als es sonst der Fall gewesen wäre. Andererseits findet man solche direkten und ehrlichen Fragen über das Eheleben, wie ich sie in dieser Umfrage stellte, nur selten in nationalen Studien, so daß wir vielleicht mehr ehrliche Antworten erhielten als üblicherweise, auch wenn diese negativ waren.

64 Laut David Barashs »The Hare and the Tortoise: Culture, Biology, and Human Nature«, (New York: Viking 1986), äußerte Elizabeth Cady Stanton diese Ansicht gegenüber einem Reporter und wies ihn an, das Statement in Großbuchstaben zu drucken.

65 Die meisten von Murrays Werken entstanden in den fünfziger Jahren, und auch wenn er kein Psychoanalytiker war, war er doch stark von Sigmund Freud beeinflußt. Einige andere von ihm formulierten Bedürfnisse sind: das Bedürfnis nach Leistung, das Bedürfnis nach Zugehörigkeit, das Bedürfnis nach Autonomie, das Bedürfnis nach Dominanz, das Bedürfnis zu spielen, das Bedürfnis nach Sexualität und das Bedürfnis nach Verständnis.

66 Während die Hälfte der kinderlosen Frauen angab, es mache ihnen Spaß, sich selbst zu verwöhnen (49 %), trifft dies nur auf 33 % der Mütter zu, ergab die *New Woman*-Selbstachtungsumfrage von 1992.

67 In der 96er *New Woman*-Umfrage zum Thema »Leidenschaft« meinten nur 45 % der Mütter, sie nähmen sich täglich eine Stunde Zeit für sich, im Vergleich zu 63 % der Frauen ohne Kinder.

68 In der 1992er *New Woman*-Selbstachtungsumfrage sagten gleich viele Männer (etwa 4 von 10) mit und ohne Kinder aus, es falle ihnen leicht, sich selbst etwas Gutes tun.

69 Daß Männer, die sich intensiver an der Hausarbeit beteiligen, bessere Ehen führen, ist unter Eheforschern eine weitbekannte Tatsache, meint John Gottman, Psychologe an der Universität von Washington in Seattle. Ihm zufolge geht es Männern, die mehr Hausarbeit erledigen, in vielen Aspekten besser: Sie sind emotional stärker engagiert in ihrer Ehe und empfinden mehr Respekt vor ihrer Frau. Selbst gesundheitlich schneiden sie besser ab, meint Gottman, und sie haben ein erfüllteres Sexualleben.

70 Der größte Teil der Informationen über »Zauberehen« entstammt meiner 1991 für die Zeitschrift *Child* durchgeführten Umfrage zum Thema »Wenn der Ehe ein Kind widerfährt«. Darin gaben 19 % der teilnehmenden Frauen ihrer Ehe eine 5 und weitere 38 % bewerteten sie mit einer 4. Zwischen den Frauen mit einer »sehr gut« bewerteten Ehe und den übrigen waren keine Alters- oder Einkommensunterschiede feststellbar. Allerdings ist die Wahrscheinlichkeit ungleich höher, daß erstere ihren Mann als wesentlich rücksichtsvoller und aufmerksamer beschreiben und angeben, besser zu kommunizieren und Gefühle auszutauschen sowie respektvoller behandelt zu werden. Außerdem halten sie ihn auch für einen besseren Vater. An der Umfrage nahmen 700 Mütter und Väter teil.

71 In der 1990er Umfrage zu »Geschlechterbeziehungen« stellte ich fest, daß sechs von zehn Müttern der Meinung sind: »Für die Erziehung eines Kindes wird man reich belohnt, doch als Vollzeitjob ist die Kindererziehung für eine Frau auf Dauer nicht zufriedenstellend.«

72 In meiner 1992er Selbstachtungsumfrage für *New Woman* gaben 62 % der Männer an, einen ganz besonderen Wunschtraum zu haben, im Vergleich zu 55 % der Frauen, einer statistisch bedeutsamen Differenz.

73 Diese Analyse stammt aus meiner 1992er Selbstachtungsumfrage, in der Männer und Frauen die folgende Frage beantworten mußten: »Hatten oder haben Sie einen ganz besonderen Wunschtraum, ein großes, wichtiges Ziel, auf das Sie hinarbeiten? Und wenn ja, welches?« Die TeilnehmerInnen beschrieben ihren Traum mit wenigen Worten oder Sätzen, und ihre Antworten wurden nach Kategorien geordnet.

74 In der *New Woman*-Umfrage zur »Selbstachtung« meinten 64 % der Frauen, die keine Mütter sind, sie hätten einen eigenen Traum, im Vergleich zu 52 % der Mütter.
81 % der 18- bis 24jährigen haben einen Wunschtraum, 67 % der 25- bis 34jährigen; 58 % der 35- bis 44jährigen und 42 % der Frauen zwischen 45 und 54 Jahren. Frauen mit 55 Jahren und darüber haben nur noch zu 33 % einen eigenen Traum.

75 Beim Vergleich von Frauen mit eigenem Wunschtraum mit Frauen ohne eigene Vision ergaben sich zwischen den beiden Gruppen keinerlei Einkommensunterschiede.

76 Für Mütter auf den Karibischen Inseln ist es keine Seltenheit, die eigenen Kinder verlassen zu müssen, um in den Vereinigten Staaten zu arbeiten. Ein- oder zweimal im Jahr schicken sie dann in großen Paketen Essen und Kleidung nach Hause.

Literaturhinweise

Alwin, Duane F.; Scott, Jacqueline: Journal of Family Issues. Vol. 10 (4), Dezember 1989. Darin: »Gender Differences in Parential Strain«.

Barash, David: Das Flüstern in uns, Frankfurt/M. 1981.

Barash, David: The Hare and the Tortoise: Culture, Biology, and Human Nature. New York 1986.

Bateson, Mary Catherine: Composing a Life. New York 1990.

Blakely, Mary Kay: American Mom. Chapel Hill, N.C., 1994.

Bombeck, Erma: Aus einem Artikel, der nach Bombecks Tod erschien: »Ein Dankeschön an eine Lebensretterin der Vorstadt«, *New York Times*, 1. Mai 1996, S. C10.

Bouchard, Thomas J.; Lykken, David T. et.al: Science. Vol. 250, 12. Oktober 1990. Darin: »Sources of Human Psychological Differences: The Minnesota Study of Twins Reared Apart«.

Chodorow, Nancy: Das Erbe der Mütter, München 1985.

Emerson, Ralph Waldo: Schicksal, Heidelberg 1945.

Eyer Diane: Motherguilt: How Our Culture Blames Mothers for What's Wrong With Society, New York 1996.

Friedan, Betty: Der Weiblichkeitswahn oder die Selbstbefreiung der Frau, Reinbek bei Hamburg 1991.

Garber; Dodge (Hrsg.): The Development of Emotion Regulation and Dysregulation. Cambridge 1991. Darin: Carolyn Zahn-Waxler et al.: »Guilt and Empathy: Sex Differences and Implications for the Development of Depression«.

Gilligan, Carol: Die andere Stimme. Lebenskonflikte und Moral der Frau, München 1996.

Hochschild, Arlie; Machung, Anne: Der 48-Stunden-Tag. Wege aus dem Dilemma berufstätiger Eltern, München 1993.

Irving, Washington: Das Skizzenbuch, München 1968.

Levinson, Daniel: Das Leben des Mannes, München 1982.

Masson, Jeffrey; McCarthy, Susan: Wie Tiere fühlen, Reinbek bei Hamburg 1997.

Pipher, Mary: Pubertätskrisen junger Mädchen und wie Eltern helfen können, Frankfurt/M. 1996.

Popenoe, David: Life Without Father, New York 1996.

R. Ashmore und L. Jussim (Hrsg): Self and Identity: Fundamental Issues,

New York 1997. Darin: Susan Harter: »The Personal Self in Social Context: Bariers to Authenticity«.
Robinson, John; Shaver, Phillip R.; Wrightsman, Lawrence (Hrsg): Measures of Personality and Social Psychological Attitudes, New York 1991.
Roiphe, Anne: Fruitful: A Real Mother in the Modern World, 1996.
Ross, Catherine E.; Van Willingen, Marieke: Journal of Marriage and the Family. Vol. 58, August 1996. Darin: »Gender, Parenthood, and Anger«.
Spock, Benjamin, Dr.: Säuglings- und Kinderpflege, Berlin 1993.
Waal, Frans De: Der gute Affe, München 1997.
Waite, Linda: Demography. Vol. 32 (4), November 1995. Darin: »Does Marriage Matter?«